跨学科社会科学译丛

主　编：叶　航

副主编：贾拥民
　　　　王志毅

编　委（按姓名拼音为序）：

启真馆 出品

跨学科社会科学译丛

Brain and Culture

[美]
布鲁斯·E. 韦克斯勒
（Bruce E. Wexler）

著

罗俊　石琦　姚桂桂
译

大 脑 与
文 化

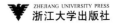

ZHEJIANG UNIVERSITY PRESS
浙江大学出版社

致 谢

　　此书得以完成，我要感谢我的所有老师们。其中，我要特别感谢我的家人，他们是我的老师、伙伴，始终如一地坚定支持着我，他们是我的父母露丝（Ruth）和杰克（Jack），我的妻子劳拉（Laura），我的儿子托马斯（Thomas），我的女儿丽贝卡（Rebecca），我的兄弟理查德（Richard）和史蒂文（Steven），以及他们的妻子和孩子。我也特别感谢我学术上的导师们，他们在关键时期以最为重要的方式塑造了我的思想，他们是罗杰斯·奥尔布里顿（Rogers Albritton）、奥立弗·萨克斯（Oliver Sacks）、马塞尔·金斯波兰尼（Marcel Kinsbourne），以及罗伯特·舒尔曼（Robert Shulman）。我还要对麻省理工学院出版社的编辑汤姆·斯通（Tom Stone）先生表示我的感激，是他发现了这部书稿的价值，并费尽周折，终于使得书稿顺利出版。最后，我也要感谢审稿人露丝·哈斯（Ruth Haas）广博的知识及宝贵的建议。

引　言

在过去的一百多年里，我们越来越了解人类的心智和大脑是如何工作的。我们所了解的这些知识，有一部分是在研究其他与人类有着相似行为的动物时发现的，另一部分则源于对人类个体和群体研究中经验观察与实验方法的创新。这两部分知识分属于不同的学术圈，有着不同的搜集和描述信息的方法与语言，但即便如此，这两种不同类型的知识仍然被认为有着紧密的、实质上的联系。神经机制和心理机制是一个硬币的两面，它们的不同被统一于人类个体的有机整体之中。在本书中，我试图探索关于人类神经机制和心理机制的几种主要的新知识体系间的联系。讨论这些联系时，有两点是需要特别强调的：第一，迄今为止这些知识体系间的关系依然明显是相互分离的；第二，通过这些知识体系的相互联系，关于人类个体和社会行为的重要而崭新的研究领域将日益显现。

我要讨论的第一个"知识集"涉及人类从出生到始成年期（18—25岁）这个发展阶段。在这个阶段中，大脑的物理性发育依赖于感官刺激，这些刺激的属性对大脑的功能性及结构性组织产生强烈影响。人类大脑伴随着环境的影响而逐渐成熟的这个时期要长于其他动物，并且人类大脑与其他灵长类动物大脑的差别最显著的部分，也正是最晚发育成熟、经过最长时间环境影响而演化形成的部分。来自物种内部其他成员（例如父母、兄弟姐妹、伙伴）的激发是塑造物种神经心理学层面上的发展尤其重要的一个因素。灵长类动物的婴儿需要母性的激发，大量研究已经证实这种母性的激发对婴儿的生理稳定性和身体发展都是必不可少的。

　　有关社会性联结和社会性依附的神经生物学研究已经证实，哺乳动物演化出了新的机能来维持激发行为。分子遗传学的研究识别出如下机制：母亲的刺激会对婴儿的 DNA 结构和排列产生持续的改变，进而影响个体某些特定基因在其整个生命期间的活跃水平。此外，有关人类养育方面的文献证明，在婴儿成长的过程中，母亲和她的婴儿在很大程度上已经成为一个二元整体。苏联的发展心理学家维果茨基（L. S. Vygotsky）、奥地利的弗洛伊德（Sigmund Freud）以及后来美国的精神分析学家们在研究社会互动对构建个体内部心理结构的作用时，几乎达成了一致的结论。这些有关神经生物学、心理学和社会心理学领域的知识的惊人拓展全都取决于人类大脑对心理、社会和其他感官输入信息的深入和广泛的敏感性。

　　将这些知识体系的工作成果综合起来考虑，具有两层重要的含义。第一层含义是外部环境对大脑发展的影响可以极大地增加个体间功能的差异性。双亲遗传物质的混合使后代具有多样性，因而有性繁殖的生命形式是具有进化优势的。因此，即使当群体所处的生活环境发生改变，不同个体之间的特征差异仍然可以增加群体某些成员继续繁衍生息的可能性。类似地，人们彼此间互动，自身感官输入相互混合，个体大脑功能后天塑造各不相同，具有不同功能特征的个体多样性得以源源不断地产生。在有性繁殖形成的生物多样性基础之上，这一机制大大拓展了生物适应性范围和物种本身解决各种复杂问题的能力。

　　第二层含义更为重要。人类除了会经历最为漫长的由环境塑造主导的大脑发育期外，还具备一种独特的能力，那就是改造曾经塑造他们大脑的环境，且其程度在整个生物界中都是史无前例的。这些人类对所共享的社会环境的改造包括物质结构、法律与其他行为准则、食物与穿着、语言与文字、音乐与其他艺术等。当代欧美社会的孩子们几乎是生活在一个完全由人类创建的社会环境中。人类塑造环境，反过来又塑造人类下一代的大脑，正是这种能力使得人

类的适应性与个体能力得以快速发展；如若仅通过改变基因和实现
基因突变，这一发展速度是无法实现的。文化对大脑功能可以进行
跨世代的塑造，这也意味着人类对社会与文化演化进行操控的过程
会对个体大脑和心智的运作产生重要影响。

　　我所探讨的第二个"知识集"涉及开始于成年早期的生命阶
段。在这个阶段，大脑功能的神经可塑性与环境可塑性程度已经大
大下降。我们都知道，和成年人相比，儿童在大脑受到损伤后能得
到更大程度的恢复，学习一门新的语言也来得更轻松，这些都已经
被公认为是人类成年以后大脑可塑性下降的证明。更多新的研究还
表明，儿童时期大脑神经元发育与学习的化学机能非常活跃，但这
一现象在成年人的大脑中则不显著，且成年人的学习在很大程度上
是基于不同的细胞机能的。而从心理学层面上来说，成年人已经形
成的知觉、态度和认知结构向来是抵制变化的。人们会选择性地感
知，并更加珍视那些与自己内在价值观和大脑结构图示相一致的感
官输入；人们选择与自己志趣相投的人交往，选择性地遗忘和怀疑
那些与自己已有信念不一致的观点和信息；从个人主观经验的层面
来看，人们更喜欢某些事物，仅仅因为这些事物对他们来说更为常
见，更符合他们已经形成的内部表征。正是因为这样，个体一般都
会希望自己身边是熟悉的人和事物，会抵制那些外来元素对他们所
处环境的入侵。

　　因此，在青春期后期和始成年期之间，个人与他们所处环境之
间的关系会发生重大转变。在幼年时期，我们的大脑和心智有高度
的可塑性，需要感官输入来促使其不断成熟和发展，并逐渐适应周
围环境最为主要的、循环出现的特征。在这一阶段，个体几乎无力
影响或改变环境，但却容易被环境所改变。而到始成年期时，我们
的大脑和心智已经发展出复杂的结构，且逐渐丧失了改变这些既有
结构的能力。个体此时已经具备影响和改变环境的能力，其活动
主要是致力于改变环境，使其与我们已经成型的大脑与心智结构
相符。

4

5

　　然而，以上两个时期所遵循的是同一个神经生物学的原则：个体内在的神经心理学结构要与他们外在环境的主要特征相匹配，即所谓的内外部一致性（internal-external consonance）。由于人们与外部环境之间是通过强制性、连续性和多模式的感官刺激相联系的，这一原则自然尤其重要。关闭感官"接收器"是不可能的。发展中的大脑神经系统需要感官刺激来保证脑细胞的存活与发展。以成年人为实验对象的感官剥离实验证实，发育成熟的大脑也仍然需要感官输入来维持大脑功能的正常运作。实验还证明，人们甚至会搜寻无意义的感官刺激，从而避免感官剥离。这些科学发现也解释了人们为什么会在一整天的工作后，选择听听音乐、看几个小时的电视节目或者参加一些社会交往活动，而很少会选择回到家里安静地坐在黑暗里休息。成年人与外部环境的这些强制性联系对我们的日常生活有着诸多引申意义。比如，体育迷的荷尔蒙状态与自我形象会随着他们所支持的团队与队员的比赛结果而变化。这些强制性联系也意味着人们无法避免地会感知到那些周围环境中与他们内在的神经心理结构不相匹配的外来元素。

　　在成年人与他们所处环境之间关系的诸多引申意义中，有两个是极其重要的。第一个涉及人类每一代所处的社会与他们所拥有的能力的变化。青年人改造自己身处的世界，使其与自己内在的大脑与心智结构相匹配。由于这些内在结构形成于每个人自己的经验组合与成长过程中人类所创造的文化环境，每一代青年人的内在结构必将不同于他们的父辈。当青年人努力改变周围的环境以匹配自己内在的结构时，他们需要和他们的父辈争夺对社会公共空间的控制权；其成功的程度决定了他们改变将来哺育自己孩子的环境的程度。因此，从个体层面来看，他们的行为和活动是保守的，因为他们尝试改变的是外部环境，而不是自己的内在结构。但是，从社会层面来看，他们的行为和活动又是具有活力的、激进的，因为其结果是他们为养育下一代创造了新的环境。这也解释了人们每一代彼此之间为什么不断争夺并改变周遭的环境。

始成年期后人们与环境之间变化了的关系于是引申出了第二个重要意义，可以帮助我们理解个体在外部环境的改变太大、很难在内在结构和外在现实之间找到平衡时，所面临的困境。一个典型的例子是丧失亲友。失去配偶会让人悲痛异常，且一般需要一整年的时间来平复。在这种情况下，人们需要重建一个宽泛的对外在世界的内部表征，从而使他们现在的内在结构与逝者不再是其中一部分的外部环境相匹配。另一个例子是不同文化的碰撞使个人面临的困境。例如，当移民进入一个新的文化和社会环境时，会突然发现他们在故土成长环境中所形成的内在结构与当下的外部环境格格不入。为了应对这一困境，他们一般会选择在亲友圈内重新建立一个缩小版的故土文化。与丧失亲人一样，这是一个漫长而困难的重塑内在结构以匹配新的外部环境的努力过程。而相较于他们的家长来说，移民家庭的孩子们会更容易实现内在转变，这就时常导致和强化了移民家庭内部父母与孩子之间的矛盾。类似的情况也出现在一些不同文化地区的交界处；当今，也正是在这些地区，种族之间的暴力冲突时有发生。内部结构和外部环境之间的匹配在神经生物学上的重要性不言而喻。也正因如此，为了保持对自己所生活和塑造其后代的环境的控制，不同文化的人群将会不断斗争下去。

在之后的章节中，我会提供一些更具体的证据来支持以上所简单陈述的观点，并充分阐释其引申含义。也就是说，后面的部分将不会再提出什么新的、不同的观点，而只是会提供更多细节上的证据，以确保每一个论证步骤都是有充分理由的。我承认我喜欢细节，喜欢用细节来描绘出整体的图案。我也认为读者有权利知道这些细节。每一章节后我都给出了一个小结，以防读者只见树木不见森林，帮助读者从整体上对每个章节的内容有所把握。当然，读者有时会感觉书中的细节太过繁杂，但它们并不是理解全书主要观点所必不可少的。实际上，要掌握主要观点，读一读这个引言、每一章节的开头以及每一章节小结也就足矣。

作为一名神经科学家和精神病学家，我同时利用实验研究和临床经验来探索个体与物理以及社会环境之间丰富的、终生的、无法避免的、相互作用的性质及其蕴含的意义。然而，我研究中的概念出发点和基础来自生物学。因此，本书的第一章将介绍关于人类大脑结构性和功能性组织的现代观点。这一章描述了大脑功能性组织的一般原理，尤其是有关人的中枢神经系统的物理现实，为全书其他各章节奠定了基石。

第二章将回顾有关感官剥离的研究文献。本章首先介绍哺乳动物的神经系统是如何依靠感官输入逐渐发展和成熟的，接着回顾一些关于成年人神经系统功能在特殊感官环境下发生变化的研究。这方面的研究数据也直接与持续数世纪之久的两个哲学争论[1]*密切相关，即感官输入到底在何种程度上塑造了人类心智的结构和内容，以及人类心智的固有本质在何种程度上决定了我们感知和思维的类型。虽然从生物学角度看两种观点都至少在某种程度上看起来是正确的，但有关依赖于感官的神经元增长研究数据已为大脑发展离不开感官输入提供了明确证据，并证明了感官输入对人类大脑特殊结构和功能的塑造程度。这些科学证据将大脑及其感官环境之间的界线弱化到极致，并确立了如下观点：人类不可避免地要通过几乎从不间断的、多模式的感官信息处理来与他们的外部世界相联系。

本书的第三章聚焦于社会互动在大脑发展中所起的特殊作用。这部分内容涉及多学科、多领域的知识与文献，比如神经生物学者关于分子结构方面的研究发现，母亲的行为对子女的基因结构和表现所产生的持续性的影响；俄罗斯的神经心理学家关于社会互动在大脑功能性系统发展过程中的作用方面的研究；灵长类动物学家有关子女与双亲、兄弟姐妹之间的互动对个体后续行为产生影响的研究；精神分析学家有关类似互动对个体内部的精神结构的发展所起到的作用的研究；认知科学家对社会互动与认知功能之间关系的

---

*编者注：上标方括号内数字表示参考文献序号及页码，如该 [1] 指参考文献中"引言"部分第一本书。

研究等。这些研究拓宽了第二章中有关感官刺激的讨论范围，并集中讨论了几个具体案例，案例中的感官刺激来源为其他人或由人类创造的物体。本章的主旨是证明人际间的互动过程如何内化为个体的认知和心理结构，以及代际间的这种互动过程如何具有潜在的进步性。

第四章回顾了一些证据。这些证据证明一旦内部结构建立起来，它们将反转内在结构与外部世界之间的关系。此时，不再是由环境来塑造内在结构，而是个体在面对来自环境的挑战时，会努力维持已经建立起来的结构，因为既有内部结构的改变会让他们感到困难和痛苦。这一章节还回顾了在外部环境影响下发展起来的个体内在神经认知结构，将改变个体对环境的体验。个体会搜寻与他们既有内在结构相一致的外部刺激，并试图忽略、忘记，甚至积极地毁誉那些与他们既有内在结构不相一致的信息。当我们经历的事物是自己所熟悉的，我们会感到愉快；而一旦失去这些熟悉的事物，我们就会感到紧张、不快和不知所措。比如，有关丧失亲人的文献所描述的，就是当个体内部和外部世界中的某个重要组成元素消失时，个体在心理上会产生的问题；若要重新适应已经改变了的环境，个体就必须试图改变自己的内在结构。我将移民的经历作为一种实验，再次做了分析。在这个实验中，个人脱离了塑造他们的文化环境，并被置身于一个全新的文化环境中。而在失去亲人的案例中，则是内部结构与外部世界的突然不一致导致了个人感到明显的不适，功能也受到显著的损害。在此，我再次强调了个体努力改变既有内在结构以适应新环境的过程是漫长且痛苦的。

第五章扩展了有关移民的讨论，探讨了不同文化碰撞中必定会出现的问题。一方面，个体所发展的内在神经认知结构是与他们所处文化环境相一致的，一旦他们的生活环境中进入了思维、行为都不同的外来者，他们就会因为内部结构和外部现实的不一致而感到百般不适。17—19 世纪探险家和旅行者的文献资料中，就提到人们通过非暴力的手段，努力消除那些不同文化碰撞所产生的不和谐因素的事例；这与第四章所讨论的个体在面对他们本身所处文化中不和谐信息时所做的努力有相似之处。而另一方面，当不同文化的差异无法通过非暴力的努力进行调和时，本土人群与外来者之间的暴力冲突将无法避免。历史上这样的例子比比皆是，如在卢旺达发生的种族灭绝性大屠杀。

本书的结语部分首先梳理了当代世界文化冲突的典型事例：少数群体文化的不断消逝以及对数百万民众生活的毁灭性打击；数不清的相邻文化群体之间的暴力冲突；以及当美国向世界输出它的文化和价值观时，需要日益面对的美国文化与其他文化之间的争端。而后，我们再把视线转到日益改变的社会文化环境作用下，家庭内部的人际互动过程。父母和子女都是彼此内在的神经心理结构和外部环境的重要组成部分。然而，孩子们在他们的成长过程中不仅仅受到父母的影响，还受到了乡亲邻里以及外来文化入侵的影响。这些外来文化的影响必将导致父母与子女间的不同，并在内在结构的一些重要方面存在差异。在根据俄罗斯作家沙洛姆·阿雷切姆（Sholem Aleichem）的故事所改编的音乐剧《屋顶上的提琴手》（*Fiddler on the Roof*）中，主人公特维耶（Tevye）千方百计试图阻止自己的女儿抛弃传统，但却未能成功；他所面临的困境和痛楚必将引起每一位生活在日益变化的世界大潮中的父母的共鸣。他是如此痛苦，甚至宁可忍受女儿死去的哀痛，也不愿面对外部世界与自己内部世界产生的本质性激烈冲突。

如今文化本身已经变成商品，它的分布由经济和思想体系的力量共同决定，因此我们迫切需要去理解人们对文化渗透的激烈反应。本书结尾通过提出以下问题作为总结：在人类发展的新纪元下，在文化之间的碰撞与融合所产生的混乱、兴奋、暴力和急剧的变化之后，是否接下来就会出现如乔治·奥威尔（George Orwell）在《1984》（*1984*）与雷·布莱伯利（Ray Bradbury）在《华氏451度》（*Fahrenheit 451*）中所想象的那种同质的、静态的全球文化？或者，由于前所未有的电子信息源对不断发展中的人类大脑所带来的各种形式的影响，我们的文化会始终处于一种持续的变化与多元化的状态吗？

为了解答这些疑问，本书在人类思想界与科学界浩瀚的知识海洋中提取了大量精华，所涉及的领域都是前人提及的，且许多领域已有详尽论述。20 世纪 60 年代，克利福德·格尔茨（Clifford Geertz）[2] 提出，人类的祖先在类人猿进化阶段就已经形成了文化，而这些文化又参与到了导致现代智人（Homo Sapiens）系统性发展和诞生的自然选择过程中。正是这一影响，使得人类在出生以后的发展过程中必须依赖于周围的文化环境。他在书中写道：

> 在自然选择过程中，文化环境越来越多地补充到自然环境中，从而以史无前例的速度加速了人类祖先进化为人类的演化历程……这个过程也锻造了几乎所有使人类作为特殊存在的特征：高度发达的脑神经系统、基于乱伦禁忌的社会结构、创造与使用象征性符号的能力……这些都意味着人类的神经系统不仅仅使我们具备习得文化的能力，还能积极地要求我们去主动习得文化；否则，我们的神经系统将无法正常运作。[3, p.67]

接下来，格尔茨还做出了预测："一个在无文化的环境下长大的人，可能最终并不会发展为一个有天赋但未开化的类人猿，而是成为完全没有思想且无法像人一样正常运转的可怕怪物。"不幸的是，关于一些在几乎完全与世隔绝的环境中长大的孩子的报道证实了这一预测。

我在本书最后得出与格尔茨一样的结论，即人类发展依赖于他们所处的文化环境；只不过我的研究是建立在格尔茨之后才涌现出的有关发展神经科学的文献之上。这些文献还证明了人类大脑的发展依赖于人们的感官和外在的社会刺激，但并未涉及这个依赖关系的来源。这说明神经的和社会的机理是构成格尔茨叙述内容的基础，但又不完全由这些内容决定。

列文廷（Lewontin）、罗斯（Rose）和卡明（Kamin）[4]已经清楚地整理过他们的论据和数据以反对一个极端狭隘的观点，即人类行为是由生物和基因因素决定的，社会与环境的影响根本算不了什么。他们写道："人类确实不能脱离于自己的生物性，但也不会被生物性完全束缚。"[4, p.10]他们总结说："我们的工作……是为了提出一个有关人类生物性和社会性之间关系的完整理解。"[4, p.10]在本书中，我介绍了大量涉及神经生物学、精神生物学和心理学等多学科的研究数据，以此为人类的生物性和社会性之间的关系提供一个丰富、完整的描述。这些研究数据以一种基础且全面的方式证明了人类这一生物的社会性，说明了人类的生物性和社会性之间存在血肉相连、密不可分的关系。换句话说，人类的天性即是养育与被养育。

迈克尔·科尔（Michael Cole）为文化对个体心理影响的相关研究拓展了理论深度，引入了更为缜密的研究方法，并为文化心理学在西方世界的复兴做出了重大贡献。[5]他从详细讨论"野蛮人"（barbarian）这个单词（我在后文也会提及）的使用历史开始，阐明了个体在意识到外来文化的存在之后会出现的问题，而这也是本书后半部分的重点。同样重要的是，迈克尔·科尔提供了一个有理有据、简明扼要地记录"第二心理学"之顽强发展的心理学史。从冯特（Wihelm Wundt）的工作开始，后经涂尔干（Émile Durkheim）、列维－布留尔（Levy-Bruhl）、米德（George Mead）、杜威（John Dewey）等人的发展，"第二心理学"提出了相关假设，并试图解释和研究社会文化结构对个体心理功能发展所产生的作用。此外，"第二心理学"也得到了伟大的苏联心理学家维果茨基和鲁利亚（A. R. Luria）的大力支持。他们在马克思列宁主义的政治文化环境下思考和工作，而它所明确强调的，正是历史演化的社会制度对于个人思维及功能的重要意义。除了引用维果茨基和鲁利亚的研究成果，我还试图将他们的观点与同时期在英国、美国学术界发展起来的发展神经学与两种人际心理学——依恋理论与心理分析——结合起来。

许多其他文献也认为文化是导致相邻群体之间暴力冲突产生

与持续的重要因素。[6-11]玛丽·普拉特（Mary Pratt）提出了"接触区"（contact zone）这个概念，用以描述不同文化交汇的地区，这类地区常常升级为暴力冲突的战场[10]，萨缪尔·亨廷顿（Samuel Huntington）也认为"不同文明之间的冲突将会是现代社会斗争冲突演化的最新形式"；在当前和未来的新纪元里"人类因文化不同而分为不同种群，也因文化不同而产生冲突"。[11, p.22]在本书中，我整理了一些数据来支持以下论点：文化在塑造人类大脑发展过程中的重要性，人类既有的内在结构与不断改变的外部文化环境之间的不一致所导致的个体的不适，以及人类整个生命期间神经可塑性的改变，都为文化的差异是暴力冲突的重要来源这一命题提供了新的理论基础。而有关丧失亲人、移民、不同文化之间的初次碰撞等的讨论，以及早期的欧洲旅行文献，都为神经发展学相关文献与文化冲突理论之间提供了联系。

　　贾雷德·戴蒙德（Jared Diamond）曾描写了由于自然环境的重大改变而导致的人类社会的消亡。[12]在一些情形中，这一问题由于人类改造环境的方式而变得复杂。许多人为的改变是基于人们的经历与相关内在结构的，而这些经历与内在结构通常形成于社会崩塌之前人们所生活的完全不同的环境。这些人为的改变至少部分表明人类为使新环境匹配由旧环境塑造的内在结构做出了努力。在所有例子中，人类社会都无法识别或适应环境的重要变化。为什么人类社会不能阻止那些现在回想起来其实非常明显的灾难？戴蒙德给出了以下几个原因：无法识别那些从未经历过的问题；拒绝接受与既有的行为准则和世界观不一致的信息；将新的情况或事件与以往经历进行不恰当的类比；以及为适应环境改变而需要采取的行动与人们既有的社会或文化价值观念之间存在冲突。本书的第四章和第五章在讨论关于适应人际间和文化环境改变所遇到的困难时，也考察了这些原因。这些事例，以及前几章节所阐明的神经生物学基础，都能帮助我们解释为什么这些因素导致的后果是如此严重。

　　在当代有关生物学、心理学和社会学领域，存在着这样或那样

15

16

的一些争论。我最想清楚地提出的，是先天能力和后天培育在人类
发展过程中所相应扮演的角色。在本书中，我整理并综合了各方面
讨论后天培育，或者更准确地说，外部环境对个人发展的作用的相
关知识。我认为，人类进化史的出现，很大程度上有赖于我们在对
大脑的结构和功能组织进行微调时，选择了延长后天神经可塑性持
续期。这是一个关于先天本能和后天培养的争论。延长后天神经可
塑性持续期本来就是人类先天能力的一个方面，允许并需要环境输
入来保证大脑的正常发育。而且，由于人类本身也是外部环境输入
的一个重要部分，所以一个人的先天能力其实就是另一个人的后天
成长环境的一部分。同样地，人类先天能力的很多方面也限定了人
类发展和成长的某些方面。一些描述和探索这些过程的研究仍在继
续。比如，我在第二章所提到的用于证明养育环境对个体智力发展
影响的研究，同样也表明了遗传对个人智力测试分数所产生的相当
大的影响。此外，在第五章中讨论文化之间的差异时，我并不否认
跨文化共性是存在的，这些共性可能与人类先天能力的某些方面
有关。

　　无论如何，本书的目的是想呈现一个全方位路径图，阐明外部
环境、人类本身及特定的人造环境如何通过这些路径对人类发展过
程产生影响，进而讨论这些影响对于我们理解个体与社会行为的意
义。据我所知，目前还尚未有文献完整地提出以上观点，并将相关
影响因素和作用机理进行整合；我希望本书能为有关先天能力和后
天养育的继续讨论做出贡献。需要说明的是，我没有特别讨论先天
因素对人类发展的影响，但这并不意味着我认为这些因素不存在或
不重要。

　　在本书的后半部分，我强调了熟悉的事物对于我们具有很强的
诱惑力，而当我们遇到新生事物时，由于它们与个人既有的内在结
构与预期之间的不一致，我们会感到沮丧。有时，我们也会被一些
新生事物所吸引，比如喜欢听一首新歌，但这首新歌通常只是在我
们所熟悉的旋律上或在已经形成的内在原型上做了一些细微改变。

同样的道理，我们大多会特别期待心仪歌手的新歌曲。

　　每一代人都会创作出他们自己喜欢的流行音乐，而这些流行音乐在他们父辈看来根本难以接受，甚至不能称之为音乐。当斯特拉文斯基（Stravinsky）第一次演奏《春之祭》（*Rite of Spring*）时，就遭到了其他人粗暴的抗议。艺术家的作品在最初总是不能被人接受，甚至被贬低为根本不是艺术；但在之后人们又会认识到那简直是件天才作品。当然，成年人有时也的确喜欢一些新生事物，但我提供的证据表明，那些我们愿意接受的新生事情其实相当有限，与大千世界各种文化中存在的种类繁多的事物相比，简直是凤毛麟角。大多数成年人在面对那些不同、古怪、奇特的事物时，都会感到不适，而其背后是有着强大的神经生物学基础的。

　　在本书中我提出并加以讨论的论题涉及很多领域的调查和考证，但我对这些领域的讨论远没有当这一领域本身是讨论重点时来得透彻和全面。这一局限性在我讨论文化差异所导致的社会政治后果时最为明显。如同其他一些作者一样 [6-11]，我仅阐明了不同文化之间的差异是导致暴力和战争的重要因素；但倘若探讨暴力和战争背后的原因是我所分析的重点的话，一定缺不了对于其他重要因素的讨论。

　　另外，此书所遵循的路线也为我提出论点提供了独特的契机。本书结合了各种数据资料，证实和阐明了我们大脑后天的神经发展对于人类这一物种在进化过程中所获得的巨大成功起到的重要作用。这些数据所描述的人类神经生物学机制能够很好地支撑吉特兹、维果茨基、科尔等人的观点，即社会与文化的影响能对个人的成长及发展起到重要作用；同时，也为这几位学者在早期所发展的相关理论提供了一个更为现代的生物学基础。如此一来，这些工作还为令人兴奋的刻画人类基因组和基因表达及管理的全新研究提供了对应的参照和背景。根据已有的关于人类大脑和心理发展的研究和发现，我得以厘清内、外部或神经与环境之间一致性的原理。在这一原理的基础之上，大脑在我们成长的早期阶段开始自我塑造和

18

发展，以适应外部的自然界、社会与文化环境。在我们成年之后，同样在这一原理的基础之上，个人努力寻求一个能够匹配自己既有内在结构的外部环境。当已有的外部环境与内在结构并不匹配时，个人会试图改变环境，以使其与自己的既有内在结构相一致。最后要说明的一点是，我之所以广泛采用各学科领域的知识，主要是为了从多角度论证全书的主要观点，不过，与此同时，完全不同领域的研究与知识体系之间也就联系起来，我真心希望这些联系能够丰富读者们对于来自各领域不同信息的理解。

目 录

第一部分 人类大脑功能的跨代塑造

第二部分 思想体系的神经生物学基础

第一章　背景：一些关于人脑的基本事实

这一章简要地总结一些有关人类大脑的基本事实，这些事实和我们理解环境影响大脑的结构与功能的方式紧密相关。我将从大脑的细胞构成要素——神经元开始，描述其如何形成那些构成大脑基本功能单元的多细胞集合（multicell ensembles）及多集合系统（multiensemble systems）。然后，我对学习和记忆的机制进行讨论；通过这个机制，大脑被改变并建立起了它对环境的持续表征。接下来，我描述了在生物发展史上相对晚出现，但对理解人类大脑和人类文化特别重要的三个方面：细胞，尤其是在额叶和顶叶上的细胞，在数量上的增殖，这才将人类和与我们最相近的灵长类近邻区别开来；出生后大脑发展的程度，这也区别了人类和其他灵长类动物；支持家庭与其他社会行为的大脑结构的出现，而这将哺乳动物和其他动物区分开来。这些后来形成的大脑结构，以及与之相关的家庭和社会行为，构成了情感的基础；本章最后部分将简单介绍情感的神经基础和在神经发展上的意义。

神经元

神经元是独立的神经细胞。人脑中有 1,000 亿个神经元，它们相互之间通过化学和电的通信系统功能性地连接起来。每个神经元的外表面或膜上有上千个感受器或者化学"拓展坞"（docking stations），从一个神经元中释放的化学物质与另一个临近的神经元接收器相连接。当这些被称作"神经递质"或者"神经调质"的化学物质与神经元相连，从而开启了一系列改变神经元外在隔膜电状态的化学反应。这些反应有的增加了细胞膜之间的电压差，有的则减小了它们之间的电压差。当这一电压差达到某个临界值时，一种电信号会被传输到一段神经元上。接着这种电波引发了影响其他神经元电状态的神经递质或调节分子的释放。

通过这种方式，神经元成为信息处理模块的功能性基础成分。当一个神经元的兴奋性和抑制性输入到达某个确定的结合点时，神经元会激发电系统并将化学信号传递到它相邻的神经元上。功能性相互连接的神经元网络的复杂性几乎是难以理解的。平均而言，在每一毫秒，每一个我们大脑中的神经元都会接收到来自 1,000 个其他细胞的直接输入，也可能会接收到成百上千个来自其他神经元的信号。此外，一些科学家认为，在影响神经元组状态与启动的神经递质释放和电传递以外，还存在其他功能性过程，这进一步增加了复杂的维度。

21　　图 1.1 展示了神经元细胞与相互关联的树突和轴突。在此，有相当重要的两点与本书相关：第一，思考、记忆和感受过程产生于多个神经元的整体活动，而非单个神经元活动的产物；第二，构成

22 这些功能系统的神经元之间连接复杂，其具体连接模式则取决于感官刺激和其他环境引致的神经活动。就神经元之间如何互相"连接"的细节而言，没有任何两个人是完全一样的。

多神经元功能单元

过去有一种观点认为，思考、感受和记忆这些精神活动的功能基础可能存在于单个的神经元中。这是对"祖母细胞"观的仿拟："祖母细胞"中保存了一个人关于祖母的记忆，包括她做的饭菜，她给的拥抱。但它已经给另一种观点让路，即思考、感受和行动都是依靠许多神经元的综合活动，而不是单一细胞的产物。许多科学家的

研究都支持这种新的观点。比如，对大脑细胞在感官刺激下的活动的研究表明，许多不同的细胞都会对许多不同的刺激产生反应。[1, 2] 单个细胞会对同一种足够规律性重复出现的刺激进行响应，建立细胞和刺激间的联系，但是细胞对每种刺激的反应因其呈现方式不同而千变万化，这使得单个细胞很难成为特定刺激的可靠指示[1-3]，其必要的连贯性体现于大量细胞组群的反应行为，而不是单个神经元的反应行为。其结果是，大量细胞会对即使是相当简单的感官刺激做出反应，且在感受到刺激之间哪怕是非常简单的联系之后，大量细胞会改变其反应的特征。

在一个研究中，研究人员做了以下记录：当他们将图片与奖励关联起来时，32 个细胞中有 30 个对该图片的电响应发生了改变。[1] 另一个研究[4] 运用大脑消耗的糖中的放射性示踪剂来测量猫与学习相关的局部神经活动的增加。首先，研究者通过手术将猫的两个大

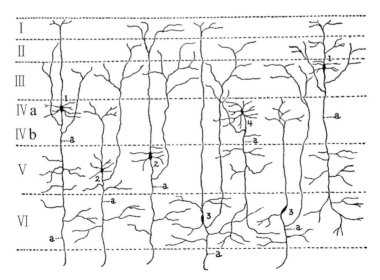

图 1.1 神经元细胞（数字标记）与连接它们的长轴突（a）和短树突的示意图。这些相互连接分支在大脑皮层的不同层次间延伸（大脑皮层的层次由不同类型细胞数量来区别）。真实的细胞排列远比上图所示要紧密，且每个树突都与其他细胞相连接。（来源：RC Truex and MB Carpenter, *Human Neuroanatomy*, 6th ed., Lippincott, Williams and Wilkins 1969。）

脑半球分离，使得一个半球可以作为另一半的控制器。接下来，猫接受了训练，以辨认出标志着门后放有食物的几何形状。通过使用彩色图像以及带有合适滤波器的隐形镜，猫所学习到的刺激被呈现在一个大脑半球中，同时一个新的刺激在另一个半球中呈现。将两个大脑半球中糖的消耗进行对比，发现分布在整个大脑中超过 500 万的细胞对这一个简单的几何形状发出了与学习相关的响应。当然，环境的许多方面通过经验彼此相连，无数其他大脑功能成像研究也展示了大脑大范围地对简单感官刺激的激活响应（一些控制得尤其成功的展示可见参考文献 [5]）。与之相似的是，大量神经元参与了每一单个的行为活动，而参与到不同的行为活动中的神经元也有重叠 [6]。

与这里所表明的多细胞功能单元一致的是，大脑中每个神经元都与其他成百上千个神经元相连接。的确，一般认为，人类大脑中 1,000 亿个神经元中的每一个与其他神经元相连只需要不超过 6 个中间细胞路径。这并不是说所有的神经元或者功能性神经元集合是相同的，或者说在功能上是等同的。仅从物理层面来说，神经元也有不同的类型；不同类型细胞的混合与组织也根据它们分布在整个大脑中区域的不同而异。而且，结构上相似的细胞也有着不同的与其他细胞连接的模式和不同的响应特征。正是这些神经元的不同使得无数的功能和表征出现在它们的组织中，作为功能性或表征性单元，就如同字母组合形成了语言中的不同单词一样。当排列不同时，同样的结构单元会有不同的功能（如 tea、eat、ate）。此外，已经存在的功能单元可以被纳入更大的单元中，它们原本的功能不再存在，同时促成新功能的产生（如 team、meat、mate）。在这些不同类型的功能单元中，各异的成分通过重新组织与整合形成了独特的功能特性，这是人脑与动物的大脑得以区分开来的重要原因。

能够展示单个神经元所无法呈现的特性的最简单的神经功能单元是双神经元反射弧。谢林顿（Sherrington）观察到电刺激感官神经所产生的反射运动响应与单个神经电属性之间的差别，从而预测了相互作用的不同神经元的存在。（反射运动神经响应比单个神经的传导时间更慢；它在刺激停止之后才显示一个响应；而且它更易受到疲劳、休复期和用药的影响。）当成百上千的神经元连接起来，就会形成更复杂更强大的功能特性。无数这样的模块会因此而形成，每一个都有着不同的特征。这些模块自身可互相结合，形成各种系统，分别指导人类说话、阅读、书写、思考和记忆等能力的形成。

鲁利亚对上千个大脑受到各类损伤的前俄罗斯士兵进行了研究，他所收集到的数据与上述人类大脑功能性组织类型是一致的。他写道：

> 通过观察，特定复杂功能的紊乱并不（仅）是部分大脑皮层小范围的损伤造成的，而是……大脑多个不同部位的损伤造成的。书写能力混乱……可能与颞、中后部、运动前区和枕顶区的损伤相关……日常生活自理能力混乱……可能与枕顶区和前部损伤相关……阅读能力……可能与左半脑的枕、颞和前部损伤相关……[7, p.12]

因此，他认为，每一个区域是某种特定行动的必要系统中的一部分。此外，"大脑皮层一个有限的小区域的损伤事实上绝对不会导致任何单个独立功能的丧失，而总是致使一大批大脑功能的紊乱" [7, p.13]。他总结得出，每个大脑皮层区域对多种不同行为产生作用，每个独立的活动也受到多个大脑皮层区域影响。

人的一生大脑功能组织的改变

鲁利亚还从研究中得出这样一个结论：在不同人或者同一个人不同的时间段里，同一种大脑功能可以由不同的神经元模块之集合来发挥。一个直接的证据是，大脑相似部位的相似损伤对儿童和成人的大脑功能会产生不同的直接影响。显然，在整个发展过程中，神经元模块自身发生了重组，且（或者）相同的模块开始发挥不同的功能。一些患者大脑的某些部位遭受了不可逆损伤，从而丧失了某些功能，可是后来却又恢复了这些功能。通过对他们的观察，鲁利亚进一步证明了大脑结构和功能关系的可塑性。在大脑刚刚损伤后，某些功能的丧失说明到那一时刻为止，大脑损伤的区域对该功能来说至关重要。在大脑损伤区域不能康复的情况下，已经丧失的功能却在后来恢复了，说明该功能现在已经是依赖于不同的神经元模块之集合了。

成年大脑损伤患者的功能恢复往往缓慢而艰难，而且，遗憾的是，恢复的程度也相当有限。这也部分说明了与成年动物/人相比，结构－功能关系在幼年动物和青春期前的儿童身上改变更快，程度更大。例如，研究者曾通过手术将刚出生雪貂的视觉输入改道至大脑处理听觉信息的部位。[8] 在这个研究中，雪貂运用大脑天然的听觉模块发展出功能完整的视觉处理系统。此外，通过对一些由突发疾病导致左半脑被全部切除的儿童进行研究，发现他们左半脑的所有功能都被转移到了剩下的右半脑中。即使是通常情况下由左半球细胞结构专用区域所控制的语言功能，也转而完全以右半脑的结构为基础。相反，成年人若遭受了左半脑语言专区的损坏，语言功能则往往会严重且永久受损。有研究建议可以通过更有效地利用成年人大脑的神经可塑性潜能来增强功能性康复，甚至可以通过药理学方法来增强这种潜能。但即便如此，不可否认的是，孩童时期正在发育的大脑的神经可塑性是成年人大脑所无法比拟的。

显微镜研究证明基于经验的神经元间连接的改变

在 20 世纪 40 年代，赫布（Hebb）提出神经元间连接的改变是学习、记忆和其他环境导致的大脑组织变化的基础机制。[9] 此后，赫布这一关于神经元间连接强度变化的假设在一系列对海蜗牛（加州海兔）进行的显微镜研究中得到了证实和量化。实施了这项研究的科学家埃里克·坎德尔（Eric Kandel）因此获得了诺贝尔奖。

海蜗牛主要依靠它的鳃，包括它用于进食的结构，实现与环境的交互。如果轻轻碰触它的鳃，它就会本能地缩回去。本能回缩的神经系统由感官神经元构成，这些感官神经元与运动神经元直接相连，也与反过来接触运动神经元的细小"中间神经元"直接相连。如果重复这一无害的触觉刺激，这种本能反应会逐渐消失。该过程中运动神经元的电记录说明，运动神经元中通过感官神经元所产生的兴奋性电变化逐渐变小。化学分析显示，感官神经元中释放的神经递质分子数目下降。这种改变发生在反射回路的多个位置，并且在这种情形下，"轻微碰触刺激无害"的记忆通过回路扩散。仅经过 4 个实验阶段，每个阶段中也仅有 10 次对鳃的无害碰触，与运动神经元有着生理上可察觉连接的感官神经元数量就从 90% 下降到10%。随着轻微触觉刺激的进一步实施，连接运动神经元的感官神经元的分支如同树枝受到修剪，感官和运动神经元之间的物理接触点减少 1/3，生理活性区接触点的比例则是之前的 1/4（图 1.2）。

如果海蜗牛鳃的回缩反射是被对其尾巴可能有害的电击所激活，那么可以观察到与无害刺激相反的现象。当电击重复，感官神经元中神经递质的释放有所加强。这反过来导致神经增长因素的释放，感官和运动神经元之间的物理接触点有超过两倍的增长（图1.2）。两个研究都证明了，哪怕是在短时间内对简单神经系统进行简单刺激，都会在相当出色的程度上重塑由环境导致的神经元之间的相互连接。

通过部分输入激活响应系统

在赫布之前，乌伦贝克（Kuhlenbeck）提出过"记忆痕迹代表了一种神经元间一定模式的联合，这种联合是由突触（神经元间的连接点）的永恒改变引起的，并且在大脑中广泛传播"。[11, p.101] 乌伦贝克的观点是，突触改变是为了创造神经元间独特的联合模式，且

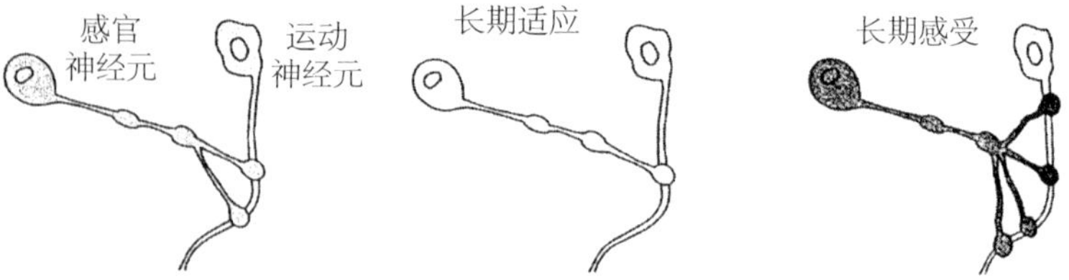

图 1.2　概括地展示了通过重复的轻微无害的感官刺激（长期适应），神经细胞间连接数量的减少，以及通过重复的可能有害刺激（长期感受），神经细胞间连接数量的增加。（来源：E. Kandel et al., *Principles of Neural Science*, 4th ed., McGraw-Hill, 2000。）

这种模式是具有代表性意义的。进一步地说，他认为这种模式神经元的放电可以被极微小的输入所引发。从这以后，计算机科学家开始创建可以通过改变网络组成部分的连接来进行学习的"神经网络"模型。与信息处理的实验研究以及乌伦贝克的预测相一致的是，这些神经网络：第一，能够在仅接触某类别的一个物体后辨认该类别的许多不同物体；第二，即使从未接触过某一类别物体的原型，也能够比辨认该类别中特定样本更准确地辨认出其原型；第三，能够在仅接触物体的一部分后辨认出该物体。

在这些网络模型中，如同在我们的大脑中一样，信息、知识和技能通过多模块的功能和表征系统得以体现，而这些系统的形成则是依赖于与外部世界的持续交互以及各单元间连接的持续改变。但这并不是说大脑在这个方面的发展是基于其生来就具备的，或早已存在的与外部世界的联系；实际上，大脑在发展过程中不断发生改变，与外部世界的联系也不断得以建立。与对人类及其他动物的感知能力进行研究的结果一致的是，激活这些模型系统的表征模式的刺激与派生这些表现模式的刺激仅部分或不完整相似。这为我们识别熟悉事物的新型呈现提升了效率，但同时会导致内在结构对感知的影响不断增加，从而强化内在结构。

在此有两个假设是很重要的：第一，思考、感觉和记忆等大脑功能是许多脑细胞整体活动的结果；这些脑细胞相互连接成网络，形成功能系统。第二，感官刺激及与之相连的神经元活动创造了神经元间的连接网络，并进而形成了功能系统。更多描述和支撑第二个假设的科学数据将在第二章中展示。

人类大脑和其他动物大脑的不同

出于研究与学习的需要，人类大脑可以大致上被区分为分别起源于人类进化的三个主要阶段的三部分。[12] 第一个部分是所有爬行动物、鸟类和哺乳动物的大脑都有的细胞群的集合。这些集合位于人类大脑的底部，麦克莱恩（MacLean）将其称作爬行复合体。第二个部分是大脑皮层以及与之相连的被称为边缘系统的细胞核集合。该边缘系统紧紧包围核心的爬行复合体，存在于所有哺乳动物大脑中，但并不存在于爬行动物的大脑中。第三个部分是大脑新皮层，它包围着边缘系统，表现出哺乳动物系中逐步进化的系统发展，并在人类大脑中到达了前所未有的尺寸。大脑皮层和大脑新皮层经常被共同称为大脑皮层区。

人类大脑与物种上更古老的哺乳动物的大脑相比，最基本的区别就是大脑新皮层尺寸的增加。人类的大脑新皮层是早期哺乳动物的 200 倍以上（相对身体尺寸）。（爬行复合体和边缘系统表现出相对较少的增长。）在新皮层区域，人类大脑的增长主要出现在前额叶和顶叶，同时，与其他哺乳动物相比，有些感官接受区域相对于整个大脑新皮层区域而言有所减小。[13] 这些增加的皮层量一部分来自神经元之间相互连接的分支，但总体上，大脑皮层最主要的增加来自表面积区域的增大，而非皮层的增厚，并且主要由于神经元数目的增加所导致。与猩猩（一种和人类尺寸相似的猿人）相比，人类大脑皮层平均表面积要大 3.5 倍，顶下小叶要大几乎 9 倍，额叶则要大 5 倍以上。[14] 从大脑不同区域的相对比例来看，前额叶皮层覆盖了人类大脑的 24%，而猿人则仅为 14% [15]，顶叶相对增长的大小与枕叶相对减小的大小相关；与有着同样尺寸大脑的灵长类动物相比较，人类枕叶减小了一半。[16] 大脑新皮层尺寸的增加与皮质层状组织的改变有关。

这些发现进一步支持了以下观点：人类大脑拥有的特殊功能来自低等哺乳动物大脑已经具备的基本组成部分的增加、这些部分间连接的增加，以及这些部分组织结构的改变。特别有趣的是，这些增加主要来源于前额叶和顶叶，人类的这些区域直到 30 多岁还在不断成熟和发展。相反，在黑猩猩和其他更高级的灵长类动物身上，相对应结构在生命的第二年或第三年就已发展成熟。因此，结构和功能关系上持续多年的可塑性将人类和其他灵长类动物的大脑区别开来。这为环境塑造人类独具的大脑功能创造出前所未有的机会。

家庭和其他人际交互是塑造人的社会环境极其重要的一个方面，这些将在第三章中进一步讨论。这些交互作用的生物基础来自边缘系统。边缘系统的进化表现与养育子女和其他家庭行为的进化表现相关。母鼠的边缘系统如若受到外伤，它们本身的生存或行为的其他方面不会受到太大影响，但它们的筑巢与其他母性行为将降低，并导致幼崽死亡数显著增加。大多数哺乳动物幼崽在与母亲或巢穴分离后都会因不安或伤心而哭泣；与母鼠类似的是，边缘系统受到损伤的松鼠猴幼崽在与母亲或巢穴分离后哭声会减弱甚至消失。而且，研究发现，重复多次对猴子大脑整个新皮层的电刺激都无法使猴子发出任何声音，但刺激猴子边缘系统的多处时，它会自然地发出清晰的声音。通过记录患者边缘皮层发病时的主观情绪经历，麦克莱恩进一步将边缘结构与情绪关联了起来。[12]

情绪

基于边缘系统的家庭和社会行为先于语言的发展，在进化阶段和人类婴幼儿发展时期皆是如此。这一类行为所依赖的是天生的、非语言的面部及声音情绪表达。基础情绪的面部和声音表达在各个文化中都高度相似并且易于辨认[17]；哪怕是从来没有见过电视或者其他摄影媒体的新几内亚部落居民，他们在高兴、生气、厌恶、悲伤、害怕和惊讶时的表情与当代日本和美国青年在这些时候的表情

有着高度的相似性，很容易辨认。人类和其他哺乳动物情绪的面部
与声音表达也有着清晰可辨的相似之处。[18] 而且，天生就失明的
儿童与视力正常的儿童使用相同的面部表情表达同一种情感，天生
就失聪的儿童与听力正常的儿童也都使用同样的声音表达同一种情
感。[19] 下面这个研究结果能进一步说明情绪表达与边缘结构之关联：
患者如果是患有仅次于大脑新皮层运动区域脉管损伤的面部运动神
经瘫痪，他们仍然能够自发地表达和流露情感；但如果他们是患有
皮下边缘系统损伤，则不能自发地表达情感，尽管这类损伤并不会
影响面部的有意识运动。

情绪对我们这里的讨论尤其重要，这是因为它在社会交往中扮
演着重要的角色，并对整个大脑和身体系统产生重要影响。情绪改
变着我们与世界的关系 [20]，我们在特定的情绪状态下，都会有特定
的思考和行动的方式。[21] 大脑成像研究显示，在实施情绪唤起刺激
下，整个大脑多个区域的活动都随之改变。[22] 我的实验室中最近一
些研究发现，当人们观看的录像中女演员微笑并且谈论高兴的事情
时，他们感到快乐；而当女演员哭泣并且谈论难过的事情时，他们
则感到悲伤。两种情形下他们大脑中各区域的功能连接是很不相同
的。情绪的本质是个体大脑内部和身体发生的变化与表现出的行为
之巧妙结合。情绪是一个不同个体间互动的过程，它改变了参与交
际者大脑的短暂功能组织，设定和激活了特定多单元功能系统，同
时拆除和取消了另一些系统的活性。

感染是情绪的核心。恐惧会在一群羚羊中快速传播，触发特定
的行为倾向，使所有羚羊的行为相似，或做出类似的反应。当观看
者看到另一个人微笑的照片时，他颧骨肌肉的电活动增加，使得他
的嘴角上扬，绽放微笑。而观看另一个人皱着眉头的照片则让他皱
眉肌的电活动增加，使他双眉紧蹙。[23] 通过这些观看者脸部情感
表现的自动无意识模仿，我们可以得知他们的感受，也可以感知到
观看者当时的情绪状态。当人们故意表现出害怕、生气、惊讶、厌
恶、悲伤和快乐的面部表情时，心率和皮肤温度将会改变，与他们

回忆和重温这些情绪时的改变程度基本相符。[24] 在实验中，当被试夸大对电击的面部反馈，皮肤的导电率和对刺激的主观响应也会相应增加。[25] 在观看卡通片并进行评分时，收缩眉毛（皱眉）的被试比那些提起嘴角（微笑）的被试更加感到生气且更少感到高兴。[26] 这些研究证明了刻意流露的与情感相关的面部表情能够改变对感官刺激的主观和生理响应。

在社会交往中，自发的面部表情也有着同样的作用。当被试看着其他人脸的图片时，其大脑的多个区域比他们看着其他物体时表现得更加活跃[27]，且某些区域在被试故意模仿所看到的人脸表情时比单单观察该人脸面部表情时更加活跃。[28] 其中，眶额皮层和杏仁核是特别有趣的两个区域。它们都是边缘系统的一部分；在 1/5 秒的刺激展示中，它们对唤起负面情感的面部表情的反应都比对唤起正面情感的面部表情来得更强烈；损伤眶额皮层和杏仁核中的任何一个都会破坏辨认面部表情的能力。[27, 29] 当面部刺激下意识地出现并且在无自觉意识的情况下被大脑加工处理时，杏仁核区域在被试面部表情为恐惧时比开心时处于更加激活的状态。[30] 成年人在与婴儿和儿童进行互动时，经常会自如地夸大他们的情绪的面部表现，这其实是他们改变孩子大脑活动的一种方式。据估计，3—6 个月大的婴儿会接受超过 3 万个夸张情绪面部表现的刺激！[31]

小结

人类大脑的功能单元由模块组成，每个模块包含成千上万个通过网络分支相互连接的神经细胞。感知、回忆和思考这些大脑功能来自分散在整个大脑中的模块的综合系统。因此，大脑某一特定区域的损伤会影响到多种功能，每种功能也可能被多个大脑区域某一处的损伤所影响。神经细胞间特定的连接由感官刺激和其他由环境导致的神经元活动所决定，且每个人都有独特的连接，与他人绝不相同。人类大脑与其他灵长类动物大脑的不同之处，正是在于大脑细胞数量的不同，以及这些细胞不同的相互连接模式。

　　人脑与其他灵长类动物大脑最主要的不同的区域是前额叶和顶叶。相比之下，人类大脑这两个区域要大 5—9 倍，对外部环境的组织形塑有着更高的敏感性，能保持不断发展和形塑的时间也更长，是其他灵长类动物的 5—10 倍。人类和其他哺乳动物的大脑与系统发育上更早物种的大脑相比，其根本的不同在于前者具备了被统称为边缘系统的复杂结构。这些结构是家庭和社会行为的基础，也是情绪的语言前视觉和声音展示的基础。情绪对互动交往的个体影响重大，因为它是一个过程，每时每刻改变着个体大脑的功能组织与激活模式。

第 一 部 分

人类大脑功能的跨代塑造

第二章　剥夺感官刺激和丰富感官刺激对
大脑结构和功能的影响

个体和环境之间的关联如此广泛深远，以至于我们讨论两者之间关系的提法本身都是在夸大它们之间的区别。我们的身体长期处在与环境交换大气、水和营养物的过程中，每个身体器官在这个过程中充当的角色也决定了其特征。大脑及其感官过程也不例外。感官输入往往是身体与环境的物理交互。借用植物与环境的交互技巧，我们眼睛中的视网膜细胞能运用光线中会改变形状的分子获取并转化光能。这些分子形状的变化能导致一系列细胞膜的变化，并且开启放电过程。耳朵和皮肤中的感官接收器将运动的机械作用转化为电脉冲。嘴和鼻子中特定细胞的表面有分子感受器，它们可以与环境中的分子结合，来开启通向大脑的电脉冲。

个人往往对自己不依赖于环境输入而能够独立思考的过程，有着言过其实的感受。这一方面是因为记忆的天性，一个人在一段时间以后总是会将环境对我们的影响抛诸脑后，环境的最初影响总是从意识中被丢弃。另一方面是我们无法察觉、追踪并总结环境对于我们的发展和思考产生的无数细微影响，就像无法数清和追踪我们吸入的大气和食用的食物中所有不同的分子一样。如同精神治疗师和他们的患者所知道的那样，只有通过巨大的努力，并在不寻常的心理治疗过程中，自我的一些先前经验才能被辨认出来，但这些先前经验也只能供患者和医师短暂且有意识地反省。因此，与环境交互的独特积累和从父辈继承而来的独特性格共同形成了我们独特的个体，我们每个人的独一无二特性不能不说是我们的宝贵财富了。

　　本章及下一章的主旨是研究大脑发育和功能通常在何种程度上依靠外部输入。为了实现这个目标，我们应冷静地考虑以下事实，即从某个角度看，在与环境交互的自主性上，大脑被消化系统所超越。胃有效地分解各种摄入，将其消解为与其初始组织无关的成分，并根据身体各部位的需要将这些成分输送，使它们进行重组。与之相对照，大脑则仅是在脑内创建一个体现外部环境输入的体系，且该体系，尤其是在大脑形成期，基本不会像胃消解所摄入食物那样改变外部环境输入的组织结构，而是与其原本的复杂性保持高度一致。

41　　对感官输入在大脑发育和功能发展中充当角色的实验研究是通过多条路径进行的。一系列针对动物的研究实施于 20 世纪 60—70 年代。这些研究检查了感官剥夺的动物从刚出生，到几周、几个月大时大脑结构、功能组织和功能表现受到的影响。随后的一系列研究针对不寻常环境刺激对以上这些相同发展方面的影响。另一个研究试图探索成年人大脑在感官输入持续改变的情况下，有多大可能重组其功能。关于感官剥夺对人类大脑发育的研究，目前仅限于对一些先天感官缺失或幼年疾病导致感官缺失的患者进行的评估。丰富的环境对人类大脑发育的影响则可从智力测试所显示的养育环境的重要性中得到证据。最后，一些相对较全面的实验研究文献证明了，哪怕只是为了维持成年人大脑的既有功能，感官刺激也是必不可少的。本章将对这些内容依次进行介绍。

动物研究

感官剥夺对大脑结构的影响

　　大脑对环境输入的依赖首先表现于大脑为了保持其结构的完整性必须依赖感官刺激。当感官输入被剥夺时，大脑的信息处理结构，即从外围感官接收器到皮层处理中心的整个信息输入路径，就会萎缩。视网膜的神经节细胞能够携带着眼睛感光细胞中的兴奋并传递到大脑首个中继站。在黑暗中饲养的黑猩猩的神经节细胞会下降到正常数量的 10%，在黑暗中养育过的猫和老鼠的神经节细胞也小于正常值。[1] 用不透明物体覆盖小鸡的一只眼睛，4 周后，这只被剥夺光线刺激的眼睛在电子显微镜下显示视杆和视锥感光细胞都出现了形态异常。[2]

同样的感官依赖也能够在脑干中视觉的首个中继站、外侧膝状体和直接接收外侧膝状体信息输入的皮层区域中观察到。将出生几周的猫和猴子的视觉输入剥夺，会使得它们外侧膝状体中细胞的尺寸和数量下降 30%—40%。[3-9] 这种影响继续沿着信息输入的路径到达视觉皮层，在这里细胞数量、细胞尺寸和细胞间连接的密度都有所下降，细胞的组织也有所改变。[10-16] 剥夺嗅觉的研究也表现出相似的情况。将老鼠幼崽的一个鼻孔封闭起来，该鼻孔神经元所投射的大脑区域（嗅球）的体积会降低，同时细胞死亡加速，数量降低，剩余细胞间连接也随之减少。[17-19]

感官剥夺对结构整体性的影响可以通过在剥夺感官期间向脑脊髓注射神经生长素来防止。[20-24] 这种自然产生的物质极有可能是一种"在电传输活动控制下生产和使用的来源于目标的神经营养素"。[22, p.25] 因此，沿着特定路径的、由感官刺激所引起的活动，能够增进路径上神经元的生长和连接。

感官剥夺对大脑功能组织的影响

感官剥夺对大脑功能组织发展的影响甚至比对大脑结构的影响更为深刻。在一般情况下，这些影响是由于感官被剥夺路径和未被剥夺路径之间活动的平衡被改变。因此，同时限制两只眼睛的感官输入比仅限制一只眼睛的感官输入对视觉系统功能组织的影响要小。在每个处理阶段的神经元与后续阶段的神经元竞相争夺与其他神经元之间的连接；它们越是活跃，就可获得越多的"领地"。

休伯尔（Hubel）和威泽尔（Wiesel）在他们获得诺贝尔奖的对

小猫和猴子进行的研究中系统地阐释了这些影响。[8] 他们记录了可接收来自外侧膝状体中继站的视觉信息的皮层区域中个体细胞，即距离眼睛本身只有一个神经元距离的细胞的电活动。通过记录双眼在依次得到视觉刺激时这些细胞的活动，他们探明了每个细胞在何种程度上对每只眼睛的视觉刺激输入进行响应。通过研究来自上百只动物的个体大脑细胞，他们发现在正常环境中饲养的动物，大多数细胞都会对双眼的输入有所响应（大约在小猫中为85%，在猴子中为65%）。这些细胞中的一些往往对其中一只眼睛的输入响应更为频繁，而另一些大概相同数目的细胞则对另一只眼睛的输入响应更为频繁。与此相似的是，仅对单眼响应的细胞中，有一半只对右眼响应，另一半则只对左眼响应。但是，若将刚出生的猫或猴子的单眼短暂缝合，并在10周后打开，则会出现完全不同的情况。85%或者更多的细胞惯性地对之前未剥夺光感的眼睛响应，且几乎没有细胞仅对之前剥夺光感的眼睛响应。对之前剥夺光感的眼睛进行刺激，做出响应的细胞数量很少，即使有的话，这些响应不仅来得慢，幅度小，且易于显示疲劳状态。

当被剥夺光感的眼睛的视觉输入得到恢复，已被更改的皮层细胞敏感性模式将继续保持下去，尽管现在双眼都同样接受着未遮挡的视觉输入。只要之前未剥夺光感的眼睛的神经元仍然保持活跃，它们仍将保有非正常获得的主导权。但如果在动物足够小时对之前刚出生时未剥夺光感的眼睛进行封闭，这种异常的响应模式就会被纠正，或者反而将主导权交于之前被剥夺光感眼睛的神经元。很明显，由感官刺激剥夺所导致的脑细胞功能重组是基于神经元突起和连接的可逆变化，而不是基于细胞的死亡或纤维轨迹消亡。[8]

在其他感官方式上运用实验改变刺激也有着相似的效果。比如，去除老鼠幼崽的一部分胡须，对剩余胡须进行刺激时，大脑响应这些刺激的皮层区域会扩大。[25, 26] 当修剪过的胡须重新生长并接受刺激时，大脑被激活的皮层区域要小于正常值。[27] 当因某个区域神经受损而导致该区域皮肤感官输入消失时，体感地图皮层会重组。原来对受损神经处的输入进行响应的大脑皮层细胞转而对新的刺激进行响应，这些刺激往往来自与之前受损区域相邻的皮肤区域。[28] 通过电生理记录和新陈代谢活动记录，我们已经证明出生时一只眼睛就被摘除的成年老鼠的视觉皮层细胞能够对胡须刺激进行响应。细胞功能的重组的确是具有解剖范围延展的潜力的。[29]

刺激形式 / 内容的重要性

当小猫的一只眼睛被塑料蒙上，使得除光线外的其他东西都不能抵达视网膜时，大脑功能组织受到的影响与缝合这只眼睛时的情况相似，尽管用塑料覆盖眼睛时光线进入只减少了50%，而当缝合眼皮时，进入的光线则是之前的2%—10%。因此，对物体感觉的消失而非光线本身的消失才是关键因素。与此相似的是，即使刺激正常地通过双眼被感受到，在实验中更改视觉刺激形式的性质（即内容）也会改变视觉皮层的功能性组织。例如，在视觉皮层中，一些细胞有选择性地对运动的物体响应，而每一个细胞都对某一个特定方向的运动有最为灵敏的响应。在闪光灯频闪环境中饲养的小猫失去了对运动的感知，它们的运动敏感细胞数量减少。[30, 31] 那些我们原来假设对运动有特别感知能力的细胞转而对视觉信息的其他某一方面有特别灵敏的响应。那些除了能够看到从左到右运动条纹外都在黑暗环境下饲养的小猫有一种细胞比例显著增长，这种细胞对从左到右的运动选择性地响应，而对从右到左的运动的响应则远远不如。[32]

其他一些细胞有选择性地对线（即物体的边线）进行响应，且每个这类细胞都对一种特定方向的线有着最大的敏感性。每天要看几个小时垂直的黑白条纹，而其他时间均在黑暗中饲养的小猫，其皮层细胞会有一些对垂直方向的线特别敏感，而不会有细胞对其他方向的线敏感。[33] 在饲养小猫时给它带上护目镜使得它一只眼睛只能看到垂直线条，另一只眼睛只能看到水平线条，则会使得小猫对斜线响应的细胞数目少于正常情况。更进一步，对垂直线条响应的细胞仅在之前能看到垂直线条的眼睛接受刺激时才能激活，同样，对水平线条响应的细胞仅在之前能看到水平线条的眼睛接受刺激时才能激活。[34]

有同样选择响应的细胞倾向于位于同一处，相互连接成为簇并且扩展到大脑皮层的不同层次中；这称为视觉支配或同方位列。在小猫身上，这种簇从开始未形成簇的系统到出现粗糙形状的时间，通常在产后的第二个星期，或者说在产后第七天眼皮自然张开以后。到第四周时，簇通常发展改进到成年猫该有的精细水平。但是如果剥夺猫的双目视力，这种改进将被阻止。被剥夺视力的动物，簇之间的细胞和簇内的细胞会表现出相同的响应敏感度，这显然是因为簇间细胞保留了与那些在正常发展过程中会消失的细胞的附带轴突连接。[35]

这些研究之所以开展并被授予诺贝尔奖，是因为科学界认为这些适用于小猫和猴子大脑的发现同样适用于人类大脑。同样类型的研究不可能对人类实施，但是正如本章后面所描述的，对一些特定医疗状况下感官输入受限儿童的观察，已经证明了上述假设，即这些对动物的研究结果也适用于人类大脑的发展。这些研究为以下结论提供了证据，即我们的大脑（和思想）是在养育我们的环境的显著特征基础之上发展形成具体的感觉结构、能力和敏感性的，而后我们更加可能，并且能够在我们遇到的各种感官混合的新环境中分辨出这些特征。或者恰恰相反，如果养育我们的环境中某种特征缺失，即使这种特征在新的环境中十分鲜明，我们发现它的能力也会受到限制。

47

婴儿时期感官剥夺对大脑功能的影响

在动物的婴儿时期，感官剥夺对大脑结构及组织的功能会产生影响，这些在实验室中已经轻易得到了证明。最直接的后果是动物的知觉阈值被提高。在剥夺了嗅觉后，只有气味的浓度更高，才能被动物发现，动物分辨单独气味的能力也有所下降。[36] 被剥夺听觉输入的老鼠与被剥夺视觉输入的老鼠相比，在用听觉刺激作为开始信号的抢食竞赛中相对不利，而在用视觉刺激作为开始信号的抢食竞赛中则正好相反。[37] 在需要分辨静态物体的测试中视敏度下降[38, 39]，并且在需要分辨一组缓慢移动的平行线水平位移的测试中，单眼视力剥夺使得视敏度下降了好几成（游标视敏度见参考文献[39]）。后一种分辨通常比前一种分辨更加精细，并被认为依赖于从膝外侧细胞到视觉皮层细胞发散和收敛的投影模式。视敏度这种层面的功能障碍据说是来自剥夺单眼视力期间，是一种细胞之间异常的功能连接模式。

更有趣的是，早期剥夺双侧感官所带来的影响在更复杂的、本身并不依赖发现刺激阈值的信息处理任务中也表现显著。例如，出生后被剥夺听觉输入 60 天的老鼠仍然能够正常区分音高，但与正常饲养的老鼠相比，它们的学习声音模式或者音调序列的能力较弱。[40] 在黑暗中饲养的老鼠在判断持续时间、感觉深度和区分形状的任务中的能力有所削弱。在持续时间判断的研究中，老鼠在接收较短视觉或听觉刺激后推动一根控制杆，在接收较长刺激后推动另一根，这样来获得食物丸。黑暗中饲养的老鼠在听觉刺激中与控制组老鼠表现一样好，但在受到视觉刺激时表现得明显更差。[41] 研究者在深度感官能力评估测试中将老鼠放在一个盒子里，盒子的底由一块中心板和两侧的玻璃控制板组成。每块玻璃控制板下有一个可以升降的背照面，当一个控制板下的背照面更低时，对深度有良好感觉的动物通常会从中心板走向更浅的一侧而不是更深的"视觉悬崖"。正常饲养下的老鼠在两侧高度差距仅为 9 厘米时仍能可靠地选择较浅的一侧。出生后 90 天都在黑暗中饲养的老鼠在两侧高度差距为 45 厘米或 27 厘米时，能够进行一致的区分，但当两侧高度差距下降到仅 18 厘米或 9 厘米时就无法做出区分了。出生后 150 天都在黑暗中饲养的老鼠，即使面对 45 厘米的高度差距也不能够进行区分。[42] 通过训练动物在面对两种形状时产生不同反应，可以对动物区分不同形状的能力进行评估；例如，它们被训练区分"X"和

"N"，或者区分圆形和三角形。黑暗中饲养的动物学起这些来速度更慢[43, 44]，并且即使在被剥夺光线后延长其正常视觉刺激的时间，也无法使这种功能得到恢复。[42] 更进一步的研究表明，在学习了"X"和"N"的区别后，先前经历过视觉剥夺的动物在字母旋转、变小或者在黑底白字而非白底黑字呈现时，其辨识能力要远低于对照组的动物。[42]

双侧视觉和听觉被剥夺后的电生理记录和增加感官阈值的发现一致。在黑暗中饲养的小猫对外形不断改变的视觉刺激没有电响应[45]，在隔绝声音的房间中饲养的老鼠需要更响亮的听觉刺激才能激发皮层的电响应。[46] 更复杂的功能性异常在电生理记录中也被显示了出来。比如，通过在嗅觉输入路径中插入刺激电极并记录嗅球中的电极，可以证明嗅球对成对刺激中第二个刺激的响应比对第一个刺激的响应更低。这种"前脉冲抑制"在饲养时剥夺嗅觉输入的老鼠身上有所加强。由于人们已经了解到前脉冲抑制也是被来自其他皮层中心投射到嗅球的神经元（即离心输入）所控制的，作者们提出"这些神经元（离心输入）的重组，也包括那些剥夺感官刺激导致正常靶细胞损失后其他离心输入的重组，都可能导致系统的可激发性发生改变"。[47, p.190]

同样重要的是，特定神经回路受到持续刺激后本可以提高该回路对接下来短暂刺激的响应，视觉剥夺则减弱了这种能力。这种长期的强化被认为在特定类型的学习和记忆中扮演了重要角色。[48-50] 有研究提出，初始持续刺激导致突触连接结构性和功能性提高，这反过来成为对接下来短暂的刺激强化响应的基础。[48-50] 通过在动物大脑中植入刺激和记录电极，可以比较在持续刺激通过电极的前后，短暂刺激通过刺激电极时记录电极的响应，从而证实这种响应的增强。这种影响也可以由在潮湿、有氧空气的条件下浸没在人造脑脊髓液中，活性仍然得以保持的大脑组织切片所证实。与正常饲养的老鼠大脑切片相比，被剥夺光线的老鼠大脑切片显示出视觉皮层细胞的长期增强作用要弱得多。

因此，我们可以看到许多证据都证明感官刺激对大脑正常发育是必要的，与环境的连接不是可有可无的，而是必不可少的。此外，感官刺激影响的延伸超过了感觉的初始阶段，并影响了与感官输入的评定及与记忆相关的大脑系统。

丰富的养育环境对大脑结构和功能的影响

另一种观察环境对大脑发育影响的方法是将在更多环境刺激下饲养的动物与更少环境刺激下饲养的动物进行比较。在有些研究中，更多刺激或者说更丰富的环境是指一个有玩具，也可能是有其他动物的笼子，而控制组则是一个空的光线暗淡的笼子。在另一些研究中，更多刺激或者说更丰富的环境则指的是在野外饲养，而贫瘠的环境则是标准的实验室笼子。在每个研究中，两种环境在总体的周边刺激量上有所不同，但这只是相对而言，即一个相较于另一个更加丰富。这些研究与感官剥夺实验研究在三个方面有所不同：第一，在低刺激环境中，没有一种单独的感官被完全（或者几乎完全）剥夺输入，取而代之的是几种感官输入类型总体的缺失；第二，在丰富环境的比较研究中，不同环境条件之间的差异没有感官剥夺实验中不同环境条件之间的差异那么明显；第三，比较的环境条件更倾向于在刺激的复杂性、多峰性程度和感官运动经验程度上有所区别，而不是在原始感官刺激上。最重要的是，丰富环境实验比较的是与真正存在于自然界中的环境更相似的条件。

关于大脑结构，丰富环境下实验的结果与那些感官剥夺实验在性质上有相似之处。在相对贫瘠的环境中饲养的动物有着更小的大脑，其中最主要的减少位于大脑皮层，这与动物体重差异无关。[51, 52]大脑皮层多处区域的蛋白质综合体减少[53]，神经元之间的突触连接区域减少[54]，功能性连接神经元的轴突与树突分支数目减少。[55]

丰富环境养育的功能性后果已经在对大脑的出于实验目的所做的损伤研究中得到了证明，这一证明方式虽然间接，但却非常有说服力。受伤的动物在丰富的环境下进行饲养，表现出更少的功能性缺失并且康复更快，这表明它们增加了的轴突和树突的相互连接提供了功能性储备，并（或）为快速的功能性重组提供了基础。[56-58] 有大量实验直接表明丰富的学习环境会带来功能性优势。与感官剥夺的记录相比，这些研究表明了丰富环境对于更加复杂的神经认知功能的影响。关于老鼠、猫和猴子的研究发现，处于丰富环境下饲养的动物，学习不同物体的相对位置[59]、在各种交错复杂的迷宫中学习正确的路线[60-64]、学习区分不同的视觉刺激[65,66]和学习避开有毒刺激[67]时都表现更佳。这些效应仅在部分成年动物身上表现显著——那些仅在出生后，即在处于生长和发展活跃期时有一个丰富环境的动物。[67-69]

养育环境对额叶功能的影响

特别有趣的是对猫和猴子的研究发现，在额叶功能测试中，处于丰富环境下饲养的动物与那些在较贫瘠环境下饲养的动物相比，有着更好的表现。[69,70] 一些研究运用了延迟响应测试，测试中的动物必须将初始视觉或听觉刺激信号与几秒钟后呈现的第二次刺激进行匹配。所有在正常环境中饲养的猫在 1 分钟的延迟刺激中表现良好，一半的猫在 6 分钟延迟刺激中表现良好。相反，75% 的笼中饲养的猫，即使在 15 秒延迟刺激中也无法成功。此外，在这类测试中，听觉与视觉刺激的结果是类似的，表明了功能缺陷的感官独立性。[70] 这种比较需要大脑将第一次刺激的响应情况保存在认知计算工作空间中（即工作记忆），接着在那里与第二次刺激响应情况进行对比。[71-73] 做这种比较的能力是许多重要的认知过程的一个基础方面；对人类来说，工作记忆中可以储存的量与智力测试分数的高低密切相关。[74] 此外，这还依赖于额叶结构的功能。额叶如果损伤，而其他大脑区域完好，则会削弱延迟反应任务的表现[75]，而且，在两次刺激间的延迟期内，额叶中的细胞活动有所增加。[76-78]

要进一步获得饲养环境对额叶功能影响的证据，可以观察在不同环境下饲养的猴子，看它们如何解决一个需要计划、战略与信息控制能力的问题。[79] 额叶受到损伤或患有肿瘤疾病的人在这些功能上是不健全的；脑成像研究也显示，在相似任务中，他们的额叶区域表现出有选择性的激活。[80] 这样看来，感官刺激，或许和其相关的运动一起，能够影响前额叶系统功能性能的发育，而这个大脑区域距离直接感官输入最远，同时也是最能区分人类大脑和其他动物大脑的两个区域之一。

感官剥夺和丰富环境对成年动物的影响

到现在为止回顾的文献检查了感官刺激对刚出生几周或几个月的动物的影响。这段时间大脑变化比成年时更快，感官刺激对大脑的结构和功能的影响是关键。举例来说，剥夺单眼视觉对功能性组织带来的巨大影响只是因为这是来自早期重要阶段的感官剥夺，也只有在这段时间中能够通过反转遮蔽法来使之正常化。[24] 这个阶段的结束通常以性成熟为标志。在发展的这个节点以后，大脑正常功能的保持仍需依赖于感官刺激，一旦刺激消退，就会显示出各种补偿响应；而在面对不同寻常的感官输入时，大脑重组其结构与功能的能力相比之前更加有限。

对成年动物通过手术或药物干扰感官输入，被剥夺了感官输入的皮层神经元表现出更多的自发性活动[81]；若非完全剥夺对这一皮层区域的刺激，而是进行少量的低水平刺激，神经元的响应则会高于正常水平；被剥夺神经元受体数目的会显著增加。[82] 似乎是被剥夺感官输入的神经元使得生理发生改变，放大任何已出现的信号，并可能增加了营养素的释放来强化正在失去的或已经失去的输入连接。在这里我们看到"脱瘾"的效果与那些药物依赖者第一次停止用药时的情况相似。大脑依赖着感官刺激，并且当输入被剥夺时会显示出脱瘾作用。大脑会力图保持已有来源的输入，以保持已经建立的神经元结构，我们也已经掌握了充足的证据证明这一过程。

如果选择性的感官剥夺继续，即使是成年动物的大脑也会出现传入神经阻滞区域周围皮层以及包括其本身区域的功能性重组。举

54

55

例来说，通过损伤双眼同源区域的双侧焦点视网膜，能够剥夺视觉皮层局部区域的兴奋输入。几分钟内，之前对于损伤区域外部边缘的视网膜细胞有所响应的大脑皮层细胞扩展了它们的响应区域，并对损伤区域外部的视网膜细胞的刺激也进行了响应。但之前对于损伤区域中心的视网膜细胞有所响应的大脑皮层细胞则首先失去了对任何视觉刺激的响应。然而，在几个月后，这些皮层细胞对损伤细胞周边的视网膜刺激进行了响应。在这里，负责将信息从视网膜传递到皮层的外侧膝状体几乎没有发生变化，或者变化非常有限，这意味着在这个例子中，开始时被剥夺能力的细胞开始通过皮层内的连接接受刺激[83, 84]。其他研究显示皮层下的中继站也会有同样的改变[85]，这证明了在成年人大脑遭受严重感官剥夺的情况下，大脑在皮层下和皮层水平上同时进行重组，以便被剥夺了它们最初感官输入路径的细胞能够对其他活跃输入路径进行响应。这种性质的变化在许多听觉、体感和视觉皮层的研究中都有记录。[86] 它们也可能通过正常感官经历的一个具体方面的极端亢进所产生[87, 88]，当特定肌肉的神经被切断[89-91]时或者在单片肌肉被一遍又一遍激活[92]时出现在运动皮层，并且导致远离信息处理路径的大脑区域而非初始感觉接收区域重组。

因活动而发生的变化能够解释个体间的巨大差异

56

在一些关于成年猴子的研究中，研究者先标记了猴子在每个手指受到刺激时神经元响应的大脑区域图。[87] 他们发现，在实验操作前，75% 的这些大脑功能组织分布图都各不相同。然而，这些个体间的差异比实验操作中刺激给个体带来的改变要小。基于这一点，研究者们提出"由使用所产生的皮层表现的改变，能够解释大部分记录中成年猴子皮层所表现的细节在通常情况下的巨大可变性"。[87, p.100] 换句话说，大脑接受来自每个手指的刺激输入的区域，在不同的个体间存在巨大差异；先前感官运动经历看来正是造成这些差异的原因。

不同的细胞机制是婴儿和成年人大脑改变的原因

通过对大脑结构依赖于活动而改变时分子机制的研究，我们发现在成长中和已成年的动物中，这一机制发生变化的过程是不同的。在整个生命过程中，皮层细胞的感官刺激激活部分地被神经递质谷氨酸调和。谷氨酸是由脑干中感官中继神经元的轴突末端释放的，通过与皮层神经元中的 N– 甲基 –D– 天门冬氨酸（以下称 NMDA）感受器连接，激活皮层神经元。当 NMDA 感受器被阻断时，所有或者几乎所有发育大脑中的感官活动效应也被阻止。[94-96] 即使只是部分封锁感受器，允许皮层细胞被感官输入激活，仍然会阻止感官活动效应。[96] 研究者认为，除了携带电编码信息传递给皮层细胞以外，NMDA 感受器还直接激活神经成长机制。尤其重要的是，成年动物（猫）身上 NMDA 结合位点的数目只有发育中未成熟动物的一半。[96] 此外，在 3 周大的小猫身上，皮层的第四、第五和第六层 50% 的视觉输入响应被 NMDA 感受器所调节，但这些数据在成年猫大脑中下降到 10% 或 15%。因此发育中大脑的神经可塑性中心机制在成年大脑中显著下降。

与之类似的是，更多分子基因的近期研究显示，在丰富环境下激活的基因也会随着年龄的增长减少其活跃程度 [97]，这一过程中与年龄相关的（基因激活）下降为神经可塑性与活动有关提供了进一步的证据。一些研究者进行了进一步的研究，并断言"成年大脑中与活动相关的结构可塑性背后的分子机制（在类别上），和发育中的大脑可塑性变化背后的分子机制有所不同"。[98, p.608] 这个结论基于如下观察：尽管成年老鼠大脑一部分区域中的 NMDA 感受器通过基因控制而被去除，环境的丰富仍然会使得该区域的神经元增长。然而，要证明这个无 NMDA 调节的可塑性在发育的老鼠大脑中并不存在，还有更多的工作需要开展。

动物研究的小结

58　　总而言之，无数精心设计的动物实验研究清楚地证明了哺乳动物神经系统的成长和发展对感官刺激的依赖性。这种依赖性开始于外围感官接收器本身，并通过初始感官中继站延伸至整个大脑的关联组织和信息处理中心。个体细胞的生存，树突分支的数量和细胞间的突触连接，细胞群的结构组织，个体细胞的功能响应特征以及神经功能系统的能力都极大程度上依赖着环境感应激活的程度和性质。

　　这些实验结果明确阐明了以下三个对本书的论述有着重要意义的观点：第一，哺乳动物大脑的发育必须依赖于感官刺激。大脑为了生存和发挥其功能，注定要与环境紧密相连，并受其影响。第二，环境刺激塑造了大脑的结构和功能组织；当然，我们不能简单化地将其理解为一个预先已经设定好的大脑组织需要感官刺激来实现。而且，通过对成年猴子的研究，我们已经获得了环境之于大脑组织重要性的相关研究数据。[87] 在实验前，通过仔细地一一标出猴子的每一个体感皮层细胞，我们已经发现每只猴子的大脑功能组织都大不相同。但是，经过感官刺激实验以后，猴子之间的变化远比实验前猴子之间的差别要大。就像研究者总结的那样，这清楚地说明不同的饲养环境是成年猴子之间大脑组织存在差别的原因。第

59　三，一旦大脑组织进化，并且个体到达性成熟，已经存在的结构变得具有相当长的持久性，并且拒绝改变。这部分是因为大脑化学特性的改变降低了神经可塑性，也因为只要输入路径和神经元组合保持活跃，现存的组织就会保持稳定。虽然与活动相关的功能重组在成年哺乳动物身上仍然可能发生，但这种过程更加缓慢，更加有限，并且需要付出更多生理上的代价。

人类研究

对猴子及猫等动物的研究已经一致地证明了大脑对感官刺激的形塑功能相当敏感，没有任何证据表明人类大脑在这一方面会逊色于其他动物。恰恰相反，基于人类从出生到性成熟的时间，以及人类的感官、运动和认知功能达到成年水平的时间都远远长于其他动物，可以预期人类大脑在发展过程中对感官输入和环境引致的行为模式的影响会尤其敏感。此外，人类大脑与其他动物的最主要区别就是大脑皮层的量，而在动物研究中，大脑皮层正是整个大脑区域中受到感觉刺激和丰富环境影响最大的区域。

通过系统性实验观察选择性感官剥夺对大脑发育过程的影响的做法在人类身上是不可能使用的。作为替代方法，科学家们依赖于"自然实验"方法，即对由于疾病和（或）疾病的治疗所导致的部分和暂时的感官剥夺进行研究。这些研究主要集中于对视觉系统的研究上，包括儿童时期单眼视力的剥夺，其研究结果与对其他动物的研究结果惊人地相似。对一个大脑半球被切除的儿童的观察还为研究提供了更多信息。虽然不能通过实验对儿童的感官输入和运动活动进行实验控制，但在他们身上发现的大量大脑功能重组现象被认为是活动依赖的，并无疑为人类大脑发展过程的组织可塑性提供了证据。近年来功能性脑成像技术的发展，对具有大不相同体感经历人群的大脑功能组织进行比较成为可能。这些研究得到的数据也和动物的研究结果相似。

系统研究丰富的养育环境对大脑发育的影响，这一做法也不可能应用于人类被试身上。在这方面，科学家们取而代之的是利用"社会实验"，来评估不同家庭养育环境对智力测试结果的影响。同样，这些结果也与对其他动物的研究结论一致。

不过，有一个研究领域在人类身上比在动物身上更加深入，即感官剥夺对成年人大脑功能上已经确定的那些部分的效应研究。这

60

些研究已经证明成年人的大脑需要持续的感官刺激来维持功能。

对儿童进行感官剥夺的影响

有两种先天视觉问题与部分视觉剥夺相关，也与治疗以后临时性的视觉剥夺相关。第一种是严重影响光线和形状到达视网膜的白内障或者晶状体混浊。在白内障被去除以后，检测眼睛的物理和功能特性可以得到以下结果：与被剥夺视觉输入的幼年动物相同，眼睛的轴向长度会增加。[99] 与动物研究结果相同的另外一点，是先前被剥夺输入的眼睛察觉光线的阈值被提高。[100] 视觉皮层上方头骨表面对视觉刺激的电响应则表现为振幅减小、潜伏期增加，而对微小的刺激，这个区域的电响应几乎为零[101]，深度知觉被严重损坏。[102, 103] 在去除白内障的外科手术后，通常是将未得白内障的那只眼睛进行部分时间的闭合。作为标准治疗的一部分，这是为了让患者尽量用手术后的眼睛，以此增强该眼睛视觉路径的功能，毕竟这一功能必须要在用眼时才能增强。在去除白内障后，眼睛的视敏度和敏感性都随着时间的推移得到提高，这表明先前被剥夺输入的视觉路径之功能，的确在视觉刺激下增强了。但是，如同单眼被剥夺刺激的动物那样，深度知觉仍然受到严重损害，这可能是因为视觉皮层中双眼的支配神经细胞没能发育到正常的数量。

在过去 200 年中，记载了许多双侧先天性白内障或者由于早年幼儿时期的疾病发展成的双侧白内障，在 20、30、40 年后的成年时期病患得到去除的案例。成年人功能恢复速度要远远慢于幼儿，出于对这些患者手术后视觉恢复情况的好奇，研究者对其中一些患者做了比对实施该手术的儿童患者更加广泛深入的研究，记录也更加详细。[104-106] 有一些现象特别有趣。在去除白内障前几天，患者无法理解呈现在他们面前的视觉世界，即使眼睛的机械运行机制已经使得他们获得了清晰的视力。这一情况在所有这类患者中都如此，即使是那些手术前熟知他们没有光线的世界，且一切应付自如的成熟、智慧、有文化、有能力的成年患者也不例外。威廉·莫利纽兹

（William Molyneux）曾与他的同事——17世纪哲学家约翰·洛克（John Locke）讨论过类似的问题。他们得出的结论清楚明了：第一，一个能轻易通过碰触来辨别物体的盲人，在视力恢复后第一次能看到这些物体时却无法认出这些物体。通过其他感官获取的信息不足以吸收和处理这个新的视觉输入，因为这种吸收和处理需要以一定的视觉经验本身为基础。第二，手术后患者使用他们的眼睛并不是自发行为，至少在一开始不是这样的；他们需要获得引导和鼓励，还要付出特别的努力。很显然，由于被长期弃用，这些患者的视觉系统失去了固有的活动水平，也失去了连婴儿都具备的主动搜寻刺激并自动处理这些刺激的能力。第三，在个体渐渐能够辨别物体的细节或方向之后，他们却时常难以将这些整合起来。奥立弗·萨克斯这样描述他所观察的一个患者："他不停地学会认识一些细节——一个角、一条边、一种颜色、一个动作，但他却无法将它们综合起来。"[106, p.123] 这些细节——角、边、颜色、动作——是视觉系统感知过程的组成部分。一系列针对猴子的研究[107]提出，这些组成部分在次级视觉处理过程的后期能够被正常地综合。长时间视觉剥夺的例子似乎表明，这些次级视觉处理的后期阶段，以及初级视觉皮层外的一个或两个突触的二次联合区，也依赖于感官输入来发展和（或）维持功能。第四，视觉工作记忆被严重损伤。例如，在恢复视力的几周后，他们不能记住一串字母，他们在看到后面的字母时会抱怨忘记了前面的字母。他们拥有完好的触觉和听觉工作记忆，但视觉工作记忆却很缺乏，这说明如果特定的感官模式未能得到使用，通过该种模式获得信息以进行认知活动的神经系统就无法发育，并且（或者）出现萎缩现象。正常情况下，这些系统涉及的是额叶区域（见之前讨论），可能与初级和次级感官区域合作行动。虽然在这方面并没有定论，但是，有一点却是确定无疑的：视觉工作记忆缺失与长期视觉剥夺相关；这为以下诊断提供了更为有力的证据——额叶功能的发育必须依赖于感官刺激。第五，这些患者在学习通过视觉辨认事物时有相当大的困难，即使他们通过其他感官方式学习的总体能力完全正常。例如，萨克斯的一位患者曾多次有意识地尝试学习和掌握颜色和大小相似的猫和狗在外表上的区别，但即便如此，这位患者还是会反复将它们弄混。与此相似的是，格里高利（Gregory）研究的一位患者虽然通过手术恢复了视觉机制，但仍然无法识别人脸或面部表情。

以上视觉学习能力受到限制的例子可以进一步证明如下论点：长期不使用视觉，我们的核心视觉能力必将丧失。虽然我们尚不清楚这种神经系统损失的原理，但之前提到的一些动物研究已提供了一些可能的机制方面的解释。其一，通常情况下通过视觉输入获得的学习所需要的神经资源，很有可能与其他感官模式建立了独特的联系。其二，由于多年的光线剥夺，细胞的长期增强机制有可能受到了永久的压制。在对动物的研究中，我们已经证明了这一机制对动物的学习能力相当重要，且在黑暗中饲养的动物的视觉皮层中，这一机制明显减弱。不管怎样，这再一次证明了感官剥夺对大脑功能的多方面会产生影响，而不是仅对简单的感官能力有影响。最后，长时间眼盲的患者在视力得到恢复后，当他们从不同角度看到一个物体，或者看到某个只是大小不同的物体，再或者是仅看到某物体的一部分时，他们都会抱怨说难以辨认，即使这些物体都是他们相当熟悉的。其原因很简单：这类识别能力依赖于对所有感官运动功能，也可能包括对思维的许多方面都十分重要的转换处理过程。尽管这些患者的听觉和体感信息以及运动功能的转换处理能力都发展完善，他们在视觉恢复以后视觉信息处理能力仍然相当缺乏，这再一次突出证明了大脑功能组织依赖于感官模式的程度，以及大脑接受感官输入并发出响应的能力依赖于感官刺激的程度。

与感官剥夺有关的第二种儿童时期的视觉问题是斜视。斜视指双眼不能同时聚焦，具体有两种形式：在交替性斜视中，儿童有时聚焦（和使用）一只眼睛，有时则聚焦（和使用）另一只眼睛；两只眼睛都得到使用，并且都保有视敏度。然而，由于双眼未能同步使用，双眼皮层响应细胞没能得到正常发育，而且深度知觉也被严重损伤。在斜视的其他一些案例中，一只眼睛被更多使用，而另一只较少使用甚至不被使用。我们并不知道在何种概率上，或者在何种程度上，不被使用的眼睛的视敏度天生就不如经常被使用的眼睛。然而，有一点我们已经很清楚，那就是这些儿童在接受正式视敏度检测时，未被使用的眼睛的视敏度要远远弱于被使用的眼睛。此外，如果斜视得不到治疗，不使用的那只眼睛的视力将进一步恶化，甚至最终致盲。即使儿童通过佩戴眼镜，获得大幅聚焦的视网膜图像，眼睛视力的恶化仍然明显，这说明以上现象与神经输入路径或视觉皮层的功能障碍，而非眼睛的机制相关。这与单眼白内障病例中，闭合常用眼且强迫之前未得到使用的眼睛进行工作，可以提高其视敏度是一样的。如果治疗在早年阶段就开始，则视力的改进会更大。[108] 除此之外，即使通过练习、发育和（或）外科手术，使患者双眼视力相近，拥有了同时运用双眼的能力，深度知觉的缺失却仍将持续。

　　虽然这些观察只局限于视觉剥夺的案例，但这类现象非常普遍，且反复得到了证实。研究者们得到了以下四个适用于人类和其他动物的结论：第一，单眼刺激输入剥夺会导致眼睛本身的改变，并降低包括脑干中继站和（或）视觉皮层在内的视觉输入路径的功能；第二，强迫功能不全的视觉路径去处理视觉刺激，能够导致路径的功能增强；第三，发育过程中双眼同步刺激的缺失会导致深度知觉的丧失；第四，在低龄阶段对感官输入障碍进行纠正能导致更大的功能恢复。这些发现为研究感官输入之于人类和其他哺乳动物大脑物理和功能发展的相似作用，提供了一个强有力的实验证据。

不寻常的感觉运动经历对感觉运动皮层的影响

　　动物研究证明了感觉运动行为的改变致使感觉运动皮层的组织改变。人类大脑功能成像研究显示了相似的效应。例如，一项研究显示，感觉运动皮层的体积与食指的运动相关，这种相关性在盲文读者身上比非盲文读者身上更加明显，这可能是因为盲文读者每天数小时使用食指所带来的响应。[109] 另一项研究则交替对两只手的大拇指和小拇指施加轻微的压力，运用脑磁图来估计感觉运动皮层神经活动的体积和位置。[110] 实验比较两组右利手的被试，一组是弦乐器演奏者，而另一组被试并不是乐手。所有的乐手都是用左手手指来控制乐器的琴弦，这是一个需要通过压力和位置的触觉暗示快速移动手指的任务。这些乐手演奏他们的乐器平均时间长达 12 年并且每周练习大约 10 个小时。当刺激被试的左手时，乐手组比非乐手的控制组在感觉运动皮层上有着更剧烈和更大范围的活动。此外，12 岁或更早就开始演奏乐器的乐手比那些在 14—19 岁之间演奏乐器的乐手在受到左手刺激时，有着更加强烈的反应。在刺激右手时两组被试的大脑响应并无区别。这些及其他类似的研究有力地证明，大量且丰富的某一特定类型的感觉运动经历能够改变人类和其他动物大脑的功能组织，就如同感官经历的某一普通部分的缺失会改变大脑的功能组织一样。与之前的相关论述一致的是，这些感觉运动经历如果发生在神经可塑性更强的低龄时期，其对大脑的改变程度会越大。

抚养环境对人类智力功能的影响

来自许多不同国家的研究一致表明，抚养环境显著影响了人类大脑功能的发展（参考文献中有相关研究的完整评述[111]）。这些研究与丰富环境对动物大脑发育影响的相关研究类似，尽管对人类的研究范围要广得多。和对动物的研究一样，对人类的研究提供了环境会对大脑感官信息处理方面各种功能产生影响，且这种影响远远超出了早期阶段的证据。为此科学家们实施了各种不同的认知功能测试，如针对成年人和儿童的多维度的韦氏智力测试，以及针对视觉空间能力的瑞文渐进矩阵测验。在韦氏和一些其他测试中，分数用来表示与大的比较组之间的关系，得分 100 表示测试成绩处于平均水平。测试结果表明，大约有 2/3 的人得分在 84—116 之间，只有 1/50 的人高于 132 分。以韦氏智力测试为例，一系列测试的多个分数将被平均，得到一个单独表现分，这个分数将与参与者的年龄结合起来，最终产生一个智力程度（IQ）分数。有一组研究关注出生顺序和家庭成员数对智力测试的影响。另一组研究则关注收养对测试分数的影响。第三个系列的研究记录了过去 100 年中，智力测试分数的稳定上升，这被认为与抚养环境的改变相关。

　　平均而言，第一个出生的孩子智商比其他更年幼的兄弟姐妹更高，第二个出生的孩子总体上也比其他后来出生的孩子智商更高。[12]独生子女是例外，他们的智商比有两三个孩子的家庭中第二个孩子的低，这可能是因为兄弟姐妹的缺失去除了环境丰富性的一个来源。然而，当一个家庭子女超过两人，所有孩子的智商都逐步下降。例如，一个针对 80 万美国高中三年级学生的调查发现，来自 5 个孩子家庭中的学生平均得分为 100.0，而与之相比，来自 2 个孩子家庭中的学生平均得分为 105.3。[113]在荷兰，一个针对 40 万的 19 岁青年的调查发现，在瑞文渐进矩阵测验中，来自 5 个孩子家庭中第一个出生的青年分数与来自 2 个孩子家庭中第一个出生的青年的分数相比下降了约 6%，而来自 6 个孩子到 8 个孩子家庭中第一个出生的青年的分数则下降了约 11%。[112]出生顺序和家庭成员数目的影响被认为反映了家长对孩子进行关注的质量，尤其是在孩子出生的第一年。的确，有多项研究已经记录下了母亲与第一个出生的孩子和后来出生的孩子之间在互动方式上的区别。母亲更频繁地与他们的第一个孩子对话，且在对话时会使用更复杂的语句，更频繁地对孩子注视与微笑，她们与第一个孩子保持互动的时间也更长，会更多地陪伴第一个孩子玩耍，更多地给第一个孩子玩具和橡皮奶嘴，在第一个孩子示好时母亲的反应也会更快。[114-117]

　　当孩子之间年龄差距为至少 3 岁，家庭孩子数量从 2 增加到 3 时他们的智商也随着下降的现象不再存在[111, 118]，哪怕是在最高的社会经济阶层组别的更大规模家庭中，情况也是如此。[119]这两项观察都支持了家庭人数对孩子智商的影响是由于环境因素造成的这一观念，尽管以下可能性也是存在的：更有智慧的家长选择生育更少的孩子，增加生育每个孩子的间隔时间，并且有更多的家庭收入。如果是这样，更小规模家庭中的孩子，或高收入大家庭中的孩子就因为基因基础，而不是因为丰富的抚养环境获得了更高的分数。但后面要讨论的其他数据则不能用基因基础来解释。出生顺序对智商的影响也不能用基因因素进行解释，因为这些比较都是在同一对夫妇生养的孩子中进行的。人们可能会疑惑，出生顺序效应是否是因为第一次生产的母亲更年轻，拥有更好的身体健康状况，因此能够提供更优质的子宫内环境。

　　然而，在这个问题上，研究数据却明确地指向了相反的方向：更年长的母亲生下的孩子拥有更高的智商。例如，通过对 4.9 万名英国儿童进行调查，25 岁及以上母亲生下的第一个孩子，比青少年母亲生下的第一个孩子的智商高 8 个百分点；25 岁及以上母亲生下的第二个孩子比 20—24 岁母亲生下的第二个孩子的智商高 6 个百分点；40 岁以上的母亲生下的第二个和第三个孩子的智商比年龄在 25—29 岁的母亲的第二个和第三个孩子的智商高 5 个百分点，比年龄在 20—24 岁的母亲生下的孩子高 8 个百分点。[120] 另一项研究调查了拥有两个孩子的荷兰家庭中的 1,500 个孩子，发现年长母亲生下的孩子智商更高，并与出生顺序无关。[121] 这一发现使我们更加相信，家庭出生顺序效应不应归因于母亲在生第一个孩子时比生之后的孩子时更加年轻；当出生顺序效应根据母亲年龄进行校正后，这种效应就更加稳健了。

　　将基因因素排除在外的抚养环境的正面效应已经通过测试被收养儿童及其亲生母亲和兄弟姐妹的智商得到反复验证。通过对 20 世纪 30 年代爱荷华州被收养的 63 名儿童的智商进行测试，发现被收养的儿童的平均智商比他们的生母高出 30 分。[122] 一个后续更大规模对 300 名被收养儿童的研究发现，这种智商的增长仅限于那些亲生母亲智商相对较低的儿童，但是这种效应仍然稳健（母亲智商在 95 及以下的孩子的智商增长了 13 分 [123]）。第三个实验进一步发现，被收养的孩子的智商比和亲生父母生活在一起的亲兄弟姐妹的智商高 16 分。[124] 被收养孩子智商的提高一定源于收养环境的某些特征。在这些研究进行的期间，可供收养的儿童的数量远远不及希望收养孩子的家庭数量。候选的收养家庭被仔细地筛选，成功收养到孩子的父母都经过了周密考虑，并且做出了成为合格父母的长期承诺。我们相信这些程序和特征转化成为丰富的抚养环境。

特别引人注目的是，自从近一个世纪前智商测试得以发展和应用以来，美国在各种不同的智力测试中的全国平均成绩稳定地大幅提高。这种现象最初在 20 世纪 80 年代被詹姆斯·弗林（James Flynn）记录下来，他当时正在研究美国新兵的测试分数。[125] 弗林注意到，与同龄人相比，新兵们的测试成绩处于平均水平（即 100 分），但与参加同样测试的上一代新兵相比，他们的成绩却在平均水平以上。他回顾了智商测试的文献，发现许多研究中大量的被试实际上参加了两种不同的测试——有时是同一个测试的新旧不同版本，有时则是两个不同的测试。在每一个案例中，在用对照组做另一个测试之前，会用一个大规模的对照组为其中一个过去进行的测试来建立一个测试的平均分（即 100 分）。毫无变化的是，以新对照组为参照时获得 100 分的被试在以过去的对照组为参照时得分高于 100 分。举例来说，超过 1,500 名儿童同时进行韦氏智力测试（对照组为 1947 年进行的测试）和斯坦福 – 比奈智力测试（L 型，对照组为 1931—1933 年进行的测试）。他们在韦氏智力测试中的平均分数为 103.0 分，而在斯坦福 – 比奈智力测试中的平均分数为 107.7 分，这说明两个对照组所在的总体人群，从 1931—1933 年，再到 1947 年间每年提高了 0.33 分的智商分数。与之相似的是，超过 200 名儿童参加了 1947 年和 1972 年的韦氏智力测试。当他们与 1947 年的参考人群比较时，分数比他们与 1972 年的参考人群比较时高 8 分，这说明从 1947—1972 年，总体人群每年获得了 0.32 分的提高。通过校正大量其他相似的比较的数据结果，弗林确认了在 20 世纪的美国，总体平均的变化率基本与此相同，从 1918—1989 年累计提高了 24 分。[125]

在其他数据可以得到并被允许进行评估的国家中（如英格兰、苏格兰、法国、挪威、瑞士、比利时、荷兰、丹麦、德国、日本、以色列），这种相似的变化也随之得以发现。[111, 125, 126] 在理解总体人群在这段时间的测试分数有所提高前，有一些研究表明年纪大的人比年轻人获得更低的智商测试分数，这种差别曾被解释为随着年龄的增长，人们的表现会自然下降。现在可以理解的是这里很多差别源于出生年份的不同。不是因为年龄增长会丧失能力，而是因为年纪大的人出生于更早的时期，所以从未达到与他们年轻的群体相同水平的能力。对不同时间出生的群体智力的纵向研究能够提供直接的证据。在年轻人和老年人之间的群体区别显然大于每个群体内部随着年龄增长的下降趋势。[127, 128]

过去的八十年或一百年间这种智商渐进提高的原因并不明确。一部分原因可能是因为儿童时期健康水平的提高，这与诸如更好的营养、分娩技术的进步与哺乳时期的照顾，以及通过预防接种成功防治儿童疾病这些因素有关，但一般认为这些因素影响的大小只足以解释一小部分智商的改变。[129] 由美国心理社会组织建立的智力研究特别专家小组总结道："可能最合理（的解释）是基于连续两代人间巨大的文化差异。日常生活和工作经历似乎更加'复杂'……人口不断城市化，电视使得我们比过去任何时候都能接收到更丰富的信息，对更多话题有了更广阔的视角；孩子在校时间更长；几乎每一个人都似乎在应对着新形式的经历。"[129, p.30] 这个观点与 20 世纪三四十年代进行的一个研究结果是一致的，该研究记录了美国农村和城市人群智力的显著区别（6 分）。[130, 131] 随后，旅行和大众传播工具的增加使得农村被孤立的状态减弱，同时农村学校质量提升，农业技术日益复杂精妙，这种智力区别持续下降（到 2 分）。[132, 133]

以上结果也与智商的提高和学校教育有关的证据一致。例如，实际上同年龄的孩子因为一部分生日在开学截止日期前而另一部分在截止日期后，在上学时间上相差了一年，这些多接受一年学校教育的孩子有着更高的智商分数。[134] 在弗吉尼亚州，为阻止学校内部的种族融合，公立学校一度关闭数年，剥夺了该地区大部分黑人儿童接受教育的权利，这些辍学的孩子每少上一年学，与同背景而在学校接受教育的孩子相比，智商测试分数下降了约 6 分。[135] 事实上，一项证实总体人群智商增加的研究发现，低分人群智商分数增加最大，同时他们在校学习的时间也增加最大。[136] 其他造成总体智商上升的原因还包括家庭规模的降低；家长教育水平的提高；更多关于有效教育子女的知识，这包括体罚和苛刻惩罚手段的减少；更多更好的儿童读物和玩具；更多地为孩子朗读；小学早期阶段更好的老师和课程。[111, 129]

一些研究人员认为，智力的核心是单一认知能力，它会不同程度地在所有智力测试中清晰地显示出来。[74] 另一些人认为，智力存在着多个不同的组成部分，有不同的智力类型，它们能独立变化。[137, 138] 我们并不知道在总体人群中智力的哪一（些）层面有所提高。但有一点是很清楚的，那就是这种提高并不能简单地归因为智商测试的练习，或者课程上更加关注智商测试辅导。近几十年，智商测试变得不那么普遍，而且几种常用的智力测试已经被证明是几乎不受练习与否所影响的。此外，总体代际间智力的增加已经被能评估多项认知功能的许多测试所证明。考虑到练习小提琴总是能够规律性地改变大脑运动带的功能性组织[110]，明显地由环境导致的人群智商变化最有可能是社会和文化调节大脑功能的进一步证据。不管环境是否改变构成智商可遗传部分基础的大脑功能，也不管环境是否缩小了爱因斯坦与普通老百姓之间智力差别的鸿沟，社会与文化能够调节大脑功能这一论点都是毋庸置疑的。

可以公正地说，即使是所谓的"文化中立"智力测试也是同种文化的产物，这种文化创造了大众媒体的形式和内容，塑造了教育课程，因此测试文化对大脑的影响并不能真正做到文化中立。然而这并不能改变文化环境影响大脑功能的事实。的确，精心设计的科学实验测量方法之所以被采用，正是因为这些测量方法很有可能检测到所评估的实验性操作的影响。此外，要想客观地、文化中立地

75 测试大脑是否真正地发生了变化，抑或只是为了与当下文化环境特征保持相协调而发挥作用，我们似乎只有想象将大脑视作位于文化之外；只有这样，这一测试才显得重要，显得更有可能或者说更合适。

感官剥夺

远离尘世的探险者、独自远航的海员、遭遇海难被迫单独等待救援的幸存者、飞行员，以及从事其他需要长时间独自处于单调的感官环境下的职业者，都曾描述因为长期缺乏感官刺激而导致心情、知觉、认知的变化。医疗研究者也观察到，在医院里，由于缺乏不断变化的或有意义的感官输入，被困于病床的患者也会出现类似的症状。通过给患者提供接触音乐、电视和人际交往的机会，这种效应能够被扭转或预防。[139] 受到以上这些观察的启发，研究者们针对感官剥夺对心情、知觉和认知的影响进行了研究，结果发现每一种果然都相当显著。

在实验室中有一些方法可以用来实现感官剥夺。最一般的做法是要求被试平静地躺在小隔间中，降低声音，控制灯光，使用白噪声来遮挡低等级的背景噪音，同时提供一个无变化的声音感官环境。在大多数研究中，被试被要求不能讲话，不能发出其他声音。在一些实验中，房间完全黑暗，也有一些房间里有统一的低等照明，被试被要求戴上防护镜以防止他们感知到物体的形状。在一些研究中，被试被戴上僵硬的、过大的手套，在手腕上戴上硬纸板做

76 的手铐，从而有效地限制了他们的触觉输入和上肢的运动。还可通过轻微限制被试，或让他们躺在与他们体型一样、刚刚容得下他们身体的泡沫橡胶块中，抑或让他们躺在紧贴他们身体的"铁肺"呼吸机中，来进一步限制他们的行动。另有方法是让被试浮在浮力较大的盐水中，他们的耳朵浸没在水中，并且眼睛戴上防护镜。

在不同研究中剥夺感官刺激的时间一般在 2—7 个小时不等。在剥夺 1 个小时的感官后，大部分被试开始感受到不适。即使是在

经过相当明显的努力，实验室的环境相当安全和舒适，情况也是如此。同样，即使被试是出于感受感官剥夺的兴趣而自愿参加实验，已经提前熟悉了实验室环境，并且来时已经计划好要用实验的时间稍作休息和思考一下项目或主题，他们也会感到不适。J. C. 利利（J. C. Lilly）是一个尝试辨别控制性感官剥夺可能存在正面效应的先驱，他的一个实验报告指出，被试在漂浮隔离池中待了2—3个小时，会发展出对"刺激 – 行动"的饥渴，并显示出细微方式的自我刺激，如肌肉抽搐、引起水流划过皮肤的感觉的小幅度游泳动作、一根手指敲击另一根等。[140]

　　接下来报告的是被试在更长一段时间后的典型经历。在这段经历的第二个小时中，该被试报告说有强烈的活动欲望，并开始吹口哨和唱歌。在第三和第四个小时中，他开始更加疯狂地唱歌，而且歌的内容更加粗野。他想要活动的欲望更加强烈，而且他报告当时自己有幻听。他的情绪变得更不稳定，有时哭泣，有时开玩笑、大笑或者吹口哨。他抱怨有焦虑的感觉，对自己说一些奇怪的话，如"你在说话，现在保持安静，安静"。在隔离4.5个小时后，他突然摘下面具，离开了隔离池。在这4.5个小时的隔离期中，他连续保持沉默最长的时间是6分钟。他在隔离后的访谈中连续1.5个小时不停地讲话，随着访谈的进行还变得越来越气愤，并且最后说道："老实说我相信，如果你们把一个人放在那里，不让他动弹，只用静脉注射来给他提供食物，他肯定会就这样慢慢死掉。"[141, p.542]

　　更多客观的、更多被试的评估提供了不那么生动但相似的故事。例如，处在播放白噪声且完全黑暗的人工呼吸机中长达7个小时的被试（n=25），与同样时间处于人工呼吸机中，但有正常的视觉和听觉刺激的被试（n=13），以及与无任何身体限制和感官剥夺的被试（n=11）相比，情感回应会有所不同。身体无法移动并被剥夺感官的组与其他组相比，明显更多地描述自己感受到害怕、绝望、恐惧、阴郁、孤独、紧张和惊恐，更少地感受到满足、友善或快乐。身体受到限制的两组比第三组明显有更多关于身体的抱怨，

77

但感官也被剥夺的那组身体上的抱怨又明显多于受到限制但未被剥夺感官的那组。[142] 一组躺在完全黑暗且安静的隔音床上的被试与另一组躺在隔间的床上，但接受特别高幅度声音和感官刺激的被试相比，也可以得到相似的结果，即使他们在同样的房间里已经度过了一个"控制"日。[143] 经过仅两个小时的感官剥夺后，被试在口头描述视觉是模棱两可的刺激卡片时所花费的时间要比感官剥夺前长得多。[144]

如果被试在被剥夺感官期间获得了在一段时间内接受感官刺激的机会，那么他们会比未受到感官刺激剥夺的被试更加频繁地要求感官刺激。他们被剥夺感官的时间越长，对感官刺激的要求就越多；刺激变化越大越复杂，他们对刺激的渴望也越大。[145-147] 不过，被试所渴求的感官刺激并不需要符合他们的某一特定兴趣。单独被隔离但不被限制活动的人，在完全黑暗、声音减弱的环境中待上 9.5 个小时，然后再允许他们继续在安静的环境中，或者通过按下控制杆来听到证券交易所的录音，他们对于听觉刺激的要求明显比那些在同一个房间里待上 9.5 个小时，但房间里有灯，能听广播，能阅读书籍杂志，或能看电视的人更加频繁。[147] 此外，那些在感官剥夺过程中自我感觉最沮丧、最不开心的那些被试，要求受到最大的听觉刺激。被试如若是自我感觉到恐惧或生气，他们恐惧或生气的程度则与他们寻求刺激的强度并无显著关联，表明虽然这些感觉在感官剥夺，尤其在行动受到限制时表现突出，但它们并不是与这个经历唯一相关的，或者说必须是最主要的感觉。

缺少感官输入带来的不适感和明显为了追求刺激而追求刺激的行为（即追求并无外部实用价值的刺激）使得研究者们认为，追求刺激是一种人类固有的驱动或动力，正如人类都有好奇心，都有玩耍的需求。[146, 148-153] 一些在动物身上的研究为这个观点提供了进一步的支持。在木板上分别放置容易移动的红色螺丝钉和无法移动的绿色螺丝钉，猴子很快移走了所有红色的螺丝钉。[153] 将猴子放在窗户被遮挡的笼子中，猴子反复通过按下按钮来打开窗帘，除了获得视觉刺激本身以外，猴子并未获得任何其他的奖励。[153] 猴子在视觉探索活动上消耗的时间（40%）令人印象深刻，而在一段时间限制该探索行为后，它们花在视觉探索上的时间还会增加[154]，同样的情况也出现在其他与进食相关的行为上。

　　更直接的是感官刺激可以替代食物，用来强化学习或情景适应。打开和（或）关闭灯光（即视觉刺激的改变），是实验室中小鼠[155]和大鼠[156]有效的强化工具。同样，在训练猴子完成分辨颜色的任务时，将其关在被遮盖的笼子中，每当它做出正确反应时它获得 30 秒的时间，可以通过窗户看到实验室，它的学习和训练得以强化。[157] 与之相似的是，饲养在黑暗盒子中的猴子学会了按压木块，以获得半秒的光亮。正如食物在动物饥饿时比在动物吃饱了时是更为有效的强化工具，猴子按下木块的速率也随着它被剥夺视觉输入时间的增加而增加。[158]

　　感官剥夺除了会给人带来不适感以外，还会造成知觉和认知功能失调。在剥夺视觉和听觉输入的实验中，有很多研究中的大量被试都报告他们存在视觉感知，而较少报告他们存在听觉感知。在一项对此现象进行研究的大型实验中，有 71 个年轻人（所有都为高中毕业生，大部分是大学生）被要求 72 个小时安静地躺在一个狭小的、调低声音的房间中。他们的脸上都贴有黑色遮光罩，可以防止任何视觉输入，但眼睛仍然可以睁开或闭拢；他们都戴上了耳塞，以便进一步降低听觉输入；同时，他们都戴上了手套，以便限制触觉刺激。房间中有食物、水和卫生设施。实验要求被试不能讲话和发出其他噪声。有 42% 的被试报告他们"看到"了光线或光点；20% 报告"看到"了某种形状；6% 报告"看到"了物体、人或动物。[159] 在这个和其他一些研究中，这些"视觉"经历被形容为超出了个人控制，所看到的图像比平常所见更加生动，而且似乎呈现在自己的意识与现实世界之间，一闭上眼就可以看到。但只有极少数情况下，这些视觉经历在被试看起来是如同在现实生活中一样真实。[159, 160] 这些视觉经历会发生于感官剥夺的第一个小时；根据两项记录了感官剥夺期间脑电图（EEG）的研究，在经历这些时，被试是完全清醒的。[161, 162] 被试通常也会报告在集中注意力和逻辑思考上的困难。[152, 163] 这些困难在听觉 – 视觉 – 触觉联合剥夺中比听觉 – 触觉或者听觉剥夺中很明显地出现更多，即使这三种剥夺实验都实施于同一种实验室环境，且有着同样的社会隔离和行动限制。[159]

正式的实验室测试为以上这些由被试主观描述的感知与认知功能上的变化提供了确凿的证据。紧接着长时间的多峰感官剥夺后，触觉和痛觉敏感性增强，并有证据显示，在单独的视觉剥夺后，触觉敏感性也会增加。[164-166] 在听觉剥夺时 [167] 和剥夺后 [168] 进行简单的听觉观察任务，敏感性表现同样有所提高。相反，完成更复杂的警觉和认知任务的能力则普遍受损。例如，与未受到感官剥夺的被试相比，接受了一定时间的感官剥夺的被试无论是在感官剥夺期间或刚结束时，在以下任务中明显地感到更加困难：一是在有干扰信息的情况下搜寻特定目标 [169]；二是在一系列混乱字母中找出一些构成单词 [162, 170]；三是列出一系列以特定字母开头的单词。[169] 这些认知功能失常现象表明：由于大脑基础感官区域缺乏持续的激活，通常从这些区域扩散开来的大脑皮层激活随之丧失，最终导致对认知能力许多方面都十分关键的脑皮层区域无法正常发挥其功能。如同布鲁纳（Bruner）所总结的，知觉和认知活动总体依赖于不同感官输入的持续刺激。[171] 有趣的是，即使未经受感官剥夺，长期不活动也能导致一些同样的认知能力缺失 [172]，同时，许多与感官剥夺相关的缺失又能通过被试在感官剥夺期间的运动来防止。[173] 正如赫布在预测到布鲁纳的结论和他自己的经验研究结果时所提出的，思考和行动所必需的神经组织似乎需要持续的感官刺激才能得以维持，而运动正好能够提供一些这样的感官刺激。[174]

小结

目前对于大脑功能的理解着重于强调综合神经元网络的作用，

不同大脑区域间的大脑皮层联系以及信息通过一系列大脑皮层图的转化。所有这些过程中最为核心的是细胞，它们部分存活与生长，部分死亡，存活细胞之间的连接也并非永恒，而是时有断开，时有新的连接生成，如此形成了细胞之间不断变化的连接模式。这些物理过程深刻地受到了感官刺激类型与强度的影响。细胞的存活和细胞间新连接的生长都直接依赖于细胞的活跃程度，这直接来源于输入路径的感官刺激，而细胞本身就是输入路径的一部分。因此，大脑的结构和功能组织能在相当程度上被环境所塑造。经验研究表明，环境对大脑的影响效应延伸到了基础感官接受区域及其投射区之外，到达感官接收器本身多个突触以外的额叶区。

　　一组研究充分展示了环境的这种影响效应：在动物刚出生后的一段时间剥夺其正常感官输入，其大脑的功能组织也随之发生了变化。虽然这种效应相当巨大，但相比之下，实验中对感官输入的控制与改变程度更加极端，并且更多集中于改变某一单独的、在自然情况下一般不会发生的感官方式（例如在动物刚出生时缝合它的单眼或双眼）。另一些研究比较了在自然条件下可能发生的相对丰富环境与相对贫乏环境中饲养的动物，同样，其结果发现这些环境的影响效应是确凿、具体的。

　　人类大脑对环境的影响尤其敏感。所有动物的大脑对体感运动影响最敏感的时期是在出生到性成熟之间。人类的这段时期比其他任何物种都长。环境输入对大脑皮层的影响比对大脑其他部分都要大。人类大脑皮层和大脑其他部分的相对尺寸比其他任何物种都大。表明体感活动对人类大脑结构和功能影响的实验数据来自对早年视觉异常患者的研究，采用新的大脑功能成像手段的研究和关于抚养环境对智力影响的研究。

　　成年人不喜欢没有感官刺激的环境，即使他们对信息并没有很实在的需求。当人们处在感官剥夺的条件下，他们会寻找刺激，并且很快变得沮丧和焦虑。此外，他们的大脑不再有效地工作；他们会经历感官上的幻觉，他们的知觉阈值发生变化，解决某些类型的

82

83

问题时也出现困难。这种感官依赖性和其他上瘾行为有着一样的物理基础。此外，这种感官依赖将个人和他或她的感官环境捆绑在一起，使得个人要无视持续的感官输入变得尤为困难；同时，当新的感官信息与由过去的环境与经历所塑造的大脑既有结构存在差异时，个人会感到尤其不适。这种差异将是本书第四章和第五章讨论的主题。

到现在为止，我们在探讨环境对大脑结构和功能进行塑造时，主要考虑的是来自客观外界的感官刺激，例如，去除所有四种形式的基本感官信息输入，或将灯光闪烁、实验室的景观以及听取证券交易的报告作为实验中的奖励。在一些研究中，对社会维度的交互关系的控制隐含在实验过程中，虽然这并不是重点。如在动物研究中，丰富环境有时包括养育有其他动物的笼子或屋子；对身为独生子女的儿童智商进行的研究考量了兄弟姐妹交互缺失的因素；感官剥夺实验也研究了社会隔离。与同物种的其他个体进行交互是环境刺激的一个来源，它对大脑的发育有着特定、有力的影响。下一章将关注这些影响。

第三章　社会环境对大脑结构和功能的影响

哺乳动物纲与其他动物的区别在于雌性哺乳动物承担哺乳和养育后代的任务。"哺乳动物"一词的由来是基于这类动物有能够分泌乳汁的乳腺，这说明提供乳汁是雌性哺乳动物在哺育后一代过程中最为重要的方面。这也是为什么在讨论与哺育相关的母婴交互之于婴儿发育的重要性时，那些早期的研究特别重视饥饿引起的焦虑与饥饿消除以后的满足，以及口腔刺激和满足。然而，提供乳汁及消耗乳汁本身仅仅是婴儿和母亲之间广泛且多模态的社会感官联系中的一部分。

动物研究

体感刺激对婴儿的吸引力

哈洛（Harlow）和他的合作者对猴子幼崽的研究[1]鲜明地显示了母亲和幼崽之间体感关系的重要性。在这个研究中，研究员将幼崽与它们的母亲分开，并将幼崽饲养在一个笼子里，笼子里面是两个分别由金属网和布料制成的"替代"母亲。两个替代母亲都保持着与普通母亲猴子同样的体温。实验安排其中一半的猴子幼崽从金属网"母亲"处得到乳汁，另一半猴子幼崽则从布料"母亲"处得到乳汁。两个组的猴子与布料"母亲"待在一起的时间都要比与金属网"母亲"待在一起的时间更长。在仅由布料"母亲"提供乳汁时，这一差别有所增加，但幅度并不大。但经过一段时间后，两个组的猴子幼崽对于布料"母亲"的偏好都变得更加明显，这与饥饿消减条件模型中所预测的，即一段时间后对提供食物的替代母亲的偏好会增强这一结论恰恰相反。哈洛和米尔斯（Mears）总结道："这种差别（不管哪个母亲提供乳汁，幼崽都更喜欢选择由布料制成的替代'母亲'）是如此之大，足以说明作为一个情感变量，哺育的主要功能是确保婴儿和母亲频繁且亲密的身体接触。"[1, p.108]换句话说，提供乳汁并非是母婴交互的最终目的，而是确保母亲和婴儿间接触的工具，这种接触对于婴幼儿的发展尤为重要。

催产素：哺乳动物独特的"社会"神经肽

真正的现实生活中的母亲会比哈洛的布料替代母亲给她们的后代提供更为广泛的感官与行为刺激。[2]这些母性行为在怀孕和分娩前发展较慢，表现不明显；而在怀孕和孩子出生这段时间里，通过一系列包括荷尔蒙和神经化学变化的发生，母性行为得以形成和保持。[3]一种神经肽，即催产素，介入到这个过程中，它因为以下三个原因而显得格外有趣。

第一个有趣的地方是催产素在广泛的母性行为中发挥着作用。例如，老鼠最初的母性行为需要新妈妈克服对新生儿气味的厌恶。在分娩时，催产素在大脑的嗅觉区域释放，抑制了嗅觉神经元的活跃。这似乎使得嗅觉响应功能重组，从而消除了对新生儿气味的厌恶。[3]即使是对未怀孕的母羊进行子宫宫颈刺激，模仿分娩的效果，也能够促进大脑中催产素的释放，促进母性行为的形成。[3]如果对母羊实施硬膜外麻醉，阻止从子宫和宫颈到大脑的神经传达，子宫宫颈刺激促进催产素释放和母羊母性行为的激发都会被阻止，说明这种效应依赖于大脑活动。那么，下面这一推断就一定是意料之中的了：给分娩中实施了硬膜外麻醉手术的母羊和未怀孕的母羊的大脑注射催产素，能够激发它们的母性行为。[3]

催产素第二个有趣的地方在于它在更为广泛的社会行为中所扮

演的角色。大约 5% 的哺乳动物形成了稳定的夫妻配对。[4, 5] 给一夫一妻制的草原田鼠注射催产素，或者另一种相似的叫作后叶加压素的神经肽，就能够建立绑定的夫妻配对。[3] 相反，通过注射能够抑制催产素或后叶加压素受体的合成物，一夫一妻制行为的某些方面就会受到抑制。[3] 催产素和后叶加压素是在草原田鼠交配时释放的，这因此促进了未来双亲稳定社会联系的发展。[3] 对小鼠来说，催产素似乎是它们成年后社会学习与辨认相熟的同种动物的必需品。当主导催产素合成的基因被去除时，小鼠就不能够释放催产素，这时，它们完全不能辨认其他小鼠，即使它们反复相遇。[6] 但它们其他类型的记忆似乎完全正常。此外，如果此时在大脑杏仁核区域注射催产素，它们的社会学习能力将得以恢复。[6] 对人类大脑的功能成像研究显示，当被试看到有情绪表达的人脸图片时，杏仁核区域会被激活。[7, 8]

　　第三点也是最有趣的一点是，催产素这一功能异常丰富的神经肽仅在哺乳动物身上被发现。[3] 正因如此，它是社会交往与互动在哺乳动物生活和发展过程中具有决定性意义的具体标志。

母亲刺激的减少对于婴儿发展的影响

　　母亲与婴儿之间多种模式的交往与互动对于婴儿正常成长的重要性在许多动物实验研究中都得到了证明。例如，10 天大的老鼠幼崽若与它们的母亲分开一个小时，它们血液中的生长荷尔蒙水平就会下降到正常水平的一半。[9] 与之相似的是鸟氨酸脱羧酶（以下简称 ODC），它是一种在蛋白质合成过程中起重要作用的酶，同时也是组织生长和区分的重要指标，它在大脑和其他身体器官中的水平也会下降至正常水平的一半。在幼崽重新回到它们母亲的身边后，这些数值会大大上升并超过正常值，而在一个小时后又恢复到正常水平。如果用骆驼毛发刷子轻抚与母亲分开的幼崽，来模仿母亲的舔舐，生长荷尔蒙的水平和 ODC 活动就会保持正常。其他类型的感官刺激，包括晃动，四肢的被动活动和捏住尾巴都不能得到以上相似的结果，这说明舔舐幼崽对于生长荷尔蒙水平和ODC活动有着特殊的重要性。即使幼崽能继续和母亲待在窝里，能从母亲那里获取奶水，得到温暖和嗅觉刺激，但如果母亲受到了麻醉，幼崽的生长荷尔蒙和ODC活动水平的下降情况仍会与它在和母亲分离时的情形一样。可以看出，在缺少来自母亲的其他积极的、具体的感官刺激的情况下，哺乳是不足以维持对幼崽正常生长极为重要的生理过程的。通过将大鼠幼崽与乳房被结扎的母亲饲养在一起，测量幼崽的ODC活动，进一步证明了哺乳本身对保持生长荷尔蒙和ODC活动水平而言相对来说并不那么重要。尽管幼崽习惯了约10分钟一次的进食，在实验中取消奶水的供应并未导致与母亲分开或是与麻醉母亲在一起的幼崽所出现的ODC活动降低的情况。

幼崽体内组织对生长荷尔蒙的敏感性也同样依赖于与母亲的特定接触，这使幼崽生长荷尔蒙水平对母亲的特定接触的依赖加剧。生长荷尔蒙调节全身多种生理过程，给正常饲养的大鼠幼崽注射外部生长荷尔蒙，会造成ODC活动增加5倍。然而，如果在幼崽与母亲分离两小时后再进行注射，ODC活动则不会受到影响。因此，幼崽与母亲的分离除了会降低生长荷尔蒙水平和ODC活动以外，还降低了组织对生长荷尔蒙的敏感性。

类似的情况可能也发生在收容所的婴儿身上。他们中的一些有病理上的成长障碍，原因是尽管食物充足，但缺乏社会交往。[10-12]事实上，如果医院给予体重很轻的早产儿（平均妊娠时间为31周，平均出生体重为1274克）额外的触觉和肌肉运动知觉刺激（在这个研究中，每天平均额外45分钟），他们会比另一个接受了标准医疗护理的对照组婴儿成长更快（47%的额外体重增长），并有更多的时间保持清醒和警觉，更快到达发育的各个重要阶段，而且会更快地出院回到家中。[13, 14]此外，在这一实验中，实验组婴儿与控制组婴儿得到食物的频率与数量也是大体相似的，但实验组婴儿的成长明显更快。

母性分离对成长的影响也非常明显地体现在大脑本身的发育

上。观察与母亲分开 24 个小时的大鼠幼崽，发现它们的大脑、小脑皮层和连接不同大脑区域的白质纤维束中的神经元和神经胶质细胞死亡率增长了两倍。[15] 与之相同的是，反复让刚出生 13—21 周的猴子与母亲分开 5 个小时，它们成年后，其右侧大脑额叶会变得异常之大。虽然这些随后异常发育的时间并不清楚，一般认为原因很可能是通常发生在性成熟时期的细胞修剪异常减少。[16]

婴儿时期母亲的刺激对于成年大脑和行为的持续影响

有关成年动物的神经化学研究发现，动物如果在婴儿时期与母亲分离，多个神经递质系统会出现持续异常。成年大鼠在它们婴儿时期与母亲分离不同的时间，会导致它们的多巴胺运载基因和多巴胺 – 调节压力反应表达[17]、血清受体 mRNA 的表达[18]、苯二氮卓类受体的表达[19]、压力反应相关的糖皮质激素受体的敏感性[20] 以及对吗啡的敏感性[21] 均被改变。婴儿时期与母亲分离过的成年大鼠在实验引致自身免疫性脑炎的试验中病情更加严重，这说明分离也改变了其免疫系统功能。[22]

早期生活经历影响成年生活神经化学和行为的确切神经化学机制已经在一系列对大鼠幼崽的研究中得以发现。[23, 24] 早在 20 世纪 60 年代，人们发现将大鼠幼崽与母亲每天分离 3—15 分钟，能够降低成年大鼠的压力反应、恐惧感、在压力中肾上腺类固醇的分泌，以及海马体的老化速度。下面这一细节使研究变得更为有趣：当把短暂分离的大鼠幼崽放回笼子里时，它们的母亲为它们舔舐和梳毛的时间会有所增加。可能是由于这种母性注意力的增加，导致了大鼠成年后压力反应的降低和其他行为的改变。即使在没有进行实验操作短暂分离幼崽和母亲的情况下，每个母亲给幼崽舔舐和梳毛的时间也各不相同。这样，我们就可比较那些由母性行为存在天生的差异的母亲所养育的幼崽后代，来研究幼崽早期阶段的感官经历是通过怎样的神经机制对其大脑功能产生持久影响的。

顺着这种思路，迈克尔·米尼（Michael Meaney）和同事们发现，幼年时被舔舐更多的成年大鼠，和每天都同母亲分别一段时间（但在返回后会受到母亲更多舔舐）的成年大鼠一样，有着相似的压力响应。这表明，"分离"实验所观察到的效应实际上是在大鼠自然发生行为变化范围内所产生的，并非仅由研究者所创造的更为极端的实验环境所产生。[23, 24] 当然，这些在幼崽时期或多或少有过被舔舐经历的老鼠，很有可能是遗传了母亲的特性才在实验中表现出不同的压力响应，而不是由它们出生后的经历所导致。为了辨别这两种可能性，米尼和同事将舔舐频率高的母亲刚生下的幼崽放在舔舐频率低的母亲身边。他们也进行了反向的处理，将舔舐频率低的母亲的幼崽放在舔舐频率高的母亲身边。当这些老鼠成年后，它们的压力响应方式与抚养它们母亲的类型一致，而非与生母的类型一致。

　　于是他们进一步的研究从由母亲舔舐程度所导致的压力响应出发，发现了与此相连的基因是如何变化的。在大鼠刚出生后不久，它的 DNA 表面很大程度上附着了微小的化学络合物，它们被称作甲基组。这些甲基组封闭了 DNA，因此限制了基因的激活与表达。大鼠出生后第一周的经历能够选择性地去除一些甲基组，使得一些基因更加活跃。这些经历对甲基化的影响效应在大鼠出生的前三个星期比之后的任何时候都要强得多，并且这段关键时期的经历所带来的改变会在大鼠的成年生活中保持相对的稳定。通过再次进行交叉饲养实验，米尼和同事们发现，母亲舔舐行为开启了一系列神经化学过程，这些过程选择性地将产生海马回和额叶中的糖皮质激素受体的基因去甲基化，继而关闭了压力响应。通过这些过程，早期生活中的感官经历，如舔舐和梳毛，导致了控制压力响应的基因在功能和结构上的持续改变。

　　母亲抚养女婴所产生的一些持续性的神经化学和行为效应将影响女婴自己成年后作为母亲的功能。幼年时与母亲分离的雌性动物在它们自己成为母亲后，与母性行为相联系的大脑区域的基因表达水平低于正常值。[25] 它们比其他母亲更少地舔舐自己的幼崽，

92

93

更少会蹲伏陪伴在幼崽身边[26]，它们保持注意力的能力总体下降，对紧张的响应增加，这些都被假定会进一步影响它们的母性能力。[25]这种代际效应可能会自我繁殖和自我增强。此外，有研究已经表明幼崽数量[25, 27]和食物数量[16]也会影响舔舐及其他母亲与幼崽间的行为交互，因此可以说许多环境因素都会影响母性行为及其效应，这些影响还会在代际间传递，并在个人行为和群体行为上都有所表现。

对猴子的实验研究发现，剥夺幼崽与母亲的交互会对猴子成年后社会行为更为重要的某些方面造成影响，其中的一些影响似乎在人类中具有直接的相似性。通过比较在出生后即与母亲分离，又在小的同类群体中抚养长大的幼猴和由自己母亲抚养长大的幼猴，能够得到最多的有效信息，因为这两个组的幼猴都与同类成员有着丰富的社会和身体接触。两组幼猴的主要区别在于它们是否有在生物行为上成熟的母亲。结果发现，由同类抚养长大和由母亲抚养长大的猴子的行为表现出许多的不同，即使是在性成熟以后，情况也是如此。[28]由同类抚养长大的猴子会在刚出生时和幼年时期花更多的时间抱住另一只猴子，并且吮吸自己的手指和脚趾。由同类抚养长大的猴子之间的交往显得混乱，时而疏远，时而异常亲密，以波动迅速为特征。在它们中间攻击性行为更少发生，但一旦发生，会更多地导致伤害。当由同类抚养的年少猴子与它们笼中的同伴分开时，会显示出更多紧张的迹象，受过训练的观察员认为它们更加紧张、胆怯，情绪更易于波动。由同类抚养长大和由母亲抚养长大的猴子在大脑神经递质和循环荷尔蒙的基线水平和紧张水平上都有所不同，由同类抚养长大的猴子有时反应迟钝，有时则反应过激。

这些发现共同说明了由同类抚养的猴子缺乏生物行为上的自我调节能力。更多缺乏自我调节能力的例子在部分隔离或完全隔离的猴子身上也有所体现。这些猴子表现出体温规律的改变，也表现出异常的进食模式，如过饮和过食，以及无法控制体重。[29]与这些表现一致的是，和那些由正常、称职的母亲抚养的猴子相比，那些年幼时由缺乏活力的、不可靠的，或者虐待的母亲抚养的猴子在与母亲分开后一般会表现出更加激烈的反应。[28]没有活力的和不够格的母亲比高度称职的母亲对幼崽是否能存活所具有的价值要低；如果分离后痛苦的等级不是基于幼崽的这种自我调节机制恢复其生物行为之平衡的能力，而是基于分离后缺席者的价值，那么由称职母亲养育的幼崽在分离时本应该会经历更多的痛苦。对人类母亲与婴儿情况的研究结果与此相似。研究人员给人类母亲对婴儿发出信号的敏感性和响应程度进行了打分，发现母亲越不敏感、响应程度越低，她们的婴儿在被放到床上后就越是有更多负面的响应，当母亲离开房间时，婴儿总体上哭泣的时间更长，哭的次数也更多。[30]

　　除了缺乏自我调节能力以外，由同辈抚养的猴子还会表现出神经生物结构和组织的减少。而由母亲抚养的猴子在不同的大脑神经递质系统活动中，不同的行为测量中，以及神经递质和行为测量之间，显示出了重要的相互关联性。在由同辈抚养的猴子身上，这些相互关联性中的大部分都显著下降或缺失。[28]研究显示，在近乎社会隔绝条件的托儿所长大的人类婴儿身上，有着相似的神经生物结构上的损失。他们缺乏面部和声音表达，社会交往上十分胆怯，动作如同前文所述被剥夺了社会刺激的猴子一样，古怪刻板；此外，这些婴儿的皮质醇水平无法每日正常循环。[31]

　　为了使得母婴交互的实验干预更加生态化、自然化，一些实验评估了要求母亲花费或多或少的时间寻找食物的效应。[16,32]实验中，母性的表现在可预期的能够自然发生的范围内变化，并对后代幼崽的发展和行为产生影响。这些影响足够显著，研究者们可成功观察，即使他们使用的是现有相对原始的测量大脑结构和功能的方法。在一项研究中，研究者设计的第三个实验组让母亲们有一半时间身处较难搜寻食物的环境中，另一半时间则处于较易搜寻食物的环境中。[32]这种混合情境比一直处于易搜寻食物的环境对幼崽发育产生的影响更大。正如第四、第五章扩展讨论的，当环境（在这个例子中是母性在场与行为）发生改变，不再与个体的期望以及由过去环境所塑造的内在神经心理结构相匹配时，依赖于环境的有机体就会出现问题。

人类研究

不同哺乳动物的育子行为与社会行为存在很大差异，就如同与这些行为相关的神经化学系统一样。催产素虽然对大鼠和小鼠的社会学习都很重要，但具体作用却很不相同[6, 33]；人脑中虽然也有催产素受体，但其所在区域与单一伴侣的田鼠和猴子的也不相同。[3] 行为上，和其他哺乳动物相比，视觉和听觉方面的交往与互动在人类母婴维系及更广泛的社会联系中起着更为核心的作用，而嗅觉输入则相对没有那么重要。

在婴儿出生的第二、第三天，他们就能把母亲的声音从其他女性声音中区别出来，并更能被母亲的声音所吸引。[34, 35] 他们对母亲的声音已十分熟悉，是因为母亲的声音是羊膜环境中能检测到的最强的声音信号[35]，而且，甚至当他们还在母亲腹中时，他们就能将母亲说的话和其他语言区分开来。[36] 这种出生之前的熟悉又通过在刚出生后与母亲声音的大量接触得到补充。因此，婴儿的听觉皮层已在出生前后较长时间里依赖于感官进行发育；在这整个过程中，母亲的声音是唯一最为稳定和一贯的刺激。到婴儿出生的第 20 天左右，他们会明显更多地吮吸乳头，为的就是能够听到来自母亲，而不是其他陌生女性的声音。[37]

在早期，类似的对社会刺激的感官敏感性在视觉系统中也有明显的表现。在出生后的几个小时内，婴儿就会表现出独特的对人脸的视觉敏感性；他们对人脸素描图的注视和跟踪时间明显要长于与人脸在个体视觉元素数量和性质上相似的其他图像。[38] 这种明显的、天生的对人脸的兴趣使得婴儿有选择性地对待视觉环境的组成部分。到了第 14 天时，婴儿更喜欢注视他们母亲的脸庞，而非其他陌生女性的脸庞。[39] 这种偏爱迅速从母亲发展到其他所常见到的人。婴儿对人们正脸而非侧脸的偏爱 [40]，有助于婴儿和成年人之间能够同时关注到对方。

婴儿这种天生的对社会感官的偏好、其成长本身对社会感官刺激的依赖性和出生前后高强度的社会感官经历，迅速地将婴儿与他们的主要照顾者联系了起来，形成了一个相互调节的二元系统。[41, 42] 结果是婴儿与成年人之间发生了行为同步，且能相互应变，这种现象在他们的睡眠和脑电图中 [43]，在他们的眼睛注视方向 [44, 45]、面部表情 [46-48]、发声方法 [49-51] 以及心脏和行为的节奏 [52] 等方面，都表现突出。

成年人的活动于是与婴儿紧密相连，这些活动会对婴儿总体的生理状态造成影响，也会引导婴儿对感官输入的反应。摇晃摇篮里的婴儿、抱着婴儿走动和其他动觉刺激都可以帮助躁动的婴儿安静下来，使他们慢慢进入睡眠。[53-55] 成年人缓慢、低沉的声音可以帮助焦虑的婴儿安静下来，增加声音的音高和音色会惊醒处在浅睡眠状态的婴儿，使他们加强警觉，加快声音的速度并让节奏短促刺耳会引起婴儿哭泣。[56] 婴儿甚至会随着成年人与他们互动讲话的节奏做出动作。[57]

这种成年人与婴儿之间的联系反过来使婴儿的父母也发生各种各样的心理 – 生物上的变化 [58-60]，而婴儿与成年人之间在生物行为上明显的相似性和互惠性也部分地来自父母的这些改变。然而，受到影响更大的，当然是那些正在发育中的、相对无差别的婴儿，因为与他们的成长紧密相连的，是二元系统中成熟的、结构完善的、有自我调节能力的那个部分，即他们的父母。

人类的婴儿期和儿童期比其他哺乳动物的都更长，这就使得社会互动交往更大程度地影响了婴儿的大脑发育。关于这些对大脑产生影响的互动交往过程，我们已经有了足够的研究文献，虽然这些研究大多是描述性的而非实验性的。这些研究主要描述了以下各自不同但又有时重叠和互相作用的一些过程：目标抚养、轮流、模仿、认同、内化以及玩耍。这些过程是社会环境对大脑发育长期影响的基础，是人类对总体环境，特别是社会环境变化的敏感性的基础，也是人类为保持环境的稳定将付出巨大努力的基础。

目标抚养：调节与训练婴儿生理发展

目标抚养的内容最为丰富，包括对婴儿生理状况的调整、训练，对婴儿和儿童成长物质环境的创造，对以明确目标为导向的活动的干预，以及在活动中提供帮助，弥补婴儿尚未发育成熟的运动、认知功能。下面我们来谈谈目标抚养的第一个方面，成年人能够通过冷静或者激动的说话方式，通过将婴儿放在仰卧或垂直的位置，通过将婴儿怀抱在胸前，让他能够吮吸、进食、感受与母亲肌肤接触的温暖和触觉刺激，熟悉母亲心肺扩散的声音，以及通过运用重复和熟悉的方式来抚摸和移动婴儿，以此来调整婴儿兴奋的状态。这些动作还可以帮助婴儿在经历痛苦和悲伤的事情后重新回到平衡的状态。成年人可逐渐识别出婴儿感到痛苦的早期信号，并通过安抚性干预给予回应。当然，这种干预是通过诱导婴儿大脑内的神经活动，从而使婴儿重新建立平衡来实现的。当抚育过程中特定的安抚性干预回应行为在一定时间内重复出现，尤其是当婴儿处于相似的早期悲伤的神经生物状态时，婴儿脑部神经对安抚行为的响应会变得更加迅速和有力。因为这种对安抚行为的响应一贯与悲伤的开端相连，悲伤的开端本身会变成一种诱因，诱导出抑制悲伤的神经活动，从而使得婴儿能够进行自我调节。

这种由成年人通过一种轻柔的声音、平静的抚摸或摇晃提供的感官输入的存在，进一步强化了婴儿体内不断发展的镇静神经活动；如果悲伤强到一定程度，这种感官输入对婴儿重新找回平衡可能是必需的。婴儿对成年人的感官输入越熟悉，输入的细节与过去场景中出现的越相似，这种输入就越有效。因此，当婴儿被母亲抱住安抚时往往比由别的陌生女性抱住和安抚时能够更快地安静下来，即使第二位女性与该婴儿自己的母亲相比，在看护婴儿方面有着一样的，甚至更多的经验。成年人对婴儿的痛苦和其他状态变化的早期信号的敏感性来自对婴儿响应的重复观察，大部分显然并不是成年人刻意努力学习到的，他们甚至有时都没有意识到。即便意识到了，也是因为父母们着重地注意到他们自身发生了变化；而引起这些变化的，正是二元系统中婴儿这一方状态发生的变化。与其他照顾自己婴儿的或在照顾其他婴儿方面有经验的成年人，或与较大社会群体所认定的育儿专家进行讨论和交流，能够进一步地帮助父母明确意识到婴儿表达痛苦或悲伤的信号。父母调整和训练婴儿的生理状态，不仅仅有睡眠－唤醒与平衡－悲伤这些维度，更包括进食行为、排泄功能与探索性行为。[61] 婴儿在二元和家庭系统中与父母相连，发展出被父母影响，与父母相似的生理模式。

目标抚养：在抚养环境中创造新物体

目标抚养的第二个方面是成年人干预由物体引导的婴幼儿活动。根据凯耶（Kaye）的观察："对婴儿物体引导活动进行社会干预是一件如此普通的事情，以至于很少有作者注意到它对于我们这一物种本身而言绝对的独一无二属性。"[62, p.193] 我们的讨论基于这样一个事实：只有人类创造了被他们的后代所感知和改造的无生命环境的大部分。通过使用这些人造物体，婴幼儿的心理与生理得到发育。通过在婴儿床边悬挂视觉上有趣的物体，可以加速发展婴儿的视觉引导行为。[63] 如同之前讨论过的一样，新的脑成像技术已经显示，在社会认可的方式下，重复使用诸如乐器一类的人造物体与大脑结构的实际改变有着密切的关联。[64] 正如在第二章中所提到的，学校也许是在很大程度通过使用最有影响力的人类发明，即印刷字，加强了学生的大脑功能，这一点已经由学生在智力测试中的分数所证明[65]；农村和城市人口之间智商水平的差异在过去相当悬殊，但现在正在下降，这也归因于当今农村居民所接触的人造环境中新生物体数量更多，也更复杂。[66] 总的来说，儿童更多成长于人造环境中而不是自然形成的环境中。

目标抚养：指引和培养婴儿注意力

成年人还可通过将孩子的注意力从一个物体引向另一个物体，来干预他们的物体引导活动，这不仅能影响这种活动的特性，还能影响孩子自己转移注意力能力的发展。如果让婴儿选择是玩耍一个成年人拿在手中的物体，还是选择一个同样的、放得更近的物体，婴儿会无视那个放得更近的物体而选择成年人手中的那个。[67] 超过一半的 6 个月大的婴儿会跟随母亲的目光而移动他们的头，而几乎所有 1 岁大的婴儿都会这么做。[68-70] 9 个月大的婴儿大多会指物[71]，在婴儿发展的这一阶段，父母在与婴儿进行交互时通常增加指物的动作。[72] 在刚开始，当成年人的头从一个方向朝另一个方向移动时，婴儿会有所响应；而当他们成长到 18 个月时，他们的眼睛还会跟随大人目光的移动而移动。[70, 73] 婴儿与成年人这种分享注意力的机制无处不在，以至于有人认为婴儿天生具有这种能力。但是，实验显示事实并非如此。在实验室中，仅有 6 个月大的婴儿刚开始并不会跟随成年人的目光，但他们能在简单的条件适应下学会这样做。[70] 因此，即使这些重要的社会发展机制有着天生的部分，机制本身也能进一步被社会交互所影响。这些机制允许婴儿注意力对远处和近处物体相对快速和有选择地转向，从而允许父母影响婴儿的感知及相关的认知活动和运动行为。通过这种方式，成年人实际上替婴儿在他们周围不断涌现的各种感官刺激做出了选择，影响了婴儿将会最清楚地意识到哪些刺激，将会最熟悉哪些刺激，以及将会最多想到哪些刺激。

因此，指引和引起婴儿注意是能够对婴儿大脑活动产生相应效应的；成年人伸出的手指和婴儿注意到的其指向的物体间无形的联系也就变得具体而清晰。来自头皮或大脑表面的电活动记录能够识别那些与感知相联系的特定波形，这些波形反映出感官处理不同阶段里不同细胞群的序贯活动。当注意力被指向一个刺激时，其电活动波形偏移的振幅增加，能够检测到波形振幅变化的头皮或大脑表

102

层范围也增加，而当注意力从这一刺激转走时，这些参数也随之相应降低。[74, pp.265-268] 例如，猫的大脑在仅听到老鼠声音时的电位，要明显低于猫在既听到其声音又闻到其气味，或听到其声音又看到老鼠时的电位。[75]

功能性磁共振成像（MRI）对人类的研究提供了类似的证据。例如，如果被试主要注意一段影片的音轨而不是视觉部分，即使听觉和视觉信息都到达了大脑，颞叶中听觉处理区域的活动显著被激活，同时在枕叶中的视觉处理区域的活动则受到限制。当他们将注意力从影片的听觉部分转移到视觉部分时，颞叶中的活动下降，而枕叶中的活动增加。哪怕是仅在视觉区域，这种效应也有明显的表现。如果被试有选择性地注意一半的视觉区域，因为在这一半的视觉区域中"靶"刺激时有出现，大脑对应的视觉皮层活动会更剧烈，即使大部分的视觉刺激实际上平均分布在整个视觉区域中。[76] 我们已经知道神经元活动在建立和维持神经元之间的连接中起着相当重要的作用，由于成年人对婴幼儿注意力机制产生的影响能如此显著地、有选择性地增强或削弱一些神经元的活动，他们对塑造婴幼儿正在发育的大脑中的神经元回路所起到的关键作用也就不言而喻了。换句话说，婴幼儿的神经元回路是由成年人感兴趣的事物和他们引导婴幼儿将注意力投向这些事物所决定的；而成年人的这些兴趣本身又正是他们自身幼儿经历及成年后社会环境持续影响的产物。

早在进行上述这些支持他们观点的研究之前，维果茨基和鲁利亚就提出，父母对婴儿注意力的引导是孩子自己引导注意力能力的源头。[74, 77] 维果茨基的原文如下：

> 在发展的早期阶段，两个人共享着这个复杂的心理功能：成年人通过给物体命名和指出物体触发这个心理过程；孩子对这个信号进行响应，挑出被命名的物体，注视它，或者用手拿起它。在发展的后续阶段，这个社会组织过程获得重组。孩子

学会了说话。他现在可以自己给物体命名，并通过自己对物体的命名将它与周围环境区分开来，并因此让他的注意力集中到物体上。在此之前由二人共享的功能，现在成为婴幼儿心理过程在内部进行组织的一个方法。外部的、社会化组织起来的注意力发展成了儿童自主的注意力，这在该阶段是一种内在的、自我调节的过程。[74, p.262]

因此，从很小的时候开始，婴儿与成年人的社会交互塑造了为婴儿社会交往打下坚实基础的机制，它从外部影响了婴儿运用其注意力的方向和方式，同时也决定了婴儿在将来整个一生中注意力自我调节机制的发展。所以，注意力的自我调节能力是因人、因文化、因历史时刻之不同而千变万化的。

目标抚养：语言和其他象征性媒介

语言使得成年人对婴幼儿注意力方向以及自主注意力能力发展的影响更强、时间更长，且具有更广大的社会性。第一，在吸引婴儿分享注意力时，它比眼神或手指更能细致地区分所指物体；第二，当原始的引起感知注意力的活动和对象消失之后，它允许婴儿大脑内部进行的认知与记忆继续得以运作和持续发育；第三，它允许过去和现在都与注意力被引导的婴儿不在一处的个人对婴儿施加影响。语言在帮助个人发展自主引导注意力能力的社会机制中扮演着重要角色，语言能力一旦形成，它对人类发展自主引导注意力能力起着巨大作用也就不足为怪了。维果茨基强调了为集中注意力于某物体而无声地对其命名的重要性。前文中引用的诱发电位和功能性脑成像数据显示，当注意力集中在一个已经处于感官区域中的某一目标时，神经元活动会有所增加；正如我们可从这些数据推断得出的结论一样，实验研究已证实，对物体的命名能增加感官过程的敏感性。人脑内部的语言能力是人类所独有的，最具有人际交往特性；除了在注意力自我导向中的重要作用以外，语言能力还可促进许多其他认知行为的顺利进行，例如给思维提供必要的词汇和结构，并使所有这类认知行为的进行都在相当程度上依赖于语言能力。

晚成熟的额叶区域对总体的语言功能，特别是词汇的形成有着重要的作用，这一点我们已经从大脑特定区域损伤对行为的影响中得知，并被一些脑成像研究所证实。[78] 这些区域对注意力的自主引导也十分关键。例如，通过手术去除了额叶的动物无法抑制对不相关刺激的自动响应，因此无法持续完成目标导向的活动或者执行短期记忆任务。然而，如果将其中一只动物置于完全黑暗的环境中，或者用镇静剂降低它对感官输入的总体敏感性，它在记忆任务中的表现就会有所提升。[71, pp.90-91] 因此我们可以看到，最能将人类大脑区别于其他哺乳动物，同时也是出生后生长发育时间最长的大脑区域，是能够促进大脑受语言调节和社会影响的调整过程的。这些过程调节了大脑本身的活动，同时由于大脑活动塑造了大脑本身的发展，成年人在儿童的婴幼儿时期参与他们的这一过程，也就塑造了正在发育的儿童大脑。社会对自控功能发展影响的本身也会长期作用于大脑的成长和功能发展。此外，即使自控、自我引导注意力的能力已完全发展完善，这一能力也远非可以从此保持其水平；社会输入在人的整个一生中仍然是这些机制的内置特征，这些内容会在下一章中更详细地讨论。

在最近几年，大量非语言类电子游戏快速发展和传播，这些游戏往往需要交互作用，从而创造出一种与过去截然不同的社会塑造大脑发展的模式。这些游戏的设计是为了获取并保持儿童的注意力，能够为他们提供每天数小时的思考、运动和认知练习。虽然它们的效果并没有被完善的研究所证实，但早期报告记录了这些游戏对认知技能发展的影响。[79] 有效的治疗练习已经被开发出来，它们通过让儿童对同一个活动和其逐渐进阶难度的变体进行持续、重复的练习，以使大脑完成功能性重组这一明确目标，矫正和强化特定认知与感知系统的功能。[80-82] 毫无疑问，在儿童时期，每周在相似的娱乐游戏上花费数小时的时间，能够为社会影响大脑某些特性的发展，并进而塑造大脑，创造额外的，甚至可能更为强大的机会。一些观察者发现，儿童在玩电子游戏或看新的音乐录像时，其注意力集中的程度与他们在大部分电子技术出现前的活动中时有着相当大的区别。最明显的是，在这类活动中，儿童的注意力在不同的事物间迅速转换，而对整个活动本身的注意力则强烈而持久。此外，在大部分电子游戏中语言是缺失的，因为过多使用语言和给事物贴上标签起名字，只会影响游戏的速度。同样的道理，在很多音乐录像中即使有语言出现，文字也往往是令人费解的。因此，语言系统在这些游戏中是以一种不同的、附属的方式被使用的，完全不同于它在阅读或者要求有内、外部语言表达的活动中的使用方式。这些崭新的电子游戏活动对从根本上改变成年人大脑的功能性结构有着巨大的潜力。

目标抚养：弥补儿童运动和认知功能上的不足

除了为儿童的环境创造大量目标物，引导他们的注意力在目标之间或活动之间进行转移，目标抚养还通过在与儿童共同参与活动时提供帮助，弥补儿童还未掌握的运动和认知功能，参与儿童的成长。这些功能包括设定目标、选择策略、收集必需的工具和目标物、集中并持续保持注意力以及执行任务中涉及精细动作的部分。例如，家长可能在婴儿面前放一个可供选择的盒子，盒子顶部有着不同形状的开口，与开口大小和形状相符的小物件放在旁边。当婴儿拿起一个物件后，家长会引导他，将他的手放到相匹配形状的开口旁，帮助他将物件推进去。在此之后，如果婴儿将物件拿到相符的开口旁边，家长会用手引导婴儿，通过必要的细微动作调整，使得物件进入开口。通过面部和声音表达，家长能够引导婴儿将手中的物件从与其形状不相符的开口移动到相符的开口。当所有的物件都进入盒子，家长可倒空盒子，重新开始这个活动。于是，在由成年人思维提供的框架下，即在一个更大的由一系列感觉运动动作综合而成的行为组合框架下，婴儿得以练习和发展感觉运动动作；这对于他们自身而言只有有限的功能价值，也并没有直接的奖励；但是，当这些感觉运动动作和婴儿未来才能熟练掌握的动作融合到一起时，就会产生巨大的价值。当成年人帮助婴儿漂亮地完成一项让他们获得奖励的任务，或者直接对婴儿取得的部分成果进行奖励时，关于这一价值的知识一定已经深深扎根在成年人的大脑中了。

当婴儿对一个活动熟练掌握后，家长可提供难度更大的类似任务；例如，开口和物件数量更多、区别更细微的盒子。当孩子发展出在更大难度范围的活动中更进一步的能力时，家长需要记住并跟踪孩子表现的进度，这能让家长更新任务，使难度逐渐提升，但不至于过分困难，并使婴幼儿保持在维果茨基所说的个人拥有、经常变化的"最近发展区"中进行活动。家长的记忆也可帮助婴幼儿在刚开始时就停止现阶段能力无法达到的任务，并在之后重新返回完成任务。

这些目标抚养方法对儿童发展的影响在神经生物学层面上更加生动鲜明。在家长参与到儿童逐渐更复杂的行为中时，家长所发挥功能的大部分主要是由大脑额叶控制的。举个例子，在额叶损伤后，注意力、记忆力、组织、计划和策略选择能力明显受到损伤。由于人类的这个大脑结构在出生后的物理成熟较晚，发育过程会一直延续到或者超过青春期，成年人在婴幼儿需要这些功能时向他们提供帮助也就是理所当然的了。重要的是，父母的额叶在功能上与他们孩子的感官、运动和连接皮层相联系。当孩子的额叶正在发育时，家长的大脑就为孩子提供了额叶的功能。正如我们在第二章中所讨论过的，大脑初级和二级感官区域的神经活动增殖到额叶和顶叶，对大脑这些区域功能的发展产生必要且重要的影响。因此，父母通过利用他们自己的额叶来组织孩子大脑运动和感官皮层的活动，从而运用自己额叶的活动塑造了他们孩子额叶的发展。

目标抚养：探究性研究

对目标抚养的作用进行研究的途径有几种。一代人的研究试图发现不同文化间的人们达到皮亚杰（Piaget）所描述的认知能力阶段的速度和程度的差异。[83] 皮亚杰所描述的认知发展顺序被认为反映了这样一种可能性，即个体天生的生物发展推力能够被后天教育与文化背景所改变。然而，由于所使用的测试被证明具有文化特殊性而不是基于普遍的神经认知衡量标准，这一方向上的努力仍然没有取得明确的结果。在皮亚杰的测试中，个人会在一个测试上显示出特定的认知能力，而在另一个测试中却不能；但第二个测试却能在具有第二种文化背景的成员身上激发出预期的认知功能。因此文化对人们辨认、理解、处理和实施任务的能力都有着深刻的影响。下一章最后一个部分是一些移民对于在新的文化环境下思维与生活中遇到困难的一手陈述。这些困难的出现部分是由于这样一个事实：为了解决特定问题所必需的认知过程需要在特定的文化路径中被激活。在外国文化中，要认识所面对问题的本质或者用适当的方式思考这些问题似乎是相当困难的。

第二个系列的实验说明了英语教学对之前不讲英语或不上学的儿童在思考和行为上的影响。[84] 当一所学校初建起来时，同一个村子里一些孩子入学了而另一些则没有。在另一种情形下，一所学校在一个村中建了起来，但附近另一个有着相同文化的村则没有。通过实验室检验和根据当地文化所设计的评估日常发生事件情境的测试，我们发现学校教育在这两种情形下都对孩子在解决问题和人际间信息交流方面有着重要的影响。事实上，学校教育所带来的效应比年龄的效应更大；更小年龄的上学儿童的表现超过了年纪更长但不上学的孩子。这些研究的优点在于研究对象都有着相同的文化背景，测量的也是从同一文化中获得的功能。最后一组研究还辨别出与具体的个体文化的突出特点之间相联系的某些特别突出的认知优势。[84] 据报道，来自新几内亚一个文盲社会的人，在接受一定的教

110

育后，可以记住 1—2 万个名字！^[84]

轮流交互

111

凯耶提出了这样一个有趣的观点：在所有哺乳动物中，唯有人类婴儿先使劲儿吃奶，吮吸乳头 10 秒左右后停止，但仍将乳头含在嘴里，而不是吮吸更长时间，然后放掉乳头，转而注意其他事物。^[41]他继续提出，母亲对这种婴儿吸奶时的暂停行为发出了相当普遍的、自动的响应。即使是第一次当母亲，从未抱过婴儿的女性，在给婴儿喂奶的时候也会轻轻地摇晃婴儿，尤其是在婴儿停止吮吸的时候。根据他的观察，婴儿在摇晃刚停后比母亲正在摇晃时或者从未摇晃过他们的情况下更愿意继续吮吸。当婴儿两天大的时候，每次摇晃平均时间为 3.1 秒；当他们成长到两周大时，母亲将摇晃时间缩减到平均每次 1.8 秒。凯耶认为，母亲的这种行为起到了构建母婴间最基本的和重复性的交互行为的作用，为双方总体上的轮流交互提供了原型。

母亲类似的干预在之后很快会结构化为交互产生的婴儿微笑、发出的声音和形成的各种张大嘴巴的表情，而这些表达原本是任何时候都可能随机发生在婴儿身上的。^[41]虽然这种轮流交互现象并不是人类所独有的，但在动物世界中，这种现象远没有发展到人类的这种地步，也没有可能得到保持，继而发展成为一段交流。针对一些科学家在首次教猿使用信号语言时所发出的抱怨，凯耶做出了以下评论。猿"对打断非常厌恶"，并且对轮流感到非常困难，它们通常会对每个信号做出一些反应动作，但并不能形成哪怕很短暂的交流。^[85]

112

随着语言能力的发展，轮流交互将更加精细，并且被更坚实地确立。然而，成年人在创造、保持、塑造与儿童之间的对话中，仍然扮演了重要的角色，并提供了儿童还未发展出的技能。凯耶对一些母婴活动进行了录像，其中包括母亲坐在餐桌边，与两岁的孩子共同看一本图画书，玩一套玩具茶具，以及与一群玩具娃娃和家具玩过家家的游戏。在整个活动中，超过两万次"轮换交流"被归类为对搭档前一轮动作或行为的简单响应，或者是一些要求对方做出回应的（指在成年人交流过程中如果不做出回应将被认为是粗鲁的）交互行为；并且（或者）是某种响应与要求对方也做出响应的行为的组合（即"响应倒转"）。活动中儿童发出了许多响应，并且在一些交互中激发他人响应，但是很少有响应倒转，而母亲创造了许多响应倒转以及激发他人响应的行为。这与儿童之间极少有响应倒转，对话链也因此很短的交往活动形成鲜明对比；也不同于正常成年人之间的交往——虽然响应倒转也很少，但却有许多可产生长时间对话的回应。此外，母亲会保持儿童感兴趣的话题，但永远不会反过来（儿童保持母亲感兴趣的话题）。除了选择和（或）保持儿童感兴趣的话题，母亲还为持续的对话提供必需的逻辑和记忆，包括区分主要和次要主题的阶层框架。正如凯耶所总结的："这个持久的语篇框架起到了相当重要的效果，它将婴儿纳入一个总是超越他自己能力之外的对话活动中。"[41, pp.102-103]

如同之前所描述过的，和成年人在引导和保持注意力中的角色一样，这些父母的功能——开启并保持集中的注意力，在大脑中保持住一个话题，创造和明晰逻辑结构——很大程度上是由大脑的前额叶所完成的。这些再一次说明父母的额叶驱动着婴儿的语言和感觉运动活动，填充着大脑的空白，并塑造着孩子额叶的发展。就如维果茨基所指出的，在儿童发展时期人际间多年进行的对话逐渐演变成儿童个人内心层面的思维过程。与之前相同的是，语言在其中的作用是明确的：它首先是作为人际交互过程的媒介，接着又成为个人大脑思考的媒介。

113

模仿

由于模仿自然发生、无处不在，它是成年人塑造他们后代正在发育的大脑的一个重要过程。虽然正如观察城市动物园中的猿能够证明的那样，模仿并非人类所独有，但人类却比所有其他动物都更

易于、更经常地进行模仿。[86] 此外，人类父母和孩子长时间紧密的
联系，以及人类大脑在出生后的长期发展，都使得模仿对人类的成
长和发展来说有着比其他灵长类动物更为深远的影响。虽然模仿并
不依赖轮流机制和对话交互，但这些功能都使得模仿变得更加复杂
和循序渐进。模仿就和第二章中描述的寻找刺激与好奇那样是一种
最为基础的过程。它可以被理解为"结构化寻找"或者对组织模板
的搜寻。这是一种根据经常出现在婴儿周围的成年人特征、结构和
行为的特定混合来塑造婴儿大脑的机制，这种机制的影响直接而具
体。有观点认为，自闭症这种广泛影响大量患者智力和社会功能的
发展性紊乱症就来源于模仿能力的基础性缺失。[86]

114 　　对猴子的研究发现，当猴子进行特定活动或者当猴子观察到实
验者也在进行同样的活动时，它们额叶中的细胞会同样增加放电活
动。[87, 88] 这种"镜面神经元"是模仿和行为间连接的确凿证据。对
人类的大脑功能性成像研究同样发现，当被试手指做出比画某种图
案的动作或当他们观察到另一个人的手指在做出同样的动作时，额
叶和顶叶的某些特定区域都同样会被激活。当被试自己在运动且同
时观察到他人同样的动作时，大脑这个区域最为活跃，直接表明了
模仿对于执行观察到的这些行为的神经系统的影响。[89] 此外，所涉
及的大脑区域——额叶和顶叶——正是人类和其他哺乳动物相比，
从出生到成熟所需时间最长、增加尺寸容量最多的部位。临床观察
进一步证实了额叶和模仿之间的联系：左侧额叶的损伤可降低患者
模仿的能力。[90, 91] 在有关模仿的大脑成像研究中，尤其活跃的是额
叶内部的、在语言功能中扮演着关键角色的额下回岛盖部或布罗卡
氏区，这一区域为这两种重要的人类功能（模仿和语言）的紧密连
接提供了生理基础。[92]

　　模仿行为在两周大的新生儿身上也得到了证实。例如，一组研
究者让婴儿观看成年人的三种不同动作中的一种，持续时间为 15
秒钟，然后给婴儿拍摄了 150 秒钟的录像。这三种动作是：保持他
们的脸部不动；反复伸舌头；反复张嘴闭嘴。结果发现，婴儿在观

看到成年人伸出舌头后会更频繁地伸出舌头，同样在观看到成年人张嘴后会更频繁地张开嘴巴。[93] 对母亲和 3 个月大的婴儿进行系统观察可以发现，他们在另一方发出声音时自己也会更愿意发声。[94] 在实验室中对 6 个月大的婴儿进行观察，我们清楚地发现了模仿的巨大功效。婴儿坐在母亲的大腿上，面前有一张桌子，桌上放有一个玩具，玩具正对着他们，但与婴儿之间隔有透明的树脂玻璃墙。虽然给了婴儿足够多的时间去尝试，但没有一个婴儿会绕过玻璃墙并拿到玩具。然而，如果让婴儿看着母亲轻易地绕过玻璃墙拿到玩具，那所有的婴儿都会在不需要碰触、引导、鼓励或增援他们努力的情况下很快开始绕过玻璃墙，并抓到玩具。[41, pp.169-170] 他们能够将这种能力转换到另一只手，也能拿到和他们母亲拿到的不同的玩具。

模仿之所以对儿童的发展有这样巨大的影响，是因为它持续贯穿在时刻变化的日常生活中。在看护婴儿的过程中，婴儿的照顾者在婴儿的视野范围内进行工作，为婴儿反复示范了许多做事的方式。当婴儿用握紧的手碰到玩具并将其推开时，成年人就用张开的手将玩具拿回来还给婴儿。当婴儿在视觉上无法把握好在哪个部位能最有效地抓取物体，或者因无法将此视觉信息和物体的运动趋势综合起来而抓不住物体时，看护者就示范抓取物体的正确方法。当婴儿正确地模仿并做成一件事情时，总会迅速地被大人注意到，并得到表扬和赞赏的声音。当母亲有意为婴儿进行示范时，大部分母亲会反复移动他们的头、胳膊或者身体，经过多次重复之后再添加新的变化动作。实验研究表明，这是吸引并保持孩子注意力的最佳方式。[95]

到婴儿 4 个月左右时，他们会模仿观察到的行动的目标或结果，虽然他们使用的方法并不相同。[41, p.169] 这种行为贯穿了人的儿童时期和青春期，人们会产生"如果她这样做了，那我也应该这样做"或者"如果她想要这样，那我也该这样"的想法。事实上，这在成年人世界中也屡见不鲜，即使这只是基于这样的想法："如果她想要这个东西，那么可能是因为它有着她知道而我所不知道的好处和用处。"与对结局的模仿相连的实际上是对价值的模仿，或者情感的响应。举例来说，如果婴儿和母亲都共同注意到了机器人，当母亲对机器人表现出愉悦和兴趣时，婴儿会愿意碰触机器人一段时间，甚至轻抚、亲吻它。而相反，如果母亲表现出害怕的情绪，大部分婴儿完全不愿意碰触机器人，另一部分婴儿还会重重地拍打它。[96]这种参照社会进行价值评估的行为在之后的儿童时期也同样表现突出，并在人类的一生中都持续存在，它的形成可能同时有着理性和模仿的成分。

当成年人跟随他人去做他们所求的、希望的、喜欢的或者不喜欢的事情时，我们不可能把精确的相对价值判断归因于理性或者模仿成分，但风格和时尚的大幅摇摆以及广告的技巧和冲击都表明了模仿本身仍然扮演着重要的角色。此外，在理解人类天性和发展时，我们不能因为模仿在婴儿和儿童时期的实用价值，而认为模仿行为从属于目标导向行为的假想欲求或其他基础。模仿是一个基础性的发展过程，一个明显的体现就是儿童会在玩耍过程中模仿动物，也会通过模仿获得一些来自身边的愚蠢的癖好，而这些都是没有什么外在价值的行为。正如跨文化和亚文化分析所显示的，许多我们追求的目标实际上是社会过程的产物。一些推论常被视作追求他人目标或价值评判的理性基础，但如同这本书总体上想要论述的，即使是这些推论本身，其中大部分在本性与来源上仍然是对他人的模仿。在这里，我并不是想要说人类没有天生的欲望，渴求或者需要；我想要表达的，是进食的需求、生育的需求以及身体自我保护的需求，并不比感官刺激的需求、与人交往和联络的需求和模仿的倾向对人类的天性来说更加基础。虽然前者对生命本身至关重要，但正是后者赋予了人类生命以特殊的形式，它是人类社会和文化的基础，也是人类物种支配地位的基础。

语言本身唯有通过模仿才能习得。虽然语言能力与人类大脑独有基因编码的物理特征相连，婴儿在咿呀学语时也会发出从未听到过的某种语言特有的音位，但是，他们所真正学习的语言是他们平日所听到和模仿的。如果他们不能听到某种声音并进行模仿，他们很快就会失去发出这种声音的能力。一个十分令人遗憾的例子是那些在与社会完全隔绝的环境中长大的儿童，由于几乎听不到人讲话，也无法模仿人讲话，他们说话和理解语言的能力未能得到发展。关于养育模式和婴儿模仿说话的最新研究指出，当父母与婴儿讲话时，他们往往讲"儿语"。某些语音上的关键区别被夸张并且延长。[97] 一旦婴儿的听觉系统发展到可以稳定地感知语音差别，父母就逐渐将语言正常化，重新让婴儿在其最近发展区努力。这种表面上无意识的、普遍的父母行为，对婴儿的神经发展环境需求而言最为适合，再一次证明了父母 – 儿童二元关系在塑造婴儿成长中的自然性和重要性。虽然不同的人所接受的来自父母的输入在某些特征上大体相似，但由于基因和社会环境因素，另一些特征则各不相同，这就为每个婴儿创造了独一无二的形成性刺激混合体。

118

　　语言的习得为理解塑造大脑发展的社会刺激与大脑本身的特征之间两个层面的关系提供了特别翔实的案例。第一个层面是语言模仿发展的能力在每个人大约 10 岁前特别强，并在之后迅速降低，这是它的一个重要特征。大部分儿童在这段时间内学习说话和理解语言十分轻松，但在这之后，即使是在青少年时期，学习新语言就变成了艰难的过程，需要付出与之前完全不同的艰苦努力。在这里，我们再一次看到神经结构可塑性对年龄的依赖。在总体上，模仿的塑造能力（的变化）可能遵循着语言习得中显而易见的时间发展阶段：当到达青春期，环境特征对大脑的模仿性塑造逐渐减弱，因此这个时期的青少年行为方式开始有着更多自己的风格，个人身份意识开始形成，个人与环境的关系也开始改变。他们逐渐在改造环境上投入更多的精力，或者致力于将自己放置在环境中的正确位置上，以此保持孩童时期当可塑性几乎没有任何限制时形成的内在结构和外部现实的对称和一致。

119

　　语言习得特具理论意义的第二个层面，是如果大脑常用的语言区域在幼儿早期被损伤，儿童仍然能够交流、阅读和写作。对于大部分人来说，语言功能关键依赖于大脑左半球相似（但不完全相同）区域的活动。事实上，这些区域有着独特的细胞结构，使其与右侧大脑半球的相似区域，以及非人类的灵长类生物大脑中的相似区域区别开来。然而，如果疾病和外部损伤在出生后的第一年破坏了这些区域，语言发展就会转而依赖大脑右半球的结构。[98-100] 这些个体的语言功能并不完全正常，但是功能缺陷相对非常微小。[101] 这对理解人类大脑中有着独特解剖特征的特殊区域的存在和人类特殊功能之间的关系有着深远的意义。

没有其他任何一种动物能像人类那样，大脑的"语言半球"在幼年时移除后还能发展语言能力。一种广为接受的观点认为，人类语言能力的存在是因为大脑的特殊特征。这与惯用手以及大脑半球的功能定位相关，这两者在人类身上的表现都比其他灵长类动物更加鲜明。与这个观点相一致的是，在成年后损伤左半脑会导致长期的语言功能缺陷。这种现象的一种解释是该区域的进化发展产生了人类的语言。这样想来，有可能这些区域曾为现在已经灭绝的人类祖先智人的某些原始语功能服务，并通过进一步突变的组合，选择性配对和环境选择三者的结合，进化直至语言产生。那么，我们又该怎样理解当这个重要的、由进化发展而来的大脑区域在幼年时期被切除以后，语言能力仍然能够得到发展的事实呢？首先，这个观察进一步证明了人类大脑根据自身所处环境的主要特点，主要通过模仿，进行自我塑造的神奇力量。然而，这难道不也证明了我们所认为的语言能力依赖于人类独特的进化过程和解剖结构实际上是错误的吗？倘若如此，这难道不是也挑战了我们对人类语言能力起源的最初理解？原因很简单：如果人类能够在没有这部分结构的情况下发展出语言，那么基于该结构发展出来的语言进化发展理论就必然不完整。

这倒是提醒我们进一步地认识到模仿在人类不断累积的、跨代的进化中所起到的巨大作用，以及社会对神经认知发展的巨大作用。这样看来，经过进化，大脑部分区域呈现出一些新的特殊功能特征，这使得语言能够发展，为通过数代社会文化发展形成的口语洒下了行为的种子，并进一步通过更现代、更透明的社会过程发展成为书面语言。如同我们不清楚大脑最初的关键生成功能是如何发生变化那样，我们也不清楚这些最初的行为种子与我们所知道的语言是一种什么关系。在大多数情形下，语言功能很大程度上继续依赖着提供了原始行为种子的大脑特定区域的功能。然而，如果大脑的这些部分受到损伤，大脑其他区域仍然能够共同促进语言的形成。我们的大脑具备着一种通过模仿和相关机制，在循环往复的环境特征中塑造其成长的更为普遍的力量和趋势；因此，即使是大脑中数千年以前为人类和人类社会提供了最初发展语言所不可或缺的功能特征的区域不再存在，只要语言在人际间的文化环境中仍然存在，大脑的这种力量与趋势就仍然能使语言能力得到发展。不过，促使这种语言能力得以发展的，不是什么特殊的大脑组织，而是更普通的大脑组织。此外，在之前所指出的少数几个为人所知的悲剧性案例中，一些儿童虽然在生理上拥有完好的大脑，但因为成长于几乎完全与社会隔绝的环境中，他们的语言能力几乎为零。那么可以得到结论，语言并不是人类大脑的所有物，而是人类社会和文化的产物。如果所有的人都永远失去说话能力和阅读能力，那么他们的子女和未来的后代即使拥有正常的大脑也无法说话；语言，这种人类最为独特的特性，也将在人类社会中彻底消失。

121

内化和认同

在儿童感官经历的所有事物中，不论是否有生命，最重要的就是他的父母，和（或）一些其他的看护者；仅次于父母和看护者的是他的兄弟姐妹。儿童零碎地模仿着这些形象，包括他们引导自己注意力的方式、对事物的感知方式、思考方式、组织自己或他人事物的方式、对他们自己本身和平日所参与活动的看法，以及各种处事手段。父母、看护者和兄弟姐妹们将自己的组织计划和其他额叶

122

功能积极地给予儿童，将他们新学习到的运动和感知技能融入更大的行为单位中，以此塑造儿童自己的计划能力、日常行为和额叶功能的发育。对儿童来说，这些经历则对他们产生了综合影响，给他们创造了一个类似于他所模仿的这些人物形象的混合世界。我们将这些综合影响称为内化或者认同。

精神分析为理解这些过程提供了重要的洞见。这些洞见来源的数据类型和数据获取方式与至今为止我们所运用的有所不同。与直接观察正在发育中的儿童在家庭和实验室的表现不同，精神分析学家聆听成年人描述自己的思想、感受与人生经历；观察他们在接受分析过程中的行为；并且分析他们讲话的结构和模式。与此同时，也可能是最重要的，精神分析的情景提高了在分析过程中运行的医患二元系统的有效性。分析师观察患者在二元系统中承担和展示出来的角色和特征，以及患者在这些角色中所表现出来的感受。此外，分析师监控着他们自身经历的角色和感受，这可以作为二元系统的补充。精神分析师通过这种方法进行的许多观察以及所做理论推演中的许多部分，都与其他学科已经明确提出或可从中推断得出的结论有惊人的相似之处。从完全不同的理论和方法论视角进行观察而得到的一致性见解无疑为两者都增加了可信度。

123　　用精神分析学家的话来说，自我是心灵感知、推理、理性思考和行动的一部分。1926 年，费尼切尔（Fenichel）在写作中提到，自我会因吸纳另外一人的特征而发生改变，这在精神分析学界早已是相当熟知的了。这就是认同，它是一个人与外部世界中另一个重要的人（或物）力比多（libidinal）关系的替代。[102]弗洛伊德将认同形容为"一个自我向另一个自我的同化，因此，第一个自我在行为的某些方面像第二个自我，模仿它，并且在某种意义上将其内化"。[103, p.47]格朗松（Greenson）提出，在与另一个人（或物）认同的过程中，个体本身会发生变化，与另一个人越来越像，吸收了他的行为、态度、感受、动作等。[104]赖希（Reich）运用了与本章之前论述的相类似的语言，解释道："儿童仅仅是模仿任何人或事物中能够短暂吸引他注意力的东西……一般来说，这些转瞬即逝的认同缓慢地发展成为永久性认同，真实地被其他人或事物的性质所同化。"[105, p.180]

　　在传统上，许多精神分析思想是基于这样一个初始假设，或者说对个体的看法：个体是独立的代理人或者实体，有着中心的自我（ego）、我（I）或自性（self）。由此开始，要解决的问题便是个体必须与一个个其他个体建立联系。而通过精神分析的思维路径解决这一问题的方法主要是设定动力的角色，这一角色引领着、推动着个体与他人交往及对他人产生影响。在这些行动的过程中，人际间的联系逐渐建立，关系逐渐形成，但决定这种联系和关系本质的，是最初驱使他们之间产生联系的动力。但是，通过认同这一观念，费尼切尔看到的是个体与其环境中其他人或物体之间完全不同的另外一种关系。[102]这两种类型的关系之间一个关键的区别，就是在开始时所设定的个体间的分离程度。费尼切尔对这种区别进一步进行了评论。他认为，在认同中，自我和世界其他人或物的屏障被清除了，但仍然能够区分什么是现实。自我已经吸收了所认同的他人和物体的形式，兴趣与功能。[102]

　　更晚的精神分析学家所表达的观点与本书所论述的观点更加相似。在描述温尼科特（Winnicott）的观点时，奥格登（Ogden）写道："一个由母亲和婴儿共同创造的新的心理实体不是……各部分简单相加的结果……母-婴就是一个心理发展的单位。"[106, p.171]温尼科特自己也写道，环境所塑造的个体行为是个体自身发展的一部分[107]，而格朗松也表示，在发展的早期阶段，感知暗示着自身的变化。[77]所以，虽然本书所发展的理论与经典的精神分析思想相比，较少强调爱、敌对和饥饿对人类发展和关系的塑造作用，但一些精神分析学家的想法还是接近于本书思想的。此外，虽然不同心理分析学派对于个体之间分离程度和相互联系的本质持有完全不同的观点，但他们对认同的观察为模仿塑造发展中的人类心智提供了额外的证据。

124

　　精神分析学家的观点和维果茨基、鲁利亚等心理学家的观点有着惊人的相似性，尤其是当考虑到两个学科之间完全不同的理论假设、文化背景、观察技术以及各自独立的发展历程时，这种相似性就更值得一提了。在《精神分析纲要》一书中，弗洛伊德写道："外部世界的一部分，至少部分像物体一样已经被我们抛弃，与此相反的是，通过认同，某些部分被带入自我，并因此成为内部世界不可分割的一部分。外部世界在个体内心因此有了新的代理，继续执行迄今为止仍被外部世界的人们所执行的功能。"[108, p.205] 在此，不难看出与一个事物（或人）的力比多关系和认同之间的明显对照；同时，弗洛伊德也明确承认，通过认同，他人在儿童的成长及生活中所实施的功能转化成为儿童能力的一部分。与之相似的是，弗洛伊德的精神分析学同事哈特曼（Hartmann）认为，心理内投是一个生物个体发育过程，使得内部规则替代外部环境规则，内部过程替代外部行为。[109] 在此之后，罗耶瓦尔德（Loewald）提出，心灵被认为是一种新兴的组织，它通过人与人之间积极的、越来越复杂的交往与互动不断进化。随着这些互动和关系逐渐内化，一个不同成分之间互动、交往与联系的体系在个体内部得以形成，从而最终产生内部心理结构。[110] 这些来自精神分析学家的观点与前文所引维果茨基的描述极度相似："在当时二人共享的功能，现在成为个人组织内部心理过程的一种方法。"[74]

　　那么，这些过程的一个重要特点是，被内化的不仅仅是其他更成熟个体的特质，还有过去从未在任何特定个体中存在过的人与人，甚至与多人之间交往的过程。也就是说，正在发育中的个体的特质来自基于多个个体之间互相交往过程的组合；如做个类比，这就像个体基因组成是父母亲基因的一个独特的组合，其特质是父母亲中任何一人都不具备的。个体间功能性特征变化的出现是通过个体间内化而非个体内在变化过程加强的，就如同遗传变异是通过有性而非无性生殖达成的。

　　精神分析学家扩展了内化的概念，在认同中包含了其他动物和人造用品。谢弗（Schafer）写道："被试能够……对非人类生物、物体和其他人的代表物产生认同。举例来说，对宠物、野生动物、机器产生认同并不鲜见。他也能对并非真实存在或已故的人的代表产生认同，如虚构角色、祖先，以及当地、国家、世界的历史或神话中的著名人物。"[111, p.307] 美国一些土著民族的传统，就为认同非人类生物提供了强有力的证据。比如说，年轻人会被认为与某一种动物有着性格学的联系，因而会被以此动物命名。对年轻人来说，要真正成为男子汉的话，有时需要他们独自在树林中待上好几天，认识到这种动物的精神品格和生存方式，并因此获得这种动物重要的品质。

当上一代人创造的机器、虚构的角色，和产生的英雄被下一代人继承，当新形式的信息技术使新事物广为传播，可供每一代人模仿和认同的那些虚构的、神话中的和无生命的事物也逐渐增加。对这些"二手"事物的兴趣能够反映个体已经形成的特征，而不是反映那些改变个体的交往与互动，这在之后将会有进一步的简短讨论。然而，精神分析学家们认为，人与这些事物之间的互动也起到了塑造他们的作用。

由于儿童可能认同的人、关系和其他事物相当广泛，我们似乎有理由相信，这些认同所导致的内化不可能理所当然地融洽、协调，且保持内部一致性。事实上，精神分析学的观察表明，内化特质中出现矛盾并不鲜见。弗洛伊德特别提出，不同认同之间的矛盾并不是纯粹病理性的[112]。埃里克森（Erickson）也认为，青少年的一个主要任务就是将儿童时期的认同置于从属地位，从而形成一个持久的内部身份模式。[113] 当青少年努力将他们个人的认同混合整合为一个稳定的个人身份，以适应社会习俗和他们能够承担的社会角色时，社会对他们产生的影响是相当深远的。在这么做时，个体从他/她身处的社会环境所提供的意识形态中选择一种，这种意识形态会使个体的内部世界和外部世界看似一致，也为年轻人萌芽中的个人身份提供了一个"地理－历史"框架。[113, p.284] 与此同时，年轻

人也在努力寻找适合的位置，这"让他对自己的看法和他所处社区（社群）对他的认可保持和谐"。[113, p.268]

第五章将具体论述个人尽力保住在社会上的这个位置、捍卫自己的思想体系时所付出的努力和坚持。然而，一个有必要在此指出的有趣的问题是，由在精神分析思想中占重要地位的口唇、肛门和生殖器发展阶段所表明的物体与感受者之间关系的发展变化。在口唇期，迅速发育的婴儿有着高度的可塑性，他们很容易被多重认同和内化所改变；在肛门期，儿童心理出现了自身结构，认同的发生更加勉强，对儿童的改变也更加有限；在生殖器期，儿童开始对环境产生作用，改变、塑造自身所处的环境，而不是被其塑造。从个人主观经历的角度来看，至少根据当代西方社会建构的观点，生殖器期标志着创造性活动和改造性活动的开始，正是这样，人类才成为环境的主人。然而，这些活动中的许多甚至于大部分，都是为了保持逐渐稳固的内在世界和持续变化的外部世界之间的相互适应。

在个人与群体现象间，出现了另外一个分离的悖论。最终导致拥有全新特质的新一代个体产生，并使得人类的能力、文化和主导地位迅速进化的，是环境对婴儿与儿童心理的早期塑造；而这个环境又是受到了人类的影响的，是一个独一无二的混合体，包含了不同成年人的特质以及受到历史影响的人际间交互过程的内化。这种代际间的可塑性由已经发育成熟的个体的行动表达出来，并实体化，而个体的内心在本质上却是相当保守的，个体之所以对外部环境进行改变与塑造，是因为想让它与自己已经固化的内部结构保持一致。

精神分析学家为这种被称作投射和投射性认同的保守找到了有趣的案例。在投射中，个人自身的一些部分被投射到世界上，世界也被感知和（或）被经历为具备这些个人的特质。个体保持内外部一致性的秘密是将外部世界视作与自己的内心相同。但是，实际情况并非如此，人类早期对外部世界的模仿能够导致个体内部的改变已经足够说明这一点了。当个人依赖于这种投射时，他／她对新事物就会视而不见。认知心理学在描述个体内部以经历为基础的规划模式在集中注意力、组织和理解感知过程中的作用时，提到了相似的过程。举例来说，在这种模式下，人们会根据穿着短裤站立着的男性是站在游泳池旁还是医生的办公室旁，来赋予他手持塑料杯中的黄色液体以不同的性质。

在投射性认同中，个人将自身的一部分投射到另一个人身上，进而对那个人产生认同。为了保持适应性，被投射了某种属性的人被施加着精妙又不那么微小的压力，用与投射的性质一致的方式行事。精神分析所创设的环境就是为了培养这种投射性认同。通过观察他 / 她被感知的方式，以及他 / 她在以某种方式感知和行为时所经受的压力，分析者可以了解到患者的心理结构。

接下来的临床片段为这个过程提供了一个生动的案例。[114] 患者是一位 40 岁的商人，他描述他的父亲是一位强有力的、易怒的、特别苛刻和暴虐的人，他的父亲总是因为孩子的小错误严厉地惩罚他们。而他的母亲害羞、孤僻、完全服从父亲。父亲的特质、母亲的特质、患者与父母的关系、父母之间的关系都被患者所内化，影响着他的感知、思考和行为的方式。在一个有趣的治疗阶段前不久，患者开始与一位女士约会，这位女士正好在一个他的治疗师所在的大型医疗中心就职。在一个治疗之前的夜晚，患者询问这位女士是否认识他的治疗师，在得到肯定的回答后，患者强迫她告知治疗师的相关信息。女士于是问他是否是治疗师的患者，但这位男士患者认为她在讽刺他，而且确信女士一直以来都对各种情况颇为了解。当他用他所认为的事实与女士对质时，女士变得焦虑，并建议他们"冷却"一下他们的关系。

第二天，患者在开始治疗疗程时告诉治疗师，他想要给治疗师一拳，并要求治疗师给一个解释。当治疗师问他"解释什么"时，患者控诉他"装无辜"，并更加生气。患者接着描述前一天晚上发生的事情，并指责治疗师曾给女士打电话，告诉了她自己所存在的问题，警告她提防自己，并导致了他们关系的终结。治疗师认为患

130

者的这些想法与他之前表述的幻想有关——患者曾认为治疗师拥有机构里的所有女性，并且充满嫉妒地护卫着对她们的专有权。当治疗师提出这个观点时，患者更加被激怒了，指责治疗师运用错误的解释来否认事实。治疗师开始对患者愈演愈烈的愤怒感到害怕，并且说自己不便与患者继续他们之间坦率的谈话，因为他不确定患者是否会对他动手，以宣泄愤怒。接着患者询问治疗师是否对他产生了恐惧，治疗师承认了。患者开始微笑，仍然愤怒地谈论着女士，但是不再以一种恐吓的方式，紧接着他就认为治疗师并没有在撒谎。他补充说，在一瞬间他觉得这整件事对他来说并没那么重要，而且他对治疗师对他感到恐惧，并对此供认不讳感觉非常良好。治疗师也意识到，他自己与女士的整个关系也并不重要。经过反思，治疗师认为，患者与其父亲之间关系最重要的一个方面得到了再现，即他们演出了患者暴虐的父亲和患者本身之间的关系。其中，治疗师扮演了害怕的、一动都不敢动的孩子，而患者扮演了盛怒中，甚至私下以恐吓儿子为乐的父亲。

患者将自己孩童的、害怕的、无力的部分投射到了治疗师身上，强迫治疗师形成这样的感觉，并按照与这种投射一致的方式行事，自己扮演了强有力的、愤怒的父亲，将内部挣扎表现出来。治疗师承认他对患者的恐惧，降低了患者对自己曾被父亲恐吓所感受到的羞愧和耻辱，这时优势回到了治疗师这边。患者对治疗师表达愤怒，但并没有真正伤害他，这种安全感使患者可以容忍自己对他暴怒、残忍的父亲的认同。后来，患者说他可能吓到了女士，因为他用审判似的方式对女士询问治疗师，而且，当她承认她认识治疗师时，他又开始猜疑女士对治疗师的态度，可能正是这些导致了她的离去。

玩耍

虽然与认知神经成熟的成年看护者的互动对儿童的发育来说相对更为重要，与同龄人的交互，尤其是玩耍这种形式，也十分重要。

玩耍在爬行动物中不常发生，而在哺乳动物中则很常见，灵长类动物在这方面的活动则最为复杂。[115] 在动物的各种行为中，玩耍被认为是一种令人费解的反常，因为它消耗动物大量能量，但从定义上讲几乎并没有什么实际的目标。[116] 与此同时，玩耍在哺乳动物中的普遍存在，以及动物们投入其中的大量精力，又似乎显示着玩耍在生物学上的重要意义。的确，如果老鼠被社会隔离 8—24 个小时，剥夺它玩耍的机会，当它们重新回归群体时，玩耍的时间会有一个"反弹"式增加，这再次说明了玩耍具有某些生物学意义。[117] 人为更早断奶的小猫比那些断奶迟的小猫会更多地玩耍[118, 119]，那些用胃管而不是哺乳喂养的小猫则在比其他猫小得多的时候就开始玩耍。[120] 这两种发现都支持了前面谈及的玩耍对社会发展有一定作用的说法。有观点认为，玩耍对动物来说有着许多的目的或功能，包括发展在成年社会生活中相当重要的同伴关系、社会能力以及统治支配能力，并通过练习运动技能发展出必需的捕猎和自我保护能力。

将 20—45 天的大鼠幼崽进行社会隔离对其发育有着重要的影响，这段时间恰好是幼崽在打闹游戏中最为积极的时期。这种隔离和相关游戏的剥夺显著地影响了它们认知能力的发育。例如，这些老鼠在适应新环境[121] 和扭转过去所学会的对事物的分辨上都更缓慢。[122, 123] 每天游戏打闹一个小时能够有效防止隔离带来的影响，而每天与注射了药品、不能进行玩耍的同类接触则不会有这种效果。[124] 因此，即使是对大鼠而言，尽管玩耍只是基本的肌肉运动，但它也影响着认知发育。玩耍在人类认知发展中的作用可能会更大，因为它会持续数年而非数日，性质上变化更多，包含着主要与认知相关及本质上是社会的活动。因此，我们在此讨论的将是社会和文化对大脑发育重要影响的另一个层面。

玩耍经常被认为是练习方法，并因此辅助那些对生存来说至关重要的日常成年行为的发展，比如捕猎和自我保护。人们往往假设行为是基因遗传上预先决定的，但需要练习来发展。虽然行为更加

133

复杂，对应的必备练习也更加丰富，这个过程被认为与学习走路和跑步时似乎并没有本质区别。[125] 这种能力是天生的，不需要教学，但这种能力又非生来就完全具有的，在初期需要小心翼翼地进行尝试才能获得必需的力量和协调性。这可能是玩耍的一种功能，但是，在不同物种之间，玩耍的性质和作用并不相同。[125] 考虑到之前提到的灵长类动物大脑发展对感官刺激和行动的敏感性，像玩耍这样在刺激感官和行动上功能如此丰富，同时也是灵长类动物一大突出特色的行为，很有可能也对出生后动物行为和大脑相关结构的塑造提供了机会。从这个视角来看，有趣的地方在于，玩耍很可能为社会交往影响成年后行为的根本特征提供了机会，而不仅仅发挥着促进作用。

134
要使和玩耍相关的社会交互改变行为发展的过程，一定得有某些改变玩耍本身性质的源头，因为如果玩耍行为在一代代人之间完全没有变化，则只能导致一代代人之间行为的相似。物理环境的改变能够改变动物玩耍的性质，从而改变成年动物的行为，虽然目前我并不知道有任何研究证实了这种效应。然而，在人类中，成年人干预、引导或禁止儿童的玩耍活动；儿童玩耍的玩具大部分是人类制造的，社会和文化交往过程也改变了玩耍的性质。事实上，从生物性角度来看，整个正规教育可以最恰当地被视作是对玩耍的人为扩展。

人类的玩耍活动还有一个突出特点，那就是它在很大程度上是与认知相关的，而非仅仅是肌肉运动。国际象棋、纸牌、其他棋类和计算机游戏就是明显的例子。然而，正如费根（Fagen）和维果茨基指出的，体育运动最根本的某些方面也是如此。针对同一个问题，两人从不同的起点出发，得到了相似的结论。在引用了米勒（Millar）的观点 [127] 后，费根 [126] 写道，玩耍的一个重要特征，是它发生在矛盾的背景下，与环境进行交互的规则成为人们事后讨论的焦点，而不是控制行为的条条框框。

维果茨基认为，想象和规则是人类玩耍的重要特征：

　　每一种虚构情景包含着隐藏形式的规则，每一种有规则的
游戏也包含着隐藏形式的虚构情景。从有着公开虚构情景和隐
藏规则的游戏到有着公开规则以及隐藏虚构情景的游戏的发
展，描绘了儿童玩耍演变的轮廓……在游戏中，儿童学会在认
知领域，而不是在外部视觉领域中行动，他所依赖的是自己内
心的倾向和动机，而不是外部事物提供的激励……在游戏中，
事物失去了决策力量。儿童看到一件事物，但是他的行为会不
同于和这件事物直接关联的行为。这就是儿童开始脱离自己眼
前所见进行独立行为的开始。[74, pp.95-97]

135

随着外部物理环境对儿童的注意力和行动的约束逐渐放松，文
化填补了这个空缺。玩耍如若不是贯穿了孩子的一生，也至少是伴
随着孩子长大成人；玩耍中当然少不了重复一些相同或极其相似的
活动，但是在这个过程中社会提供了各种规则，影响着他们的发
展，也创造了将会伴随他们一生的神经认知结构。

小结

　　第一章讨论了人类大脑的一个重要特征是数量庞大的神经元之
间建立了无数连接，这些神经元综合行动，产生了人脑的强大功
能。第二章展现了这些相互连接的程度与特定模式是依赖于感官刺
激的，人类和其他哺乳动物因此会自觉寻求各种感官刺激。在情境
实验中，感官刺激能够作为奖励，就如同食物的作用一样；在婴儿
时期剥夺感官刺激会限制大脑的发育；在成年时期剥夺感官刺激会
损害其大脑功能，同时增加其寻求刺激的行为。

　　第一章也讨论了哺乳动物大脑的另一个重要特征，即大脑边缘
系统的进化表现，它对社会和家庭行为至关重要。这一章也回顾了
其他一些文献与证据，表明来自家庭和其他社会交互的感官刺激对

人类大脑功能的发展有着更为深刻的影响；同时，正是这些类型的刺激使得人类的能力得以快速发展，其速度远远超过导致人类这一物种得以出现的进化过程的速度。

136 在生物行为上成熟的成年人和有着高度可塑性、未成形的婴儿、儿童之间的交互塑造了婴幼儿的发展过程。这些交互过程部分是身体上直接发生的（身体之间），特别是在婴儿出生后的第一个月中。更重要的是，通过目标抚养，成年人为儿童创造了体验和行动的物理世界，在以物体为导向的活动中干涉与儿童的交互过程。在这些干涉中，成年人为儿童提供了他们还不具有的额叶功能（如记忆、计划、组织、策略），使得早期正在发育中的大脑知觉、运动和关联区域发展成为更复杂的功能系统的一部分。于是，在由外部影响所塑造的、成熟得更早的大脑皮层活动的影响下，同时也在持续的社会交往活动的影响下，比其他灵长类动物额叶要大许多的人类额叶开始不断发育。在人际互动与文化的影响下，本身作为人脑社会和文化能力发展结果的语言则根本性地增强了成年人对儿童大脑发育的影响力。在观察并与抚养和照看他们的成年人相互交往之后，婴儿和儿童会无意识地对他们进行模仿，并将其内化，从而通过模仿与内化这两个有着同等重要性的过程对自己进行塑造。

不同理论和研究传统的研究者们在描述这些过程时有着惊人的一致，他们得到的结论也惊人地相似：通过这些过程，开始时属于外部和人际交互间的东西转变成了内部结构。因此，青少年和年轻人总是忙着进行两种任务：一是整合来自多种来源的内部结构，使

137 其成为一个功能连贯一致的整体；二是表达个人的思想体系，使得自己能在一般社会环境中找到属于自己的，与自己内部结构保持一致的位置。

儿童的这些逐步发展过程将在他们成年后通过在现实世界中的行为体现并实体化。随后，这些行为改变了下一代的抚养环境，完成了导致人类大脑功能性特征进化如此迅速的闭环。成年人改变环境（包括文化）的行为于是构成了高效促进人类发展和改变的代际

间社会交往过程中一个重要的组成部分。然而，尽管如此，从成年人个人的角度看，其动机在本质上是保守的。换句话说，当个人能够对世界施加行动时，他／她所付出的努力主要是为了表达一个已经形成的内心世界。这些活动可能包括在外部世界创造一个能反映其内在世界的新结构、新活动或新组织，也可能包括防止外部世界中那些与其内心世界相符的某些方面被改变。后一种努力是本书小结部分的重点。

第 二 部 分

思想体系的神经生物学基础

第四章　自我保护和成年后改变之困难

丰富的幻想，会耍这些把戏，

所以每想起什么欢乐，

就替欢乐补上个原因；

有时在夜里，幻想着什么惶恐，

好容易把一棵矮树看作人熊！

——威廉·莎士比亚（William Shakespeare），

《仲夏夜之梦》（*A Midsummer Night's Dream*）

　　放逐总是会不可思议地令人忍不住地去想象，但实际上放逐会是一种可怕的经历。它是一个人和他的故乡之间，自我和真正的家之间强制性的难以愈合的裂痕。这种忧伤从来都难以被克服。

——爱德华·萨义德（Edward Said），

《放逐论》（*Reflections on Exile*）

　　迄今为止，相关讨论发现大部分人类行为的神经基础以及人类区别于其他动物的大多数能力是来自细胞集合的整体活动，而与个体神经细胞的属性无关。建立这些细胞集合的神经细胞之间的相互连接只有在足够的感官刺激下才能得到发展，且感官刺激的性质决定这些相互连接的性质。人类会自觉搜寻对其成长和发展必不可少的感官刺激，即使是成年人，如果被剥夺刺激，也会出现功能失常的现象。特别重要的刺激来自其他人类的行为。每个个体所接收到的刺激之间既存在不同点，又存在共同点。那些不同点甚至会导致兄弟姐妹之间在神经细胞的相互连接模式和认知以及个性特征方面存在差异；而那些所经历的共同点则使在某一特定文化中同一年龄的群体具备相同的特征。从生物学视角来看，特别重要的一个事实是，这些共同经历来自其他人对环境所做的相对持久的改变。人类对其环境进行大规模的改造，他们的后代因此在这些被改造的环境中长大，人类这种对环境进行改造的规模是其他物种所无法比拟的。人类的这一特征在他们的能力和统治力的迅速进化中扮演着重要角色。事实上，人类大脑具有通过自身的塑造来适应不断变化和越来越具人造特征的环境的能力，而这种能力丝毫也不亚于，甚至于胜过了人类统治整个有生命的和无生命自然界的先天能力。的确，人类在神经可塑性的进化上取得了巨大成果，人类于是得以与其他动物区分开来，但同时这也是以人类先天能力的下降为代价的。基于一些身体得到充分哺育，却在感官上受限且基本上无感官刺激的不幸个体的行为来看，这些个体和我们的非人类表亲（灵长类动物）一样，将不可能会有进一步的进化。

　　第三章集中讨论了人际关系对大脑的发展所起的作用。在这一背景下，我们讨论了投射（projection）和投射性认同（projective identification）的过程。这些过程的出现是在青春期和始成年期个体与环境之间关系根本倒转的早期呈现。直到那时，就像刚才所概述的，具有高度可锻造性的内在世界被外部世界所塑造。对于余下的人生而言，个体的主要任务是尽力改变外部环境以适应自己越来越固化的内在世界。投射性过程有两个组成部分：第一个部分是根据既有的内在结构改变个体对外部世界的感知和经历；第二个部分是改变外部世界中的事件进程，在这里主要指人际间交往进程，以增加后来的事件与既有内在结构相一致的可能性。在投射情况下，个体对外部世界采取行动，就好像它存在于内在结构的形式中一样，同时，个体的行动会影响外部世界做出反应的方式，且这种反应通常会与投射相一致。在投射性认同的情况下，个体会更积极地去操控其他人，以使其他人表现出一致于个体自己内在结构的行为方式。

与后文即将讨论的其他努力相比，这些去操控环境的努力受到了很大的限制，且相对落后。但即便如此，这些努力发送了一个明确的信号，那就是人生浪头的方向已经发生改变。这一改变会充满危险和毁灭，本章的最后部分以及下一章会对此进行讨论。在这里，我们仅需要指出人类个体发展的一个核心特征：学习和行动在整个生命周期中是一种相逆的关系。当我们无法行动时，我们学到的东西最多；而当我们能够对这个世界起作用时，我们的学习能力就已经急剧下降了。

本章的开头将进一步证明内在结构一旦建立起来，它将按照自己的形式塑造大脑对外部世界的感知和经历。这说明更高阶的认知结构和社会情感结构具有自我保持的能力，其方式类似于第二章中所描述的视觉皮层的知觉结构。本章第二部分提供的证据表明，上述过程并不简单的只是一个已发育的结构化知觉和思维过程的必要结果，而是说明这一过程也源于这样一个事实：内、外在结构之间的一致性可以给人带来愉悦，而不一致则会导致令人不快的心理与生理的紧张。当环境发生巨大改变，个体已无法通过有选择性地感知与感受这一环境以保持其内在结构与外部世界的平衡，而一些个体无法控制的力量又迫使他／她囿于这一环境时，将会发生些什么情况呢？这将是本章第三部分所要讨论的。有一种上述的情况是配偶的死亡，其实质是个人外部与内部社会世界的一个主要组成部分从外部世界中消失。另一种情况是移民到一个新的文化中，这时所有之前塑造了个体内在结构的人造文化环境，包括语言、食物、习惯以及其他更多为物质的环境，都发生了剧烈的变化。这些情况可能导致的个体主观的不适和客观的机能异常，为内、外部世界的一致性对于个人幸福的重要性提供了更多证据。在以上两种情况下，个人需要付出巨大而艰辛的努力去重构内在世界来匹配全新的外部

144

世界，进一步证明了重建内、外部世界一致性的困难和重要性。

内在结构塑造外部世界的经历以适应自己
的形式的更多证据

对同一件事情，不同的人有不同的理解，即所谓仁者见仁，智者见智。同一个经历，每个人选择、强调、重视的都是不同的方面。当一个连续的事件被分解成单个独立的事件呈现给两个不同的个体时，他们甚至对某一特定事件是否发生也经常会持有不一致的意见。没有如此多的个体间差异，哪里会有咖啡店里人们茶余饭后那么多的争论。的确，大多数人都有过对这些差异的某种痴迷，且有兴趣去表达和争论他们自己的观点。这样的争论会变得非常激烈，有些时候甚至还会导致肢体冲突。可见，自己的观点能够被认可或者至少可以被容许自由持有，对于个人来说是多么重要。通常来说，讨论中的各方会自始至终保持他们各自的立场和观点。然而，一个时常会发生的情况是，社会地位较高的特权阶层常常利用其特权，将其观点强加到比他们身份地位低的人身上，迫使地位低的人牺牲自己的见解。为了避免这一情况，人们大多会和其他意见相同、志趣相投的人结成一个联盟。许多成年人之间社会交往的一个重要方面，就是互相确认对一些有争议事件的观点与评价。

一个人理解和感受一件事的方式，通常可以根据他们的个性特征来推断。也就是说，个人对于事件感知和经历的差异不是变化无常的，也通常不能根据正好在之前偶然发生的某一事件的结果来进行推测，而是来自稳定的，基于个人经历的内在结构。下面这两个日常生活中的例子可以更清楚地说明这一问题。第一个例子是人们对于运动队的忠诚。一名纽约扬基棒球队的球迷和一名波士顿红袜棒球队的球迷会各自看到自己喜欢的球队队员的优点，他们对一场两队之间的比赛中某一个细节的"事实"的理解方式也是非常不同的，且这些不同都是很容易预料到的。这种球迷对球队的忠诚大多是在孩童时期就种下种子，并且受到家庭和同龄人态度以及共同经历的进一步培养，变得根深蒂固，最终内化为可以影响他们对外部事件的感知、经历和理解的永久的个性特征。一些人甚至会在"他们的"球队赢得比赛时感觉良好；会在"他们的"球队输了比赛时感到糟糕，这证明一旦内、外部的联系被建立起来，外部事件的波动，哪怕是发生在一个对个体来说并非特别重要的领域，都会影响个体内部状态的波动。球迷在他们支持的球队赢得比赛时，会对脑力与体力测试以及他们吸引异性成员注意的能力信心百倍，而当他们支持的球队打败仗时这方面的信心则远远不如，足见球迷与其支持的球队之间联系的紧密程度。[1] 他们也会在球队获得胜利后，更愿意穿上印有球队标志的衣服，并且说着"我们昨天赢了"来分享他们球队的胜利；而在球队输了比赛后，他们又会说"他们昨天输了"来与他们球队的失败保持距离。[2, 3] 这些主观的和行为的反应还会引起显著的生理变化。如在 1994 年的男子足球世界杯比赛中，巴西队打败意大利队后，巴西队球迷的男性荷尔蒙水平平均上升了28%，而意大利球迷的男性荷尔蒙水平却平均下降了 27%。[4] 在实验中，当向球迷展示他们支持球队的球星赢得比赛时的图片时，可以通过考察脑电图、心率及汗液的变化测度到他们生理上被激发；而当向球迷展示其他球队的球星比赛时的图片时，这一激发却并不存在。[5] 男性棒球迷们的激素和其他生理上的改变与那些他们正在观看的球员身上的改变也是类似的。

147

　　第二个例子与上述第一个有些相似，这就是政党成员身份对个体感知和评价事件的影响。在这一方面，克林顿总统与莫妮卡·莱温斯基（Monica Lewinsky）的那段关系以及之后的国会审议过程，可能比任何科学家所能设计出的实验都更有说服力。大多数人认为，事件的前前后后都通过相关的电话记录、合法的法庭证词与证据得以清楚地说明了。的确，众议院和参议院所提供的证词也都有一些总体上被接受的证据来支撑，从这些证据完全可以对事件做出推断和决定。因此，从一个科学实验的角度来说，这里提供了一个对所有实验被试而言相同的、可复制的刺激源。与第一个例子类似的是，相关的独立变量或被试的个体特征——属于民主党或共和党的党派身份也有明确的定义。而且，"被试"群体也大部分是从高智商、受过良好教育的美国人中抽取的。调查结果也惊人地相似：几乎每一个国会成员都根据自己的党派身份选择证据的一部分，对这些部分做出评价，最终得出关于某件事是否发生的结论。而他们每个人都同时宣称自己的判断是自己尽到了最大努力、当着数百万美国公民的面做出的，因此也是经得住历史检验的。而且，他们的决定对于个人来说都没有什么实际价值，甚至对于他们所属的党派来说也是如此，因为民主党国会成员是在投票让克林顿这样一位当时已经是政治负累的总统留任，而共和党国会成员则是投票去选出党内候选人来竞选总统职位。除了在国会成员中，事件在整个美国人口中也存在类似的分歧。民意调查显示，大多数的民主党人反对针对克林顿总统的弹劾和定罪，而大多数共和党人则支持弹劾和定罪。在美国，政党成员身份是高度家族式的，但又不是遗传的。一个人成为一名党派成员很大程度上是因为对他们的成长起着重要作用的成年人也拥有该党成员身份。伴随党派身份的是关于各种社会问题的一些信念，这些信念会影响人们对事物的感知，经历与评价，以及基于以上这些主观感受的行动。即便在学校和社会环境中，不同政党的人都是混合在一起的，人们仍然更愿意嫁给（娶）来自同一政党的人，而不愿意嫁给（娶）来自不同政党的人。

20世纪末的几十年里，实验心理学的主要工作就是记录和分析内在心理结构如何影响人们对外部刺激的感知和评价。所描述的影响过程包括以下两种：第一种是个体独立于经历内容的感知和记忆方式；第二种则恰恰相反，个体的感知和记忆是基于经历内容的，且这一内容会影响感知的意义、特点、组织与评价。第一种过程包括人们在以下各种方面的稳定差别：审视整个感官场（sensory filed）或聚焦一部分感官场，从信息嵌入的情景中抽象出信息本身，忽略与任务无关的刺激源，最小化或最大化新旧感知之间的差异，对刺激做或精细或粗糙的分类，始终遵循或中止一个严格的现实导向，扩大或减少对新生事物的反应，一般性地预期一个正面的或负面的结果等。[6-8] 我们并不知道这些不同的个体特征在什么程度上被基因构造所影响，但一般认为一个重要的影响因素是个体孩童发展期的人际关系与文化环境。[6, 9, 10]

比如，当日本人和美国人同样看到一条大鱼在一条小鱼和其他海洋生物之间穿梭这样一幅生动的水下场景时，日本人时常会这样描述他们所看到的场景：首先对场景做一个总体描绘，然后对事物之间的关系做各种陈述。然而，美国人则会在一开始就更多地对那条大鱼做描述，对事物之间关系的描述比日本人要少一半。[11, 12] 而当第二幅水下场景中出现的是同一条大鱼时，美国人会比日本人更可能发现那是同一条鱼。在另一个例子中，实验者安排一组韩国人和一组美国人读同一篇短文。尽管两个小组都在事先被告知作者在文中所表达的某种观点其实是被他人指示的，但两个小组的成员都仍然坚信作者实际上是持有文中所表达的观点的。而当两个小组都被要求根据他人的指示写出一篇短文后，韩国人小组对于所阅读文章的作者持有文章所表达观点的坚信度下降了，而美国人却没有。

当成年的中国人和美国人都被要求去分析母女之间的冲突时，美国人会比中国人更愿意去支持某一方，而中国人则比美国人更愿意陈述出母女双方观点各有道理之处。相似地，美国人常常会对于某一个有争论的观点（该观点会受到一些较弱的证据反对，但也得到其他较强的证据认同）表达自己更大的支持，而不太愿意对于某一个没有争论，只有强证据支持的观点表示认同。相比较而言，东亚人会对于那种有较弱证据反对，且有较强证据支持的观点表达更为中立的立场。

基于内容（和经验）的内部结构对感知和评价的效应也在各种实验中得到了重复的证明。这些效应中有一些持续时间相对较短，并且是由其他近期的感知或内部生理状态的波动引起的。例如，在一个实验中，被试被要求回忆一个印有 20 个单词的清单。如果被试处于饥饿状态，且在清单出现前给被试展示过"奶酪"这个单词的话，那么被试会回忆起清单上更多有关奶酪的单词。[13] 如果继续让被试阅读一段记述有关吃南瓜派的愉悦心情的文章，或者另一段文章，并且对其文学风格做出评价，那些读到有关南瓜派文章的被试仍然回忆起更多与奶酪相关的单词。[14, 15] 在以上实验中，被试的内在生理和心理状态改变了他们的记忆，也可能改变了他们对所接收对象的感知及编码的某些方面。虽然出于实验的目的，被试大脑愿意接受某些信息的状态是由外在的提示所操控的，但这些提示能否起作用仍然依赖于个体内在的、受特定文化限制和依赖于经验的记忆网络的激活。内在结构由一些外在刺激所激活，随后影响我们的感知，这就是时时刻刻发生于我们日常生活中的感知顺序。

其他实验已经证实了在无须通过实验手段启动内在结构的情况下，一些长期存在的内在特征对个人感知的影响效应。例如，当实验员给被试展示不完全或模糊的刺激时，被试能够通过内部资源提供的信息来完成感知过程。当然，这也许是一个合理且有效的感知策略，特别是在一个持续刺激量远远超过了我们个人处理能力的世界中，这个策略尤为重要；但是，这个例子也表明了这样一个事实：人们所看见的只是他们期望看见的。那些期望又是基于人们过去经历的，且随着时间的推移变得异常持久和难以改变，因为过去的经历导致人们产生了期望，这些期望又反过来依照自己的意愿塑造了人们随后的经历。

在另一个实验中，研究者根据被试自我报告的等级量表来评估被试的价值观，然后给被试看一些与其个人价值观大体一致的单词。[16] 开始时，单词会呈现在显示屏上一小会儿（少于 10 毫秒），以至于被试无法看清它们。接着，单词呈现的时间逐渐增加，从而得以确定被试辨认度的临界值。实验发现，被试能够在更短的呈现时间里，辨认出与自己的个人价值观更一致的单词，这为个人价值观系统对个体简单感知的影响作用提供了实验证据。另一系列的实验则证明了文化价值观系统对个体简单感知的相似作用。例如，在实验中，10 岁的孩子被要求调整光圈的大小来匹配一个硬币或者一个实际上与硬币同样大小的圆形卡片，结果发现，孩子们对于硬币大小的估计要大于对圆形卡片大小的估计。而且，硬币面值越高，这种估计的相对差距就越大。[17, 18]

　　有一些理论概念可以用来解释以上的实验发现。个人在感知上的差异已经被认为是来自个人对部分暗示的不同反应特征；每个人只会根据自己的个人特征，对信息输入中有限的一部分进行回应，且每个人选择回应的部分也各不相同。[19] 感知被视为是受假设驱动的，这一假设指的是个人用特定的方式去组织外部环境输入的一种倾向。[20] 这一假设或信念系统越强，人们就越少需要外部环境输入的确认。近年来，以往的经历被认为组织于个人内在体系中，为选择和理解新的刺激输入提供基础。如此机制来自个人的特殊经历和共享的文化经历。比如，同样是看一幅只穿着短裤的男人拿着一只装有黄色液体的杯子的图片，一位医生可能马上会想象此情景发生在医院的某一地方，而游泳教练则会联想到泳池旁的聚会。在这种内在体系中，跨文化的差异能够被记录下来。因纽特人给许多不同类型的雪都取了命字，这为我们提供了一个极好的例子。由于世世代代生活在北极这个冰天雪地的环境中，因纽特人发展出识别不同类型的雪的技能。这一技能具有相当大的实用价值，因为在他们眼里，不同类型的雪有着不同的含义。他们把这一技能，连同一套描绘不同类型的雪的语言都传授给了自己的子孙后代。相反，生活在更加温和、更加都市化环境中的人们就不具备这种技能，也不善于察觉或描述他们那里冬天的环境特征。

　　总体来说，许多这些实验和理论都涉及一种来自个体内部的、对即将感知事物的预判。对于偏见的研究就可进一步说明这种预判的一般过程。研究发现，一个人可能会严重否定或歪曲另一个来自不同种族或文化的人的价值观，即使他们相互之间很少有，或者实际上根本没有任何交往，即使双方都属于同一个经济阶层。偏见直接来自社会文化的输入，包括在个体儿童时期对其产生重大影响的那些成年人的内在结构。

153 　　近来的实验证实了这些影响根深蒂固于人们的情感结构。在这些实验中，被试会在电脑屏幕上看到一些单词（这些单词为目标词），被试被要求要么仅读出这些目标单词，要么用某些方式对它们进行评价。如果在这些要求被试进行评价的目标词显示出来之前，另一个单词或一张图片以很快的速度在屏幕上闪过（这些被称为引导词），以至于被试来不及有意识地在大脑中吸收这些单词的信息，这个引导词仍然能影响被试随后阅读或评价目标词的时间。如果快速闪过的引导词与之后出现的目标词有着相同的情感效价，那么被试对目标词的阅读或评价时间会缩短；如果两者有相反的情感效价，那么被试对目标词的阅读或评价时间会增加。这一时间上的效应是非常可靠的，以至于它常常被用来确定被试对引导物或目标物的情感效价。正是使用这一方法，实验显示美国白人在看到陌生美国黑人照片时表现出了负面情感，而在看到陌生美国白人的照片时表现出了正面情感。[21-23] 在另一个相似的实验中，电脑屏幕上会同时显示两个刺激源给被试，一个是愉快的或不愉快的词语，另一个是一张画有昆虫或鲜花的图片。[24] 被试用一只手控制按钮来指出显示的单词是令人愉快的还是令人不愉快的，并用另一只手控制另一个按钮来指出显示的图片是昆虫还是鲜花。实验结果显示，当显示的两个刺激源有着相同的情感意义时（鲜花图片和令人愉快的单词，或者是昆虫图片和令人不愉快的单词），被试的反应速度会比显示的两个刺激源有着不同的情感意义时（鲜花图片和令人不愉快的单词，或者是昆虫图片和令人愉快的单词）更快。这一速度效应在实验中也表现得相当稳定和可靠，以至于我们可以通过与已知情感效价的刺激进行匹配的方法，来确定某一刺激的情感效价。利

154 用这一方法，实验发现韩裔美国人在看到韩国姓氏的时候，会比看到日本姓氏的时候有更多正向的情感；而日裔美国人则恰恰相反。[24] 这些实验中证实的偏见充分表明了人际交往模式和社会文化教育对内在思维过程的影响，正是这些思维过程改变着人们对刺激的感知

和评价。那些在实验室测试中对黑人表现出更多无意识的负面态度的白人也被证明，他们在与黑人实验员打交道时表现出较低的友好程度，他们在面对黑人提问者时也比面对白人提问者时更少眼神交流，充分说明个体内在思维或偏见在现实世界中对社会行为的重要影响。

脑成像研究已经发现，上述社会成见的程度与杏仁核在人们看到黑人照片时比在看到白人照片时更为明显的激活程度相关[25]，这进一步表明这些行为与我们已知的在社会与情感行为中起到重要作用的大脑结构之间的联系。但当被试所看到的黑人照片是他们熟悉的名人时，以上的联系却并不存在。一般来说，给被试展示不认识的黑人照片时，他们的杏仁核激活程度都会比看到不熟悉的白人照片时更大。而给被试展示熟悉的黑人照片时，这种差别不再存在。熟悉意味着与外部刺激一致的内在表现的存在。这就说明不熟悉的社会刺激与个人内在表现的结构不相符合，会令人们产生不愉悦的感受。相反，熟悉的社会刺激则会令人愉悦，这将在下文进行讨论。此外，下一章将会讨论当人们面对的是不熟悉类别的人群时所感受到的深切的困难。

因此，日常观察和许多的实验研究都表明，依赖于经验的、通过学习而形成的内在结构过滤和选择感官输入，抑或改变着我们对感官输入的感受和评估。这些处理过程是如此常见，以至于它们看上去是那么自然；同时，由于感官输入通常是过剩的和超出个体处理能力的，内在结构对感官输入的过滤与选择尤为必要。然而，有以下两点与目前的讨论相关：第一，由于这些内在结构选择和重视与内在结构相一致的感官输入，它们使个体产生一种错误的意识，夸大内在与外部世界之间的一致；第二，由于内在结构塑造感知经历并使之与内在结构本身保持一致，它们因此限制了大脑结构因外部环境的输入而导致的进一步改变。

155

内、外部世界之间的一致令人愉悦，否则的话，会令人不快

日常观察和实验室实验结果显示，感知机制选择和重视与已经存在的内在结构相一致的感官输入，这因此增加了个体认为外部世界经历与内在结构相符合的程度。其他研究已经证实行动中有动机的组成部分能增加这种符合程度。当人们经历熟悉的外部刺激时，会比经历不熟悉的外部刺激时更加愉悦，而当人们经历着行动和信念之间的冲突时，却会有不快的感受。

体验越熟悉的事物，人们会越愉悦。这一结论与事物本身的性质无关，而仅仅是建立在熟悉程度的基础上所得到的。罗伯特·扎加科（Robert Zajonc）及其同事就利用一系列的实验室实验验证了以上说法。在其中一个实验中，被试为美国的在校大学生，实验员给他们出示了一些他们之前完全不认识的中国汉字。[26] 被试被告知这个实验的目的与学习一门外国语言相关。被试被要求仔细看清在他们面前展示两秒钟的每个汉字。实验的特别之处在于，在给被试展示的 10 个汉字中，每个汉字被展示的次数有所不同：其中有两个汉字只展示一次，有两个汉字会被展示两次，有两个汉字会被展示 5 次，有两个汉字会被展示 10 次，还有两个汉字会被展示 25 次。在展示过程结束后，实验员会告诉被试，这些汉字代表着不同的形容词，且被试需要猜测一下每个汉字是褒义还是贬义。结果发现，被试所看到的次数越多的汉字，越会可能被猜测为褒义词。当然，实验也控制了不同汉字在不同被试中所展示的次数（如某个汉字在一组被试中被展示了 25 次，那么它在另一组被试中只会被展示 1 次），因此这一设计明确地排除了刺激本身的属性，而只关注它所出现的频率对被试的感受的影响。

当实验中外部刺激改为人脸的图片 [26, 27] 或音乐旋律 [28, 29]，并要求被试回答他们更喜欢哪张人脸的图片或哪段音乐旋律时，也能得到相似的实验结论。被试喜欢那些见得多的人脸和听得多的旋律，不管这些见得多的人脸或听得多的旋律是怎样的。此外，当外部刺

156

激为人脸图片时，越是呈现得多，被试越有可能将这些图片代表的人归为与自己相似，表明了内部结构（自我）与熟悉的外部环境特征之间的联系。[30] 而且，被试对于之前见过的人脸或几何图形的正面情感反应还扩展到这些人脸的合成形象及这些图形的原型，尽管被试从未见过这些合成形象和原型。[31, 32] 因为在实验中所展示的合成人脸是被试内部创立的表现结构，这就更直接地证明了内在结构与外部刺激之间的一致是令人愉悦的。

令人惊奇的是，即便外部刺激呈现的时间很短，以至于被试没有意识到曾经见过它们，仍然能够清楚地表明只要在被试面前出现过就能对其偏好产生影响。例如，实验员给被试展示 10 张不规则的多边形图片，每次只展示 1 毫秒，共展示 5 次。[33, 34] 然后实验员又会给被试出示另外 10 张被试之前没有见过的不规则多边形图片，分别与前面的 10 张图片进行一对一的匹配。当被试被问及每一对匹配的图片中哪一张是他们之前见过的图片时，被试说对的概率只是接近于随机猜对的概率。然而，当被试被问到每一对匹配的图片中他们更喜欢哪一张图片时，他们都会更多地挑选之前见过的那一张图片。这一实验结果说明，熟悉度能够通过隐含的记忆系统来调节偏好。

与以上结论相一致的实验还发现，当改变目标物的大小、排列方向 [35]，或改变音乐的音色 [36] 时，会减少被试识别出目标物或音乐的准确性，但不会减少之前的展示对被试偏好的影响作用。此外有研究还发现，那些因为酗酒导致大脑受到损害的患者 [29] 或者老年痴呆症患者 [28, 37] 虽然不能够记住新的信息和知识，但任何物体，只要在他们面前展示过，就仍然会影响他们的偏好。这些研究说明，隐性的记忆系统能够调节熟悉度对偏好的作用，但我们不能得出其他大脑记忆系统就对人们与熟悉程度相关的愉悦感没有做出任何贡献的结论。不过，这些效应能够在没有意识知晓的情况下自动发生的事实，使得我们很难去阻止、避免或控制这些效应的发生。

人们对熟悉的事物有正面的情感反应，这一结论不仅仅是在有关感知的实验室实验中被证明。也许最明显的例子就是，我们对于每一个字母的偏好程度与这些字母出现在日常文本中的频率呈现强相关性（相关系数达到了 0.84 ）。[38] 人们最喜欢的字母就是他们见得最多的那些字母。相似地，我们会更喜欢那些构成自己名字的字母，当然，我们有时将生活中的某些东西看作是自己的一部分，并且由此而相当珍惜它们，这些都在无形之中增强了这种熟悉效应。[39]

为了检验实验室里的感知实验结果是否也适用于更自然的现实情景，研究人员在两个不同的美国中西部地区大学的校报上，印制了一组相同的土耳其文字。[40] 这些文字持续几周出现在每天的报纸上，且没有任何说明对其进行解释。随着时间的推移，这些文字中有的只出现了 1 次，有的出现了 2 次、5 次、10 次或者 25 次。在一个校报上频繁出现的文字则被安排在另一个校报上较少出现。之后，研究人员会在教室或通过发送邮件向两所学校的学生提问，调查他们更喜欢哪些土耳其文字。与实验室的结果一样，学生们选择了那些最频繁出现的文字，即便他们并不知道这些文字的意思，以及它们为什么会出现在报纸上。

接触效应或者说熟悉效应也适用于人与人之间的接触。在一个设计极佳的有关人与人之间重复的、偶然的接触效应的实验中，研究人员招募了一组被试作为指定的品尝员，品尝 18 种不同口味的液体，并且对它们的不同维度（咸的、苦的等）以及它们给自己带来的愉悦程度打分。研究人员又招募了另一组被试作为指定的观察员，并让他们基于对品尝员高度标准化的、一对一、面对面、持续 35 秒的观察，来判断这些液体给人带来的愉悦程度，并给出一个分数。被试之间轮转接触的方式如下：每位观察员需要接触第一位品尝员 1 次，接触第二位品尝员 2 次，接触第三位品尝员 5 次，接触第四位品尝员 10 次。品尝员接触不同观察员的频率分布是相似的。这一阶段的实验结束后，每位观察员 / 品尝员要分别指出与他们配对的 4 位品尝员 / 观察员的个人吸引力。结果发现，与观察员 / 品尝员接触频率越高的被试，获得的吸引力评分也越高。[41] 或者我们来看另外一个例子：一位教授在给学生讲授一门以"说服"为名的入门课程，在他的安排下，一位神秘的学生每天来上课时都把自己包裹在一只巨大的黑袋子里，仅仅露出双脚。其他学生对于这只"黑袋子"的态度起初是敌意的，之后是好奇的，最后却变成了友好的。[27]

所有学习理论都假定物体之间的重复接触可以强化目标物体的神经元表现（或者说神经元表现的能力或可能性）。因此，当个体与一个物体开始变得熟悉时，这一物体的神经表现会变得越来越发达，也越来越容易因为个体接下来进一步接触该物体，或有相同特征的其他物体而被激活。有关接触和熟悉程度对情感反应之作用的研究表明，与神经元组织更发达特征相匹配的感官输入，或者是这些神经元组织更发达特征的简单激活，都能给人以愉悦感。一个补充的相关研究指出，当感官输入与这些既有的神经元组织结构不一致时，人们就会感受到不快。这一结论是从观察人们的行为中得到的，比被试自我描述是否快乐或舒适更为准确，更有说服力。降低愉悦程度的，其一是已经建立的信念与预期之间的不一致，其二则是新信息的输入。[42]

防止出现内在结构与外在现实之间不一致的第一道防线，就是避免与自己的内在结构不匹配的经历。人们通过选择自己交往的人、读的书以及观看的演出来搜寻那些确认他们已有信念的信息，而避免那些与自己的信念不符的信息。"这一自我选择的现象可以说是人们与社会进行交互的最基本过程，迄今为止对大众媒体效应的研究确立了这一过程的基础地位。正是如此，人们对周围世界的事物从智识到审美水平，到政治倾向，或许多其他不同方面进行选择。"[43, p.138] 尽管存在如此根深蒂固和无意识的自我选择过程，个体仍然会发现自己必须面对各种情形中的不和谐信息。有关个体在这些情况中的反应研究已经证实，内在结构和外部现实之间的不一致会导致个体的不适。

面对这些不一致，个体最常见的初始反应是忽视、怀疑或忘记

160

那些不愉快的信息。普林斯顿和达特茅斯大学曾经打了一场相当有
争议的足球赛。比赛中普林斯顿的一名球员鼻子被打破，而后来达
特茅斯的一名球员又折了腿[44]；比赛后，普林斯顿大学校报谴责达
特茅斯队故意弄伤了他们的明星球员，而达特茅斯大学校报的报道
称，在普林斯顿的一名球员意外受伤后，普林斯顿其他队员的动作
就开始变得粗鲁和肮脏起来。研究者这时在两校的在校生中开展了
一项调查。根据调查结果，几乎 90% 的普林斯顿大学的学生认为
达特茅斯队先有犯规动作，只有 11% 的学生认为两队都先有犯规动
作。相比之下，大多数达特茅斯大学的学生则认为双方都先有犯规
动作。当给两个学校的学生展示比赛录像，并要求他们记录下看到
的所有犯规动作时，普林斯顿的学生所记录的达特茅斯队的犯规次
数是本校校队犯规次数的两倍，而达特茅茨的学生所记录的两队犯
规次数是一样的。也就是说，两所知名大学的年轻人在感知同一事
件时，方式上大不相同，且各自的方式都与各自预先已形成的观点
相一致，忽略了那些与自己的预设观点不相匹配的事物。

　　另一项研究调查了人们吸烟的习惯与对于吸烟会致癌的认识之
间的关联。[43, p.154] 调查开展于 1954 年，正好是提出吸烟会致癌的科
学研究被报道并广泛宣传约一年以后。如果仅仅考虑那些在那一年
中没有改变吸烟习惯的被试，他们的吸烟习惯与对吸烟会致癌的认
识之间的关联就可以归因于他们是吸烟者这一事实。结果显示，相
信吸烟会致癌的不吸烟者是瘾君子的 4 倍。而且，烟瘾越轻的被试
比烟瘾越重的被试更相信吸烟会致癌。因此可以看出，当新的信息
与人们通过行为支持（甚至有时是狂热地支持）的已有认识之间存
在冲突时，人们会倾向于不信任这个新的信息。

　　当人们在众多选项中做出一项决定时，会不可避免地为他们自
己创造出一种不和谐的情形。在选择过程的开始阶段，人们考虑的
是关于各选项的相对优点的信息。而当其中一个选项被选择以后，
有关其他被否决的选项的优点信息就会和做出的决定相冲突。在最
后做出决定以后，人们又会通过忘记与重新阐释之前所感受到的不

和谐信息，忽略新的有冲突的信息，并且搜集那些与已经做出的决策相一致的额外信息来减少冲突。在一项有关这些过程的实验室研究中，研究者们对斯坦福大学的一年级学生进行了一项测试。学生们被告知，他们将与另外一名同学组成一个二人团队，并与一个单独的对手进行游戏。[43] 之后，被试会被介绍给其他两位成员，其中一位将成为他的队友，另一位将成为他们两人的对手。有 1/3 的被试可以事先浏览有关其他两位成员的信息，并且要在这两人中选择一位作为自己的队友；还有 1/3 的被试是在完全不了解两位队员的情形下，选择完自己的队友后，才得到有关那两位成员的信息；最后的 1/3 则是在已经选定队友后，才得到有关两位成员的信息，但随后被告知最后的决定权并不在他们手上，而是会随机决定。由于游戏并没有真正进行，最后一组被试到实验结束都不清楚到底哪一位是他的队友。

在提供给被试的关于其他两位成员的信息中，包含了两人的长处和弱点。研究人员测量了每位被试审视所有四种类型信息的时间。只有第二组，即在看到其他两位成员信息之前就已经选择了队友的被试，仅选择关注一种类型的信息。他们花费最多的时间研究他们已经选择为队友的那个成员的长处，因此也就选择了花费最多的时间，接收与他内在结构所引发的行动相一致的刺激。之后，被试被要求回忆那两位成员的长处和弱项。此时，第一个实验组的被试也已经选择好了一名队友，可以回忆起被他们选为队友的那名成员的长处。而且，两组中的被试实际上都将那名所选队友的负面信息重新理解为正面的信息。而其实无法自己决定队友的第三组被试，则在研究、回忆或重新理解这些信息时，没有表现出任何偏见。因此，个人会通过多种方式来最小化一个内在已经形成的行动（行动一旦完成，就会成为他们自己的一个特征）与感知到的环境特征之间的矛盾。

相似的过程也已在有关日常生活中决策的研究中被证实。例如，研究人员面访了 65 名刚刚在 4—6 周前购买了新车的成年男子，以及住在相同街区的至少 3 年前购买了汽车的 60 名成年男子。[43, p.51] 在每一场面访之前，每名被试都被告知面访是针对杂志和报纸读者的一次调查会，并被问到他们平时经常看什么杂志和报纸。面访人员把每一位被试平时看的杂志的 4 个星期的过刊，以及所看报纸的 7 天过刊的复印本都带到了面访的地方。在面访过程中，面访人员把杂志和报纸中所有的汽车广告都展示给被试看，并且询问被试之前留意过哪些广告，以及之前至少部分阅读过哪些广告。那些在过去 3 年内没有购过车的被试是控制组，他们在注意到汽车广告后阅读了这些广告的 37%，这为该社区居民阅读汽车广告的比例提供了一个基准数据。研究发现，那些最近购买过车的被试在看到那些曾经考虑过购买但并没有购买的汽车广告时，他们的行为表现与控制组被试相似，阅读了这些广告的 40%，这一比例接近于他们阅读从未考虑过购买的汽车的广告（34%）；然而，他们阅读与自己购买的同款汽车广告的比例则高达 65%。

164

在买车之前，阅览汽车广告可以说是一种为了进行选择而获取相关信息所做出的努力。接下来继续选择性地阅读已购汽车的广告则不能提供如此实用的价值。然而，这却帮助个人感受到一种外部世界与内部现实的一个组成部分之间的一致性，而这里的内部现实则是通过决策与相关的行为过程所建立的。

在我们所给出的案例中，做出决策导致了有关之前考虑过但最后放弃的选项的优点信息与所选择的行动之间的不一致，这也就导致了行为与内心以多样化的过程来加强行动与个人对世界的感知之间的一致性。其他研究表明，如果设置一些特定的情景，让个体做出与内在信仰相悖的决策，由此而导致的内外之不一致会使个体改变自己的信仰，因为个体原来的信仰已然成为一个不和谐的音符。在一项研究中，普林斯顿大学的学生被要求撰写文章来为校园禁酒提供强有力的论据，即使他们本身是反对这个立场的。[45] 其中一组学生之后被告知，参与该任务是完全自愿的，并且如果他们现在不愿意撰写这篇文章，仍然可以获得同样数额的劳务费。接下来，研究人员询问他们是否愿意通过勾选相应的选项并签署自己的姓名，将自己的论据文章递交给学校的政策委员会。第二组学生则没有获得这些选择权，而只是简单地被指示开始撰写这一文章。第三组学生是控制组，他们被要求撰写一篇文章来为校园里继续允许饮用酒类提供论据，这与学生自身的观点是一致的。

在写完文章后，学生们再次被问到他们支持或反对校园完全禁酒这一观点的程度。只有第一组中那些在告知可以选择不写后仍然写出一篇与本人意见相反的文章的被试，在态度上发生了一个显著的改变。他们有关校园内饮酒的态度变得与他们在文章中拥护的立场更加一致。研究人员也测量了实验中被试的皮肤导电性，在外围测量了自发神经系统活动以及生理的激活，结果发现，与其他被试相比，本可以选择不写，但仍然还是写了那篇违背自己原来所持观点的这一小组有更显著的激活。另一个相似的研究是在阿德菲大学（Adelphi University）进行的。研究者招募大学中的男生和女生来撰写文章，支持校园的停车收费制度，而实际上这一立场是与被试真实的态度相反的。[46] 那些有权利选择撰写相反立场文章的实验组被试，比那些没有权利选择撰写相反立场文章的被试，以及那些需要撰写与自己态度相同立场文章的被试，显示出了更大的态度转变和生理上的激活。

相同的现象也已经在实验室之外的研究中被证明。例如，在第二次世界大战期间，美国政府试图说服民众去吃他们之前并不习惯的腺体肉。随后的调查指出，在政府的相关演讲之后，只有3%的参与者回家购买和食用了腺体肉。相比较而言，另一种方式的效果则大不相同：一个小组专门针对这一问题展开了讨论，讨论结束后，组织者要求愿意回家尝试一下腺体肉的参与者举手示意，结果有32%的参与者回家这么做了。[47]

在另一项研究中，研究人员调查了一个工厂中所有工人（超过2,000名工人[48]）关于工厂一些问题的态度。在调查结束后的9个月中，这些工人里有23名晋升为具有管理责任的工头职位。在这些成为工头的工人行使职权 6—12 个月后，研究人员重新调查比较了他们和另外 46 名工人的态度，这 46 名工人与这些工头在最初调查中表明的态度及个人特征是大体一致的。此第二次调查发现，与比较组的工人相比，已经成为工头的工人更可能改变一些相关想法，比如认为该公司是一个比其他公司更好的工作单位，工会在标准制定方面不应该有太大的发言权，没有工会将会使事情变得更顺利，以及工会支持的工龄体系不应该得到支持。这些态度的改变缩小了新工头的态度与他们在新角色中行为的差距，也缩小了他们与新的管理同事之间态度的差距。

即便那些工人知道，成为工头要求他们执行和代理某些与他们一些固有的态度不一致的任务和职务，他们也会接受这个职位。根据不一致理论，他们之所以接受工头这个职位，是因为如果不这么做，将与他们其他重要的信念以及从属关系相矛盾，从而产生更大的冲突。例如，作为丈夫和父亲，他们应该最大化自己的收入；或作为一个社会中的男人，他们应该最大化自己的权力和声望。升职为工头的工人于是改变了他们关于管理和工会问题的态度，因为他们想要让自己的态度能够与他们在新角色中所宣扬的政策以及采取的行动保持一致，也因为他们希望能够与其他工头和管理者，即他们的新同事，保持观点上的一致。

同样的道理，人们在工作场所或者宗教、社团组织中结识的群体，不仅被动地给个人提供了一个志趣相投者相互之间获得悦己的、自我肯定的输入的场所，而且还能主动地增加成员之间信念的一致性程度。处于一个组织中的成员身份于是成为成员个人的一种内部特征，持有与该组织不一致的观点会使他们自身感到不和谐。例如，假如你是一名政党的成员，当你在对待某个特定事物上的看法与另外一个敌对党派的意见相一致时，你会感到不适。不只如此，那些拥护和支持与组织中成员相反立场的人会被严厉批评、贬低，甚至被威胁逐出组织。这一现象已经在实验室中被清楚地证实。

在一个实验中，研究人员把被试集中起来，并告知这个新组成的团体将开始讨论青少年犯罪问题。[49]在这次会议中，所有成员都参与讨论一个案例，而文稿中字里行间流露出的，是该少年犯需要更多的爱与关心。三位研究助理也假装成团体成员参与了讨论。其中一位助理对于其他所有人的陈述都表示赞同。第二位助理在讨论开始时说严厉的惩罚是对付青少年犯罪行为最好的办法，但随着讨论的深入，这位助理改变了自己的观点，变得与团体的总体意见一致。而第三位助理从开始到最后都坚持说严厉的惩罚是对付青少年犯罪行为最好的办法。讨论接近尾声时，被试们对这位顽固的伪装被试发表了贬损的评论，并有一些人建议将其踢出这个团体。

群体压力对于群体中成员信念一致性的形成所起到的作用，也已经在实验室中得到充分证明。这些实验中最知名的，是给一些由4—6名被试组成的团队展示一条线，并要求他们指出另外三条线中哪一条与第一条线的长度相等。[50]除一名被试以外，其他所有人都根据实验员事先的指示做出了同样错误的选择。而唯一一名没有接收到实验员指示的被试被安排在了一个特殊位置，必须要听完所有或大多数其他人的选择后才能做出自己的选择。即便小组中所有其他人所犯的错误是非常明显的，绝大多数团队中没有得到实验员指示的被试都跟随那些在他们前面做出选择的其他成员，选择了错误的答案。在一系列接下来的实验中，被试被要求指出耳机中发出的两个声音信号中更长的那个。[51, p.162]每名被试都独自在一个收听间里，但包含在刺激源录音中的交谈会影响到被试，让他们以为另外还有其他5名被试也同时在参与这个任务。在总共30个检验试验中，这些所谓的其他被试在16个中都做出了错误的选择，也就是说他们将更短的那个声音说成是更长的。真正的被试做出自己的回答之前，这些交谈所透露的信息都可以被他们听到。在超过一半的检验试验中，被试由于受到了他们误以为真实存在的小组其他成员判断的引导，而将那个实际上更短的声音辨认为更长的声音。

在另外一个相似的研究中，实验员用录音记录了来自其他伪装

168

的被试的批评意见，并且在真正的被试即便已经听到其他伪装的被试所做的错误选择，但仍然在测试中做出了实际上正确的选择时，播放了这些批评的声音。一个被试在做出了与伪装的被试的回答相反的选择后，被试将会听到嘲笑声或者"你是在炫耀吗？"这样的评价。这一重要的社会反馈显著增加了被试在接下来的测试中做出与错误回答相一致的选择的比率。更有趣的是，在来自挪威和法国的被试中，因为社会压力导致被试做出错误感知判断的概率会有所不同。很明显，这一倾向是在个人发展过程中由环境输入所塑造的。

当外部世界改变太多以至于不能与个人的内部世界相匹配时，会发生些什么？

这个世界给每个人呈现了特别丰富且各式各样的刺激流（信息）。个人内部神经结构的建立是与其平日经历最多的外部环境刺激的一些方面相一致的。这些结构又反过来限制、塑造和聚焦于感知与它们最相似的信息流的某些方面。这增加了外部世界与个人内部世界之间的一致性感觉，且日益限制了感官刺激改变神经结构的力量。外部刺激与内部结构之间的和谐可以使人们感受到愉悦，个人也会有选择性地将他们自己置于刺激源与内部结构相一致的情景之中。而当遭遇到不一致的外界信息时，这些信息则会被忽略、怀疑、重新理解或者被忘记。

来自其他人的刺激对于神经发展过程的塑造尤其重要，并且在神经发展成熟后，个体的内部结构与人际间的刺激之间的和谐也有着相应的重要性。个人都会搜寻那些能够提供与他们的内部结构相一致的输入的社会互动与群体，并且努力成为其中一员。他们也不愿意失去这些群体关系，并且会为了保持与其他群体成员态度和行为的一致性，而改变他们自己的信念和观念。然而，有时个人，甚至一群人，会发现自己处于一种内部结构与外部结构之间所产生差异太大，以至于无法接受任何以上修复性行动的状态。如果内、外部结构之间的相近与匹配对于人类的发展和福祉是必不可少的，那么当外部世界的改变超过了通过感知进程和自我改变可以轻易协调两者的潜力时，我们就会明显地感受到沮丧和功能紊乱。事实的确就是如此。

　　如之前的章节所讨论的，婴儿基本没有可以高度适应他们所在的外部环境的内在结构。然而，他们只有非常有限的能力去作用于环境，来减少出现的内部结构与随之而来的刺激之间的差距。而且在两者存在差距时，他们会明显感受到压力。如果已经包含在他们内部表征中的母亲的某些方面发生突然的变化，婴儿们会立即发出沮丧的信号，在旁观者看来，这是想要母亲继续恢复平常的行为。例如，应实验要求，如果母亲不参与同婴儿之间的日常互动行为，对婴儿的表现没有任何应答，也没有任何表情，那她们的宝贝婴儿会小心地增加查看母亲的频率，并且表现得好像是要把他们的母亲从没有任何动静的状态中拉出来。[52]换句话说，他们会表现得沮丧与悲伤，并试图使社会刺激一致于来自经验的预期。如果母亲被要求通过减少她们面部表现的情感品质，用一种缓慢的、单一的语调说话，最小化肢体动作，并克制与她们孩子的身体接触，来伪装出沮丧，那么她们的孩子会开始哭泣，蜷缩且扭动身体，做出严肃、冷静的面部表情，还会减少微笑或积极的面部表情。[53]如果母亲仅仅转过脸来呈现自己的侧脸给婴儿，而不是以正脸面对婴儿，孩子也会减少微笑、发声和身体动作。[54]

　　当美国、西欧和日本的成年人被要求对生活中不同的事件按照给自己带来的压力水平进行排序时，一个对自己很重要的人的死亡、离婚和结婚都位于前列。[55]在这些情况下，外部世界已经改变，不再能够匹配人们的内在结构。在这个清单中，结婚仅次于离婚，表明生活中重大事件所造成的内外部世界的不一致使他们产生了压力，即便这个事件是他们所向往的、由他们自己发起的。成年人能够对他们的内在世界做出改变来适应他们所在外部世界的变

171

化，而且许多这些极具压力的调整最后证明是成功的。然而一般来说，年龄越大适应就越困难，越感受到不快，对身体和情感产生的消极影响越大，且不成功的比例也更大，因此，只要有可能，他们更多地选择避免去努力适应。上述事件之一，即身边一个很重要的人的死亡，能给人带来相当巨大的影响，有时还会产生严重的后果，它因此被列为公共健康问题[56]，并被广泛研究。另一种来自外部世界的重要改变是由于人们迁徙到一个新的文化和物质环境中而发生的。

失去亲人

　　失去亲人之后悲伤的症状和哀痛的过程生动地揭示了内部结构与外部刺激之间突然分离所产生的巨大影响，以及重建起两者之间和谐一致所需要的时间与努力。分离之痛或者丧失亲人所立刻产生的症状包括思念逝去的人，专注于想念失去的人，哭泣和悲鸣，抑郁并伴随着无精打采和萎靡不振，梦境、触觉或视觉上的幻象，甚至会产生关于逝去的人的幻觉。[57, 58]

　　在这种情况下产生这些症状看起来是如此自然和在意料之中，以至于我们需要付出相当的智识努力才能将自己拉开一段距离，审视这些症状所表明的人类的天性。在有些情况下，配偶的死亡会使活下来的人对经济安全感到忧虑，甚至产生食不饱肚、居无定所的担忧。然而，在很多例子中，这些方面的担忧并不存在，且丧偶者在这些方面受到的伤害也并不显著；相反，伤害主要是情感与心理上的。情感性伤害通常很容易被理解为失去了逝去者本人。但是他们损失的到底是什么呢？具体而言，他们本质上是失去了再次看见、听见、闻到、抚摸到逝者，并被逝者抚摸到的机会。也就是说，随着逝者的消失，大部分已经成为活着的人外部世界内在表征重要成分的人与人之间的感官环境也突然消失了。而且，在许多情况下，已逝者过去总是通过日常的交谈来坚定身边亲人的信念和想法。失去亲人的人也许会幻想正在被逝去的亲人抚摸，或者会出现见到对方穿过房间的幻觉，就像是长时间的感官剥离后，个人所感受到的那种简单的感官幻觉；这两种幻觉都体现了习惯和相似的感官输入缺失所激活的内部结构的神经活动。

在新近失去亲人的人群中，有接近 25% 的人的悲伤症状会异常严重，且持续不减，这被认为是病态的。[59] 对这些人而言，损失的性质和影响更为清晰。对逝去亲人的想念频繁侵扰着他们，这种强烈的思念和渴望之情使他们倍感痛苦，且经常感觉自己的一部分已经死亡，这足以成为病态悲痛的论断标准之一，一个人感觉自己的世界观被残酷破坏也是如此。[59] 而且，他们的社会功能和工作表现都会陷入困境；睡觉会感到不安，自尊会有所降低。[59] 遭受这样漫长的悲伤症状的人，即便他们完全知道人死不能复生，也还是会去搜寻逝去的亲人，并且有时会通过假装出逝去亲人的行为、个性特征，甚至是医学上的症状，来试图重现逝去的亲人。[59]

幻想逝去的亲人，或者假装出他们的某些特征，这些都是短暂的努力（如果是长期的，就属于病态），以求通过重新创造已经失去的环境刺激来缓解内、外部世界突然分离所带来的痛苦。然而，和谐状态的成功恢复需要系统和彻底地重新构建内在世界，去匹配当前已经改变了的外部世界。在这种弗洛伊德于《哀悼与忧郁》（ *Mourning and Melancholia* ）一文中所描述的 "悲伤的工作" （grief work ）中 [60]，失去亲人者必须在逝者缺席的情况下，重建自己大脑内部对于每一项逝者曾是一个重要部分的所有活动和情境的期待。在过去与逝者生活的经验之上，失去亲人者的大脑内部已经形成了大范围的神经元连接，这些连接将能代表逝者的所有表象与环境中那些多种多样的、现今仍然存在的特征紧密相连。而现在，这些连接突然断开了，其影响必然巨大。在正常情况下，他们需要一年的努力来重新恢复一个在内在结构与外部现实之间可以合理适应的均衡。

失去亲人以后，人们需要一定的时间哀悼逝者，他们的正常功能的其他一些方面也会受到相当大的负面影响，这说明了熟悉环境的主要部分发生重大变化时个人所面临的问题的严重程度。失去亲人后，人们生病的概率也会增加，进一步证明他们所承受的巨大压力。对丧偶者而言，情况更为严重：在丧偶后的两年内，他们的死亡率要远远高于其他同龄且个人社会特征和健康背景相同的人[61]；且有研究指出，在丧偶后的一年内，他们的死亡风险增加了 10 倍。[62]同时，丧偶者自杀、交通事故、心脏病、癌症、肺结核、过度酒精和肝硬化的概率也有所增加。[63]

移民

移民的经历可以为内在结构和外部现实分离时所产生的效应提供另一个证据。移民给个人带来的影响是巨大的，即使移民到一个新的文化中时，当事人的家属和最亲密的人际关系没有受到任何影响，发生变化的只是他们所处新环境中的几乎所有其他事物。大量文献描述了移民背井离乡、尽力适应一种新文化的经历，心理分析学家也撰写了一些有关他们的移民患者的文章。

伊万·霍夫曼（Eva Hoffman）和她的父母以及 9 岁的妹妹在1959 年离开波兰、移民到加拿大的温哥华时，只有 13 岁。作为一个在第二次世界大战后长大的克拉科夫（Cracow，波兰城市）犹太家庭的孩子，伊万在许多方面都处于波兰社会的边缘，并且受到身边小伙伴们的排斥和批评。然而这也是她仅有的内在与外部世界，直到她和她的家庭移民到北美后，一切都改变了。她解释说："我儿童时代生活的国家在我心中是第一位的，那是一种爱……它教会我语言，传授我观念，让我学会说话，使我成长为人；它给了我色彩斑斓和充满曲折的现实，它是我的初恋。我却再也无法重新体验到那些祖国给我的真正的爱。在我们生活的地方，一切都与我们初到这个世界时的所见所闻大不相同。异乡的风景中不再有那种我们熟悉的几何棱角，空气中也不再有我们熟悉的那种朦胧雾气，因此它们都不会在我们的内心生根发芽，令我们心甘情愿、毫无保留地为之奉献一切。"[64, pp.74-75]据伊万回忆，在她离开克拉科夫之前，有过短暂的闲逛："当我穿过一个没有什么标示的小花园，想到我与它之间的点滴经历时，我突然大哭起来。"[64, p.88] 她说当她站在离开时所乘坐的轮船栏杆旁时："我感到我的生命就此结束了。"[64, p.3] "当岸上的军乐队开始奏响欢快的波兰舞曲玛祖卡（mazurka）时，我被一种年轻人特有的悲伤深深地打动，以至于我突然停止哭泣，并试着去保持平静，阻止痛苦。我绝望地想要用自己意念的力量让时间静止，让轮船保持静止。"[64, p.4] 她如此清晰地描绘了自己无法选择的出生环境对她产生的决定性影响，她的内外部世界之间的连接，以及在她当时所面临的情况下，要继续保持内部世界与外部世界的一致是多么困难，因为她的内在结构是由自己祖国的外部世界所塑造的，是与祖国的外部世界相匹配的。

她说在她到达温哥华的第三晚，她做了一个噩梦："我淹没在海洋中，但我的父母却游得离我越来越远。在这个梦里，我知道了被遗弃在不可思议的空间中漂泊意味着什么；在茫茫大海中无法找到停泊之处又意味着什么。我在长时间的惊叫声中醒来。那种害怕比我之前所知晓的任何事情都要强烈。"[64, p.104] 一会儿后，她开始思考："在这个新的世界中，在我的身上都发生了些什么？我不知道。我看不到我之前见过的事情，不理解我面前的事物。我不再有满腹的话语想要表达，我有的只是满满的有关过去的回忆，这些回忆时刻撕扯着我，让我更加意识到在这个黑暗且空虚的国度，我并不是真的存在。"[64, p.108] 当她离开祖国时，她意识到自己身上的一部分也就此留下了，因为她正在失去与自己内在结构相匹配的外部环境；在新的国度里，周围环境与她从祖国带来的内在世界不相匹配，她自然感到失落、不适、恐惧和混乱。

那些悼念已逝配偶者通常感觉到自己的一部分已经死亡，而我们这位移居到国外的年轻人感觉到的，是好像自己并不存在的那种空虚。当周围的人鼓励她试着忘记过去的回忆时，她想要知道自己"真的能轻易地从过去的自己中抽离出来吗"？[64, p.15] 当她尝试去接纳新环境时，她要么缺少必要的内在结构，要么受到那些已有的内在结构的阻挠。她的情况就像是第二章中所描述的小猫，由于生长在只能看到垂直线条和水平线条的环境中，它们只有很少的脑细胞对斜线产生响应。"城市没有任何中心地四散蔓延，到处是才开始施工的一栋栋独门独户的房子，然而这些都一点儿也没有进入我的大脑，我对这个城市的印象一片空白，眼前的一切除了给我压力，其他一无所有……甚至有时当太阳异常耀眼，空气也有着北方空气特有的高透明度时，温哥华在我的眼里依然暗淡无光，我行尸走肉般四处游荡，眼前所见只有一片混沌。"[64, p.135] 当她看到其他人比她对新环境适应得好时，她甚至对他们表示担心："只要意义是人与人之间的，是来自人际交往的程度，以及别人对你所了解的程度，那么这些所谓的成功移民就已经失去了他们的意义的一部分。"[64, p.143]

移民到另一个国家经常伴随着语言的改变，这更进一步地破坏了自我和他人之间的连接，以及内在神经心理过程和外部社会过程的连接。在到达温哥华两天后，伊万和她的妹妹来到当地的一所学校，她俩都被老师取了个新的名字：伊万（Eva）被改为伊娃（Ewa），伊莱恩（Elaine）被改为艾丽娜（Alina）。老师将她们介绍给全班同学时，将她们的姓都念错了，她们以前从未听到过有人这样念她们的姓。"我们走向教室后排的一条板凳；除了我们心理上发生了一些细微的震动以外，没有什么重要的事情发生。对我们名字的歪曲轻微地疏远了我们与他们之间的距离……我们的波兰名字并不仅仅指我们；它们是我们本身，就如我们的眼睛和手一样确定地属于我们。那些老师给我们的新称呼，连我们自己都不知道如何发音，那其实根本不是我们的名字……这使得我们感到自己很陌生。"[64, p.105] 当然，姐妹俩最初的名字也是由其他人取的。但是她们多年以来已经听惯了自己的名字，她们的名字也已经内化为神经结构的一个重要部分，突然被分配了一个新的名字，这可不是什么小事。伊万很快地学习了英语，但是"有些单词……并不和在我家乡语言中毋庸置疑的含义一样。例如，'河流'（river）在波兰语中是

一种充满生机的声音，受到河流川流不息精神（riverhood）的鼓舞，
蕴藏着河流的精髓，沉浸在河水中……'river'在英语中……完全
没有这些由生活中体验到的点点滴滴所累积起来的关联意义……它
也没有唤起……总之，整个过程都反过来了。现在当我看见一条河
的时候，它并没有被与心灵相适应的单词所塑造和同化……这一单
词与事物之间彻底的分离具有使一切事物枯萎干渴的魔力，不仅耗
尽了世界的意义，还抽离了它的颜色、条纹，以及细微差别——甚
至于其存在本身。各种事物之间活生生的连接消失殆尽"。[64, pp.106-107]

　　像伊万·霍夫曼这样的经历并非东欧移民才有，并非离开了舒
适和令他们开心的家乡的移民才有，也并非必须学习一种新语言的
移民才有。作家亚麦卡·金凯德（Jamaica Kincaid）在她17岁从安
提瓜（Antigua）岛移民到纽约时，也遇到了类似的对这个世界的感
受问题。"行驶在出机场的这条路上，我无法清晰地看见任何事物，
即使这里到处都是灯光。"[65, p.3] 即便她早已想要离开安提瓜，将那
里长期的没有快乐的生活抛在身后，即便她对纽约向往已久，眼前
所有全新的事物仍然令她感到深深的痛苦。"我穿着为这次移民买的
全新的内衣，坐在车里，我扭来扭去想要看看眼前所经过的风景，
但一切都提醒我说这些新的东西会让我感到多么不适……我正在经
历的每一件新的事物……我有了一个好的想法，我想象着自己在这
里长大，慢慢适应这里的一切，并且非常喜欢这里的一切，但是首
先这一切是全新的，我虽然微笑了，但那是强装出来的，因为我的
嘴角都是向下垂的。那天晚上我睡得很沉，不是因为我多么开心和
舒适，而是恰恰相反——我不想接受其他任何事物。"[65, p.4]

　　金凯德第二天的经历显示了移民在大多数日常活动中都要经
历的困难。"看到太阳升起，我起床穿好衣服，一条由马德拉斯
布（madras）做成的花哨的裙子——这种裙子我一般只会在家里面
穿……我马上意识到有点问题。出了太阳，但还是很冷……我不知
道太阳出来了天气还会这么冷；没有人告诉过我。这是一种什么
感觉啊！我如何才能解释它？某些我一直知道的东西——就像知

道自己的皮肤像是用软布反复摩擦后的那种坚果棕色，或者就像知道我自己的名字……某种我完全当作理所当然的东西……居然会并非如此……这一现实现在进入我的生活，就像是一股水流分流进先前干涸坚实的土地，形成两岸，河岸的一边是我的过去——是如此熟悉和可预料的，以至于连想起之前的痛苦都让我开心起来；而河岸的另一边是我的未来，一片空虚灰暗……里里外外我都觉得冷，这是我生平第一次有这种感觉。"[65, pp.5-6] 她的描述是多么清楚啊！就连那些她通过移民逃离的痛苦的过去，也比内在结构和外部现实的分离所产生的痛苦要好，仅仅因为那些过去是她所熟悉的！

　　心理分析学家在描绘自己患者的经历时，认为以上霍夫曼和金凯德的经历是具有普遍性的。[66-69] 移民们对过去日常生活中的物体与活动思念最深刻，比如食物、音乐、社会习惯、语言、风景，还有邻里附近的街角、房子和咖啡馆。"伴随着这些文化冲击而来的焦虑感，挑战着新来者心理组织的稳定性。"[70, p.1052] 尝试恢复心理平衡的努力通常包括以下这些：选择生活在气候和风景与故乡相似的地方，听在故乡时常听的音乐，与同乡保持交往和联系，以及主要吃来自家乡的食物。这些行为能演变成病态的、不适应的、僵化的和极端的做法，比如有些人只吃他们祖国的食物，只和他们的同胞在一起，只说他们的母语，并且通过用"来自家乡的"装饰品装饰新家来重新营造一个曾经那个家的环境。失去亲人后的哀悼是努力适应新环境的一个基本特征，此时有系统地自我重建是基于新环境而非旧环境的。移民如若具备了欣赏新国度的电影、文学和游戏（也就是流行文化）的能力，表明他们已经进入了在新环境中发展出一个新的自我的必要轨道。一份包括新、老国度朋友的移民家庭晚宴"混合"宾客名单，可视作是移民已经成功适应新环境的标志。[70] 在安排这样一场聚会时，移民创造了一种外部情形，体现出自己已成功且和谐地创造了一种与之相匹配的内在结构，这一结构将新环境与过去家乡环境中某些持续的特征融为了一体。

小结

在人生的头些年里，人际间和其他感官上的经历以自己的形式，创建了内在的神经结构。一旦创建，这些内在结构就会改变一个人的感知和经历，以使之与自己的内在结构相一致。人们搜寻并建立了匹配他们特定内在结构的经历，并且选择外部环境中最接近于这些结构的信息。当人们面对的信息与他们的内在结构并不一致时，他们会选择拒绝、怀疑、重新阐释或忘记这一信息。这些策略提高了内在结构与外部世界之间一致的感受，但同时也减少了与内在结构相冲突的刺激的频率，由此减少了改变这些内在结构的可能性。从这些行为中我们也许可以推断出，人们的内心都是希望保持他们内在结构和外部世界之和谐的。一系列有趣、惊人的实验也让我们进一步得到了这个结论：正因为人们内心的这种渴望，经历熟悉的事物，即那些与过去的经历相匹配的事物，能使人感受到愉快。

生活在个体周围的其他人是人类外部环境中尤其重要的特色，因此，与社会群体的认同也就特别重要。对自我与群体之间和谐一致的渴望有时会导致经历和行为的极端扭曲。即使个体与其所认同的群体之间并无直接的人际间的交往，如粉丝与体育团队之间一样，群体行为的变化仍然能够导致个体生理上发生变化。

这并不是说，成年人的内在结构完全不会因周围物质和人际间环境的变化而发生变化。实际上，当人们担任新的社会角色时，他们的态度会为了匹配他们的新同伴而有所改变。然而，一旦内在结构已经建立，这样的内在修正要明显少得多，也困难得多。而且，当环境改变巨大时，相应的内在结构的改变就会伴随着痛苦和失常，也仅有通过漫长的努力才能最终完成这一改变。失去亲人和移民的例子为内在结构与外部现实之间的彻底分离所带来的痛苦、不适和失常提供了证明，也为个体改变内在结构以适应变化了的环境

181

所需要的时间与努力提供了证明。

在孩童时期，环境输入塑造了我们具有高度可塑性的大脑，而在成年时期，我们的神经认知结构已经相对稳定和固化。此两者结合起来，正好为社会变化与稳定的共同存在提供了一个平衡点。这是所有社会的重要活力所在，社会因此能既不抛弃已形成的一套成功社会体系或习俗以应对暂时的环境，又能努力寻找新的途径以适应变化中的环境。神经生物学特征仅仅是影响这一活力的一个因素，多种社会过程与神经生物学产生了互动，或对之产生了影响。这些包括教育、宗教与公民机构以及大众文化。当人类长期生活在比今天相对更小、更稳定，且更封闭的社会中时，使社会在稳定与变化之间保持一种平衡的特定神经生物学过程可谓恰到好处。不过，在当今社会，掌控着变化与稳定之大局的神经生物学变化很有可能与社会的特征不再如此相得益彰了。

下一章考察了具有不同信仰系统及风俗的文化之间相互接触时所产生的矛盾和斗争。在这些接触中，每一种文化都为另一种文化创造了一种内在结构与外部现实之间的根本分离。原因很简单：在一种文化的人看来，另一文化的人不仅长相不一样，其行为和信仰也不一样，一切的一切都与自己一直以来所形成的人类的内部表征不相一致，也与自己在社会交往中所形成的一系列内在结构不相一致。

第五章　文化的碰撞

在世界上那些炎热而又有异域情调的地方，高加索人常在干完一天的活后聚在一起，讽刺一下外国的种种，借以完整地保存他们的传统。

——欧·亨利（O. Henry），
《白菜与国王》（*Cabbages and Kings*）

从一种文化转移到另一种文化的移民者会经历很多重大问题。乡愁和文化冲击带来的痛苦如此之大，以至于他们宁愿回到过去不快乐的生活中，因为那才是他们所熟悉的。移民者逐渐适应的过程和丧失亲人者的恢复过程基本相似。两种情况都是由于外部现实的重大改变，导致之前内部结构与外部现实之间和谐一致的关系遭到破坏。在丧失亲人的情况中，曾经是生活许多方面重要组成部分的一个人突然消失了。在移民的情况中，重要的人际间关系或许得以维持，但外部环境里几乎所有其他方面都发生了改变。人们在这两种情况下的反应和恢复过程都是相似的，先是痛苦和机能失调，然后是一个长时间的艰苦努力，以重建内部世界，使之匹配现已面目全非的外部世界。

在我们人类物种发展的纪元特征中，没有一个比不同文化交汇在一起，进而首次建立一种人类所共有的文化，更为特别和有意义的了。由于旅行方式的改进，信息存储和传播新模式的发展，以及人口的增长，以往数千年来互不知晓且相互分隔的文化得以相遇，有些还得到了融合。有时，由于不同人种和文化的出现，造成外部现实与某一文化群体集体的内部结构大相径庭，该群体于是陷入危难；为缓解或解除这些危难，暴力冲突时有发生。这一危难以及人们为化解它所做出的努力是最后这一章的主题。

文化和语言上差异的来源

15万—20万年以前，生物学意义上的人类灵长类动物诞生在非洲的东北部。一般认为，与那些更早的灵长类与原始人物种相比，这些人类灵长类动物及其进化上的直接祖先具备着一些显著不同的特征，其中之一就是后天发育的时间延长，且语言表达能力有所提高。有些问题我们虽然好奇，但无从证实，只能进行推测。例如，人类物种早期阶段语言和文化发展到了怎样的程度？在一个人类群体与其最初的原始群体隔离开来之前，是否存在过一种最为原始的文化及语言，又在何种程度上存在着？如今，相互之间并无往来的黑猩猩群体有着原始的、各不相同的文化。例如：它们使用不同的工具和方法从蚂蚁窝里掏出蚂蚁 [1, 2]；在人类之前的原始人类也制造工具，且现在人们广泛认为这些原始人类在狩猎时组成了团队，还有口头上的交流。因此，最开始的人类族群也许已经继承了一种由他们进化上的祖先所发展的原始文化。然而直到一种成熟的语言得以出现，这一文化最有可能还是保持其原始状态。如第三章所讨论的，一个人通过模仿他所听到的语言发展出语言能力。而且，学习语言的能力会在青春期后迅速消退。最初的人类祖先不得不发展出一套语言，并将其传给子孙后代。很难相信，如果不是经历了数代，经过成百上千年，甚至成千上万年，如何才能建立一套丰富且复杂的语言体系。在此期间，可能有许多小的族群从原始的族群中分离了出来，成为各自语言文化的源头，发展出多样化的语言与文化。当然，我们也能想象到其他可能性。比如，后来进化为人类的那些原始人已经有一套比我们设想的更为高级的语言和文

化。或者，在人类早期族群中有一个族群的语言和文化的发展比我
们设想的更为迅速。这一族群可能已经超越、征服或同化了其他族
群，由此建立了首个统一的语言和文化，尽管这种统一的规模比当
今正在发生的要小得多。

无论以上这些推断有多少是正确的，如下这个事实却是毋庸置
疑的，那就是在过去 10 万年间，人类四散定居，遍布于全球，建
立了许许多多独立的社群。这些社群像达尔文的鸣雀（Darwin's
finches）一样，相互隔绝地存在了数万年，并且演化出不同的语言
和文化，珍妮·古道尔（Jane Goodall）称这一现象为文化的物种形
成。[3] 相邻族群之间存在战争和贸易上的接触，但大部分人类历史
表明，这种接触仅限于最邻近的族群之间，其他族群则由于山水的
阻隔在几千年以来完全处于互相隔绝的状态。就拿美洲来说，直到
大概 500 年前，这里的居民和世界上其他地区的人类才知道了彼此
的存在。甚至在巴布新几内亚的许多陆地小岛上，几十种文化在几
乎隔绝的状态下独立发展，它们之间受到难以跨越的地形的阻断，
也受到不同的习俗、相互间的猜疑和有差异的文化的分隔。过去
1,000 年来，贸易——像地中海沿岸或者丝绸与香料之路上的贸易，
确实为广袤的非洲、亚洲和欧洲大陆人口之间，提供了一些接触和
交流。尽管如此，即使来自远方的某些物品进入了许多文化中，绝
大多数人仍然会在他们土生土长的环境中度过整个人生。拿技术上
发展相对超前的欧洲大陆为例，仅三代人之前，这里的大多数居民
在自己的乡村中度过了几乎整个人生。而旅游，即使是对那些受过
最好教育和富有的人来说，也仅是在 19 世纪和 20 世纪才成为一种
消遣方式。

文化之间差异的程度

不同人类社会群体之间的差异要列举出来实在是包罗万象。世
界上各种语言之间的差别之大，已使学者们对其归类或找出其发展

与互相联系之总体模式的所有努力都白费了。甚至是食物消费方面——还有什么能比这更具有基础的生物性呢？——不同的文化也塑造了截然不同的饮食方式。如一位社会学家打趣地说："美国人吃牡蛎但不吃蜗牛，法国人吃蜗牛但不吃蝗虫，祖鲁人（Zulus）吃蝗虫但不吃鱼肉，犹太人吃鱼肉但不吃猪肉，印度人吃猪肉但不吃牛肉，俄罗斯人吃牛肉但不吃蛇肉，中国人吃蛇肉但不吃人肉，新几内亚的贾利人（Jali）觉得人肉也挺美味的。"[4] 这样的差异在穿衣风格和身体暴露程度方面也是明显的。在一些社会里，妇女要穿戴整齐，只允许露出眼睛；传统的犹太人妇女在结婚时，要剃掉头发戴上假发，不让自己的头发被人看到；美国女人会暴露出她们的头部、脸部、手臂和腿，但会遮盖住她们的胸部和骨盆区域；菲律宾的塔沙地（Tasaday）女性在日常的活动中都是不穿衣服的。[5] 身体姿势和人际交往中身体之间的距离也有所不同；来自赤道地区文化的人站在一起时比来自北欧和美国文化的人更靠近对方，与他人拥抱和接触更频繁，说话时的身体语言也会更多。

除了这些与身体更相关的差异以外，人们的信仰、偏好和行为方面也呈现出纷杂的多样性，即使是在相对来说比较相似的文化之间。比如，有一项研究基于评论的数目和内容、排演的场次和票房纪录，选取了 1927 年分别由德国和美国创作的最成功的戏剧各 45部，并对所有 90 部戏剧都用英文做了概述，同时删除了那些透露戏剧国家来源的信息。其中，有 4 部德国戏剧中的信息无法删除，所以将 4 部美国戏剧德国化了。在不知道所有戏剧国家来源的前提下，9 位鉴定人需要按照戏剧基本主题、主要演员的年龄和性别、演员行为准则以思想体系还是个人意志为主、悲剧还是喜剧等标准对每部戏剧分类。[6] 结果发现，有关戏剧的中心主题方面，德国流行戏剧会比美国流行戏剧表现出更多的理想主义（44% 对 4%），更多的权力（33% 对 2%），有更多成为流浪者的经历（18% 对 0）。美国流行戏剧比德国流行戏剧有更多爱情（60% 对 31%）和道德（36% 对9%）的中心主题。在演员行为准则方面，美国流行戏剧几乎总是被评价为以个人意志为准，而不是思想体系（96% 对 4%）；德国流行戏剧则大多数以思想体系为准，而不是个人意志（51% 对 47%）。在美国戏剧中，女性为主要角色的比例与男性为主要角色的比例几乎一样（15% 对 19%），且更多的是年轻人而不是中年人或老年人（23% 对 13%）。相比较而言，在德国戏剧中，男性为主要角色的比例要高于女性为主要角色的比例（33% 对 9%），且更多的是中年人或老年人而不是年轻人（19% 对 13%）。最后，德国流行戏剧以悲剧或不幸结尾的比例是美国流行戏剧的 3 倍。德国与美国流行戏剧之间的差异反映了两种文化中的戏剧迷们在兴趣、关注点、幻想与志向方面都有所不同。

　　不同文化的人对待权威的态度也有很大差异，即使来自不同国家的调查对象在宗教、性别与社会经济地位方面都比较相似。[7] 例如，80% 的美国高中生认为，如果一个男孩的父亲凶暴且残酷，那么他离家出走是正确的，但仅有 45% 的德国学生和 46.5% 的菲律宾学生同意这个说法。在这些被调查的学生中，只有 9% 的美国学生认为哥哥有权力命令弟弟，并用武力迫使他们服从，而有 23% 的德国学生及 29% 的菲律宾学生认为哥哥有这些权力。84% 的美国人和 67% 的菲律宾人认为，一名士兵有权利拒绝服从长官要求射杀一名无辜军事囚犯的命令，但只有 50% 的德国人认为这样的违抗是合理的。

　　不同文化工作场所中的性别角色也有显著不同，即使是在高度工业化国家也是如此。例如在 1993 年，女性任经理层职位的比例在韩国是 2%，在美国是 17%，而在奥地利和瑞士则分别是 28% 和 48%。[8]

　　即使两个社区之间彼此相邻且互相知晓，其价值观与行为方式之间的显著差异也依然会长久地持续下去。比如，一项决策研究项目对 20 世纪 50 年代美国西南部两个相隔不超过 40 英里（约 65 千米）的村庄进行了考察。两个村庄的人口数量相似（都约 250 人），所处的自然环境也几乎完全一样。但是，在给村庄道路铺设砾石和

189

在村里高中校园内建设健身房这两个问题上，两个村庄做出了完全不同的决定。其中一个村庄是 80 年前由摩门教会选择和派遣的传教士建立的，到 20 世纪 50 年代，传教活动已经很少了，原来的小村庄已经发展成为一个典型的摩门教农耕村落。家庭农场是基本的经济单位，但基于亲缘和村落的合作关系也是经济结构的重要部分。另一个村庄是在 20 世纪 30 年代的大萧条时期建立的，村民们都是从邻近的州迁徙过来的，因为这里有免费的土地供他们建立农场。每一个农场由一个核心家庭管理。一家在当地修建州级高速公路的建筑公司提出在这两个村庄的道路上铺设砾石。在一次参与人数较多的乡镇会议上，摩门教村庄的村民都同意每个人捐款 20 美元，再加上当地商店一位店主更大数目的捐款，凑齐了铺设砾石所需的费用。据说村里一位重要人士一开始是拒绝捐款的，但当一位比他要穷的村民援引摩门教进步与合作的价值观，并许诺自己要捐 25 美元时，这位重要人士也就不再反对了。而另一个村庄则否决了类似的合作方案，相反，镇上每一家商业经营者各自出资，为自家生意经营区域前铺设了砾石，村庄里剩下的道路在雨天依然是泥泞满地。[9]

　　之后不久，州政府为两个村庄提供了一笔奖金，来支付两个村中两所高中各建一个健身房所需的原材料和技术工人的费用，但条件是两村庄要各自提供一些劳动力来帮助建设。摩门教村庄制订了一个计划，每一名身体健全的男子都要为这个项目投入 50 个小时的劳动，或者捐出 50 美元。这个计划实施过程中有一些阻力，村庄领袖为了确保大家遵从这个计划，不得不做一些工作，但最终这个计划还是顺利实施了。类似地，另一个村庄的居民在乡镇会议上也否决了这样的方案，许多人还说自己不得不照看自家农场、照顾家庭，因此无法参与健身房建设。州政府又划拨了更多的经费，用以在这个大多数村民不愿意出劳动力也不愿意出钱的村里启动这个项目。但是，虽然后来地基打好了，砖块等原材料也已经运送到了村庄，项目最后还是由于村民参与不够而搁浅，选择建设健身房的地方仍然是一个大洞。

最后来看一下由婚外人口出生率和夫妻婚后头 6 个月内第一胎出生比例所反映的婚前性行为方面的文化差异。[10] 1955 年，绝大部分是摩门教徒的犹他州犹他郡（Utah County, Utah) 当地政府的官方数据指出，婚外人口出生率是 0.9%；另一个美国中西部地区的印第安纳州蒂珀卡努郡（Tippecanoe County, Indiana）的婚外人口出生率是 2.9%；丹麦的这一比例则达到了 6.6%。为了测定结婚后头 6 个月内的人口出生率，研究者比较了婚姻和人口出生记录。在犹他郡，发生在结婚后头 6 个月内的人口出生率是 9%，蒂珀卡努郡的这一比例是 9.7%，丹麦则是 32.9%。

191

不同文化间差异的重要性

文化间的差异大量存在。决定以什么方式、在什么程度上这些差异是重要的，是一件非常困难的事情。本书的论点之一是发展中的人类大脑不断根据外部环境进行自我塑造与完善，且相对来说环境（即文化）的特有形式并不重要。的确，尽管有一个共同的人类生物基质，人类文化差异的范围却如此之广，充分表明文化差异的特殊性在生物学上并不重要。然而，本书的第二个论点是环境与已经成熟的大脑间的不一致，或由环境发生重大改变所引起的不一致，会导致痛苦与机能失调。因此，我们可以把文化最小化这种内、外部世界之不一致的能力视为一种积极正面的属性；就这一点而言，文化间的一些差异也许是重要的。更重要的是，根据这一论点，个体内部结构和外部世界之间会由于不同文化的碰撞，而产生相互间的分离。从一种文化迁徙到另一种文化的移民经历就表明这种并存所固有的困难。其他一些类型的证据也支持了这一观点。

仪式物品的重要性

192

这些其他类型的证据之一，就是人们给一些物体赋予文化、象征或仪式上的重要性，这超出了物品本身的工具性价值。考古学家们通过推断制作某件所发现的物品需要花费的心思和时间，从而将那些仪式物品与日常生活用品（如狩猎、准备食物所使用的工具等）区分出来。即使技术欠发达的文化中的人们不得不整天为温饱而劳作，但他们在制作仪式性物品上所花费的时间仍然比制作实用性物品所花费的时间要多。这些仪式性物品只是一种内在信仰的外部表现，但就是因为这一理由而被赋予了特别的价值。在社群层面上，事实也如此：对社群而言，最大的合作努力莫过于齐心协力建设一个象征其信仰体系的建筑物。

欧洲的乡村会耗时一两百年来建设规模巨大、有雕塑和彩绘玻璃窗和绘画进行装饰的大教堂。再来看另一个几年前的例子。在以色列一个叫拿撒勒（Nazareth）的镇上，大多数居民计划在一个重要的基督教参拜圣地——圣母领报堂（Basilica of the Annunciation）附近建造一座清真寺，这引起了巨大争议。[11] "为什么有人会因为这件事而对我们感到不满呢？"一名当地信仰伊斯兰教的议员问道，"我们并没有建造一个舞厅或者一个赌场。我们正在建造一座用于祷告的房子。祈愿我们的城市能充满祷告和祝福。"其实他清楚地知道为什么他的基督教邻居们感到异常不安。由于基督徒们举行了抗议，基督教教堂关闭了两天，从外国来的朝圣者也没能参观成圣母领报堂。一名拿撒勒镇当地的基督教居民抱怨道："这是可悲而可耻的，我们说一样的语言，生活在（几乎）同样的文化中，吃着同样的食物。我们毗邻而居，从小一起长大。真不敢相信这些和我一起上学的同学后来都成为原教旨主义者，这些都太让我感到痛心了。"这件事情甚至产生了国际化的反响，梵蒂冈方面措辞严厉地批评了以色列政府授权建立大清真寺的决定。

个人环境和物品的重要性

相似地，个人环境的重要性也很容易体现在个人日常生活中。比如一名青少年，在到达一所她可能会申请的学校校园仅几分钟后，她会告诉失望的父母："这所学校不在我的考虑清单之内，感觉它不怎么对劲。"难道她要在一所女修道院，或者更陌生的学校度过人生中接下来的 4 年吗？还可以看看一名 14 岁的男孩尝试给自己买一双鞋时的痛苦。他犹豫不决以致束手无策。有一个品牌的鞋很实用，但这个公司在环境问题上有不良记录；另一双鞋因为"复古"风而吸引了他，但他又太年轻了，而不太适合穿这样的鞋，而且会感觉有点"作"；其他鞋的档次太高，也不适合他。当然，无论挑选哪双鞋，这双鞋都将马上成为他的一个附属物。它在一年的日常穿着之后将会坏掉，在这之后他将被说服挑选另一双新鞋，再经历一次那种选择的痛苦。

现在，我们再来看一个新西兰"生态旅行者"最近在中国旅行 194 的有趣而又真实的故事。生态旅行者们做出了维护自然环境的承诺，他们尤其喜欢到仍然保持原始古朴的自然状态的地方旅行，他们支持对环境影响小的旅游与旅行方式。在火车餐车里吃饭时，其中一位旅行者注意到厨师们将一些刚刚用过的盒子和瓶罐之类的容器往火车窗外丢。厨师一直没有停止这一行为。由于实在按捺不住自己的气愤，这位旅行者不顾语言上的障碍，试图让厨师停止这个讨厌的行为。随着他接下来的劝阻努力显而易见的失败，旅行者变得越来越激动。在更大声的劝阻尝试也失败后，他试着直接动手来让厨师停止向窗外的乡村丢垃圾，这样才逐渐让自己恢复平静。因此，我们看到了人们通过各种努力，展现所处环境中某些具体文化的重要性。他们有的致力于制造文化仪式物品（不论大小）；有的在面对另一种宗教文化力量的挑战时进行猛力回击；有的努力试着去寻找一种与他们对自己的看法相匹配的微型文化或事物；更有的在看到与自己的观念与意识相矛盾的行为时异常激动与气愤。

对异域文化的疯狂迷恋

文化差异之重要性还可以从另一方面得到证实，那就是外国人之间互相接触时表现出的强烈兴趣；这种兴趣也许可以称作一种强有力的出神入化或者沉迷。像本书第三章所讨论的，以其他人的形

195　式呈现的感官刺激对于人类大脑的发展是极其重要的，基于人与人之间交往经历而发展的内在结构更是大脑组织的重要组成部分。杏仁核是一个在受到社会性情感刺激时，会有着显著的激活的大脑结构。黑人与白人被试在看到与他们肤色不同的人脸照片时，杏仁核都会比在看到与他们肤色相同的人脸照片时，有着更明显的激活。[12] 在给被试展示这些照片的过程中，与他们肤色相同的人脸照片引起的激活呈稳定下降的趋势，然而与他们肤色不同的人脸照片引起的激活则一直保持很高的状态。由于这一原因和其他原因，我们在看到似乎完全不同的人类存在之证据时，不可能像看到一种新的蝴蝶品种被发现的报道那样在心理上产生同样的反应，也不可能像读到一个巨大的史前生物骨骼被发现的报道时那样，感受到一种超脱的兴奋或兴趣。

　　法国 1735 年在南美洲的科学考察故事和文本 "以口头和书面的方式流传于欧洲很多年"。[13, p.18] 科尔布（Kolb）关于南非的报告在 1719 年以德文出版，随后，在 1721、1731 和 1741 年，它分别被翻译成荷兰文、英文与法文。斯帕尔曼（Sparman）在同一地区的旅行见闻于 1783 年以瑞典语出版，并在 1784 年被翻译成英文（共四个版本），1787 年被翻译成荷兰文和法文。另一个对这一地区居民的报告题目为《在霍屯督人和卡菲尔人居住地的四次旅行记录》（*Narrative of Four Voyages in the Land of the Hottentots and the Kaffirs*），作者为帕特森（Paterson），该书于 1789 年以英文出版，第二年即被翻译为法文和德文。[13] 1799 年蒙戈·帕克（Mungo Park）关于非洲内陆的英文旅行报告在一个月内就售罄，而且另外两个英国版本、一个美国版本、一个法文和德文的翻译版本也都在 1800 年出版。很显然，这些对完全不同的、以前未知的人类的发现具有非凡的意

196　义。在接下来的 100 年里，欧洲与美国民众对这类描述的兴趣稳定增长。在 19 世纪最后几十年里，这种题材的作品呈现出相对的爆炸式增长，产出达到了顶峰。[14, p.108] 报刊业会支助旅行家的探险以换取出版他们旅行报告的权利，数百篇文章刊登在了《大西洋月刊》

《哈珀斯周报》《北美洲评论》，以及《国家地理》等期刊上。[14, p.108]

　　虽然这些出版物的数量本身表明了欧美人对于非洲、亚洲、南美洲和各种岛国有着浓厚的兴趣，但这些出版物的内容显示出这种兴趣是相互的。蒙戈·帕克写道，当他到达非洲的一个村庄时，正值当地一个盛大的节日，居民们正在跳舞。"当听说一个白人正进入村庄，他们停下了舞蹈，来到我停留的帐篷里，按照整齐的秩序走来，两个两个的……他们在我的帐篷里继续唱歌跳舞，直至午夜。在所有时间里，我都被他们包围着，我需要一直坐在那，以满足他们的好奇心。"[14, pp.104-105] 还有一次，非洲当地人对他的审视就更为直接了："周围的人，尤其是女人对我特别好奇；她们向我问了上千个问题，检查了我的衣物的每一个部分，翻了我的口袋，强行让我解开自己的背心，直到看到我的白色肌肤；她们甚至数了数我脚趾和手指的个数，就好像她们对于我是一个人这个事实表示怀疑一样。"[14, p.109]

　　探险家们的记述仍然无法完全满足欧美人对其他人种的浓厚兴趣。于是，其他文化的人被从老远的地方运输过来，展示给这些欧美人，供他们观察。建造于 1877 年的美国自然历史博物馆（The American Museum of Natural History）内不仅有关于其他动物的展厅，还有专门展示亚洲、非洲和北美洲原住民的永久性展厅，但博物馆却认为没有必要设立类似的展示欧裔或白种美国人的展厅。在这些原住民的展厅里，有骨架遗骸（也是与其他动物种群的展示类似的），并且有时还有活人展示。[15] 一些人还被从非洲带到了欧洲，然后在马戏团和博览会上被展示。其中，最受人关注的是 1904 年圣路易斯世界博览会上的人类学专题展示活动。来自北美、南美、日本、菲律宾和非洲的原住民被带到博览会，住在为模拟他们之前各自生活实景而建的村落、住所或栖息地，供游客观赏。展会上菲律宾人就达 1,200 人，他们占据了展会 47 英亩（约 19 万平方米）的面积。[15, 16] 总体来说，博览会获得了巨大的成功，而人类学展览是它的主要卖点之一。博览会接待了超过 1,800 万游客的观光。[15, p.123]

197

即便无法弄清楚这里面有多少游客不止一次进入展会，但对于 1900 年总人口只有 7,600 万的美国来说，这也是一个令人震惊的数字了。[17] 在博览会结束后，一名年轻的侏儒男子奥塔·本加（Ota Benga）被带进纽约城，并被安排暂居在纽约动物园的猴子园内，一天内就有 4 万名游客来参观。《纽约时报》报道说："几乎每一个男女老少挤在猴子园来看公园里引人瞩目的明星——来自非洲的野人。这些游客整天在地上追逐、戏弄他，冲他叫喊。他们中有些人还戳打他的肋骨，也有些人把他绊倒，然后所有人就开始嘲笑他。"[15, p.185]

也许，在圣路易斯和纽约的游客人群中，有一小部分人对这些陌生人种的兴趣源于他们提升自己的经济能力的目的——他们有着远见卓识，来到展会是为了获取一些信息，以便日后攫取这些原住民家乡的财富，或者运用他们的同胞可能提供的廉价劳动力以获取利润。然而，对于成千上万的大多数游客来说，展会的魄力在于他们在那里可以亲眼看见，并开始应对一个重大且无法否认的事实：这个世界上存在着另外一些人种，他们与自己有生以来所见、所共同生活的人有着完全不同的外表与行为方式。展会将这些原住民分区隔离开来，在可笑而又让人充满幻想的情形下供人观看，还披上了人们所熟悉的进行科学探索和观察的外衣，表明展会的目的是帮助人们开始了解和应对这些全新的信息。还有什么方法比这更好呢？就如这一时期两名游记和跨文化交际学者所注意到的一样，欧洲文化中有一种"近乎疯狂的需要，它不断地想要代表其边缘与他者的文化，不断地将它们呈现给自己"[13, p.6]；同时，"在面临实际的、具体的经济问题和投资兴趣时，在所有遥远的世界中，非洲大陆也许是大多数美国人最少关注的了。但是，在美国人的地理想象里，这个大陆占有一个与此极不相称的位置"。[14, pp.116-117]

虽然人们一方面无法抵挡地受到吸引，想要去审视和观察与自己不同的人类，但是，一旦接触到不同文化间的差异，人们仍然会因为内部结构与外部现实之不一致而感到不安。就如之前所指出的，玛丽·普拉特创造了"接触区"一词，用以描述"一个在地理上和历史上相分离的人们相互接触且建立持久往来的区域；而在这些往来之中，经常会涉及强制、极端不平等，以及难以调和的冲突等情况"。[13, p.6] 18 和 19 世纪的游记中就常常有外来文化中的食物和习俗让人感到奇怪和厌恶的描述[13, p.44]，以及那些外来文化中的人如何之脏，甚至于没有能力清洁自己等。[14, p.111] 库切（J. M. Coetzee）明确指出："17、18 世纪的欧洲人之所以在作品中对霍屯督人（Hottentots）进行广泛的污蔑，是因为这些科伊科伊人（Khoikhoi）未能满足他们对于人类学的期盼，也没有满足他们在经济上的需求。"*[13, pp.44-45]

199

　　我们可以从"barbarian"这个单词语义的变化中清楚地看到这种矛盾。从它最初在希罗多德（Herodotus）希腊语著作中出现，到它在现代英语中的使用，这个词语的引申意义变得越来越负面。[18]为了调查希腊人和波斯人之间的敌对情绪是如何产生的，希罗多德走访了邻近的非希腊社会，对他们的信仰体系、艺术和日常行为进行了描绘。他将这些社会中的居民称作"barbarian"；在当时的希腊，这个词指的是语言、宗教、生活方式、习俗等都不同于希腊人的其他文化的人。之后，希腊人又用这个词表示"古怪的，粗鲁的或野蛮的"。自从引入到拉丁语中后，这个词又意味着"不文明的"或"没文化的"，而不是指"不同文化的"。《牛津英语字典》这样描述它的原义："与说话者有着不同语言与风俗习惯的人。"但同时也给出了该词现代的定义："一个粗鲁的、野蛮的、不文明的人。"

　　当外来风俗习惯被移植到自己的家乡时，会出现更大的矛盾。有着惊人才智的亨利·詹姆斯（Henry James）可谓是一名国际人士了，然而他对文化差异异常敏感。1904 年，他从欧洲返回到阔别 20 年的纽约，却陷入深深的苦恼。他游览了"那个可怕的小爱丽丝岛（Ellis Island）"[19, p.84]，还见到了"肉眼可见的对国家和社会的吞噬，

---

* 译者注：Khoikhoi 是非洲西南部一个土著民族，Hottentots 是欧洲人对他们的污辱性称呼。

200　这甚至超出了任何马戏团的吞刀或吞火节目给我带来的惊讶"。[19, p.84]
他声称：

> 爱丽丝岛对每一个碰巧去参观的敏感的公民绝对会产生超
> 乎想象的影响：他回来后再也不是原来的他了，他被改头换面
> 了……他以为自己以前就知道这些，他以为自己很清楚应该怎
> 么去履行一个美国人的使命，将他神圣的美国观念，还有他对
> 美国的爱国主义情怀，去与那些不可思议的外来者分享。但参
> 观结束回到家里以后，他发现所有的这些力量与冲动都不见了
> 踪影……他被惊呆了……整个人……他的内心（产生了）一种
> 新的恐惧感……（就像是一个）人心中有一个幽灵，在他自以
> 为安全无比的老房子里见到了一个鬼魂。因此，千万不要轻易
> 游览爱丽丝岛。[19, pp.84-85]

在纽约，詹姆斯还深切地感受到了那些无处不在的外来者：
"不管那些外来者与我们是多么不一样，他们的观点仍然得到了支
持，要求仍然得到了许可，他们甚至于还得寸进尺，要求与我们一
样享有特权，来分享我们的城市，我们哪里能够回避眼前这一切
呢？"[19, p.85]他还更为深刻地感受到：

> （在纽约）美国之国家观念经历了彻底的、亵渎性的变革，
> 连这观念本身都好像因此而感觉深受侮辱。在这个问题上，一
> 般而言，其实也是为安全起见，难道我们的内心不是希望让我
> 们美国的观念保持其简单的状态和强大的地位，而且永远持续
> 下去，永远以其完美的姿态出现在所有人面前？让它过度地与
> 其他观念接触与交流，只会把它弄得七零八落，将它置于被削
> 弱的危险境地。而现在，来到纽约的这群外来者们，为了实现
> 他们恶魔般的、自以为是的利益，正在肆无忌惮地对它进行攻
> 击、调整与改变，丝毫没有要退让的痕迹……而我们呢，我们

现在所拥有的只剩下那一点点尚未被占领的土地了。这就意味着要恢复信心，收复失去的领地，我们而不是他们，要举起白旗投降，并且接受这个大趋势。换句话说，我们要想见他们，就必须得走超过我们之间距离一半的路程。对我们而言，这就是拥有和被剥夺的差别。简言之，这种被剥夺感使我饱尝煎熬。[19, p.86]

他无比嫉妒"瑞士人和苏格兰人拥有亲密、愉悦且完整国家意识的那种奢华"。[19, p.86]当描绘他自己在纽约看见大量外来移民的反应时，他解释道："当你来回走在街上时，你会惊叹于每一件事情，在某些地方、某些场合，你耳朵里听到的每一个口音，你眼睛里看到的每一张面孔，都几乎马上会让你变得疯狂……上千种信息来源充斥着我的大脑，实在是令我紧张压抑，甚至恼怒烦躁……在我还没有来得及看清楚之前，这些事实已经聚拢成一团，我哪里能接受得了？这就好像将无数的音节拼凑在一起，结果根本无法组成一个可被理解的单词。"[19, pp.120-121]

以非暴力方式处理文化冲突问题

通过否定及扭曲来适应原有信仰

我们已经阐明，异域人种与文化的大量发现，以及这些发现所导致的个体内部结构重要方面与外在现实之间的根本性分离，会引起个体相当的不适。在这种情况下，个体自然而然会大量使用之前所描述的反应机制，即在面对那些与内在神经认知结构不相匹配的感官输入时所使用的反应机制。根据18世纪与19世纪学术界和大众旅行、探险文献，有两种反应机制被尤其广泛和系统性地使用：拒绝接受不愉快的信息，或者是扭曲、操纵信息和人群以使其与既有的科学或宗教信仰体系相适应。

个体之所以会拒绝接受异域文化的某些方面，部分是因为个体缺乏理解异域文化的必要内在结构。就像小猫，如果在一个只看得见从左到右移动的条纹的环境中长大的话，能够对从右到左运动进行响应的脑细胞就很少；就像伊万·霍夫曼（Eva Hoffman），到达加拿大却看不到那里全新的风景面貌；也像牙买加·琴凯德（Jamaica Kincaid），无法看清她从机场进入纽约城沿路的一切，纽约市的埃及市场、非洲村落和移民社区对她来说也都是混乱、拥堵的一片，没有任何个性特色可言。[14, p.125] 此外，拒绝接受异域文化也是回避、抑制、遗忘等机制相互协调和调度的结果，这是心理分析学家通过对患者的研究、实验心理学家通过实验研究所得出的结论。甚至由最早的探险家所报道的新文化的某些最为特殊的特征，也会在之后的转述中被忽略，没有了踪影。[13, p.52] "那些地方被描写成无人居住的、没有人占有的、没有历史感的、空置的……这是一种极为自私的描述，人类，无论是欧洲人还是非洲人，都处于绝对的边缘状态。"[13, p.51] 在早期的记述中，土著人被描述成"无所事事"的，直到人类学家与他们一起生活进行研究时，他们都被认为是没有文化、专业、法律，也没有任何社会制度的。[13, pp.44-45; 14, pp.110-111] 当欧洲的传教士尝试让外来人群皈依基督教的努力失败时，这些外来人群就被描述成完全没有信仰宗教的能力。[13, p.44] 对新发现的地域的描述列举了并不存在的欧洲小镇与景观，而不是那里真实的居民与景象。[14, p.111] 纽约街头移民的味道、声音和脏乱曾让异常敏感的亨利·詹姆斯深感不安，但拍摄这些移民的摄影师要费九牛二虎之力才能一次拍到一两个，而且还完全不能捕捉到任何细微的差别。[16, p.222]

与拒绝接受异域文化相比，更为常见、更有问题的是试图选择和扭曲异域人群的感知与他们的文化，使之与感知者既有的信仰体系与内在结构相一致。在跨文化交往中，欧洲人首先将宗教信仰，然后将宗教与科学相结合而形成的信仰系统，纳入到他们认识和理解新发现的人类族群与文化中。例如，当来自英格兰的移民者开始移居到北美地区时，他们将这一区域命名为"新英格兰"，他们认为自己在这里所遇到的美洲原住民，其实是欧洲宗教经典中所描述的那些失踪的以色列部落。在 1863 年的畅销报告《尼罗河发现之日志》（*Journal of the Discovery of the Nile*）中，英国作者约翰·汉宁·斯皮克（John Hanning Speke）用大量篇幅描述了作者所遇到的当地原住民。他认为那些人是诺亚（Noah）的儿子含（Ham）的后代，而且断言他们"活生生地证明了《圣经》所记述的内容是千真万确的"。[20, p.51]

到了 19 世纪后半叶，除了宗教信仰体系，欧洲人和美洲人将科学也引入进来，对异域人种进行研究。科学家被派去用各种科学的方法对新发现的这些人类群体进行考察，而且一些人还被带到欧洲的科学实验室里做一些相关的检验鉴定。当新的摄影技术开始被应用时，其他人类群体的客观化形象被创建出来，用于实验分析和图解。[16] 这些科学调查得出了一致且预料之中的结论：基于 19 世纪中叶已经主导生物科学界的达尔文进化论，新发现的人类群体被认为是欧美人演化意义上的祖先。[14] 有时，那些科学观察文献似乎认为新发现的人根本不是人类，而是一个填补了人类和猿猴之间演化空白的不同物种；另一些时候，这些文献又似乎认为世界上不同人群都被排列在了一个发展或进化的等级体系中，欧洲人则一成不变地处于发展的最高阶段。在圣路易斯世界博览会上的人类学展览也为此提供了鲜明的例证。在一篇题为《人类发展的趋势》的论文中，这次博览会人类学部门的负责人麦基（W. J. McGee）解释道："为了方便起见，人类可以分为蒙昧、野蛮、开化和启蒙这四个文化阶段……后两个更高级的文化阶段是高加索人种以及……处于启蒙萌芽期的英国和处于启蒙成熟期的美国。"[16, p.278] 在博览会上安排关于外国人种的展示就是为了说明这一人类发展的进程。同样的观点在那个时期到处都可以找到，包括中学课本、学术以及大众读物等。[14]

204

令人遗憾的詹姆斯·库克船长的例子

欧洲人发现外来人群时的反应与美洲土著人看到欧洲人时的反应是相似的。"美拉尼西亚人（Melanesian）的文献中记载了他们与外来欧洲人'第一次接触'时的情景［由于这些接触发生得较晚，记述自然比波利尼西亚人（Polynesian）的要更为丰］。从这些记述可以看出，美拉尼西亚人有一个明显的倾向，他们习惯于用自己的宇宙观去解释欧洲人的突然到来；他们甚至无法记起第一位来访的白人，因为他们认为白人本就不属于人类。"[21, p.179] 也许这当中最富戏剧性的当属詹姆斯·库克（James Cook）来到夏威夷，并最终在那里被人杀害的例子。[21] 库克抵达夏威夷海岸时，碰巧遇到那里的土著人正在举行每年一次的庆祝罗诺神（Lono）归来的仪式，这个仪式持续的时间为两周。库克的船队第一次靠岸时，停泊在凯阿拉凯夸（Kealakekua）镇；据传说，这个地方正是罗诺神长大成人的家乡，人们都认为他总有一天会回到这里。因此，当库克的船队驶进凯阿拉凯夸时，岸上已有 1 万土著人在等候，欢迎他的到来。这个人数超过往年好几倍，一定是当库克的船队驶近时，大批沿岸的土著人跟随着他来到了凯阿拉凯夸镇。*

船队进入海湾后，受到了岸上土著人的热烈欢迎。甲板上的船员在他们的日记中记载了当时的场面，他们一会儿就"被不计其数的小木舟包围，小舟上的人载歌载舞、欢呼雀跃"，而且"海湾的岸边全都站满了人"。[21, p.47] 库克本人也描述说没看到他们带有任何武器，相反，小木舟里载满了猪肉、水果和甘蔗。很多土著人都爬到库克船队的甲板上；在船上、水里、岸边，他们唱歌跳舞，击节拍掌，又蹦又跳。当库克上岸，随后又沿着海岸走过时，一群祭司称他为罗诺神，护卫在他周围，给他披裹上特别的衣布，带着他来到庙堂，还给他提供了单独为他准备的食物。他还一直被引导着要

---

* 译者注：土著人一定是误将库克当成了归来的罗诺神。

伸直手臂坐着，且两侧分别由祭司和库克的助手扶着，以使两只手臂都与地面保持平行。库克的这个姿势正是图画和雕塑上所描绘的罗诺神的造型。

在一篇杰出的学术性作品中，马歇尔·萨林斯（Marshall Sahlins）列出了 1779 年夏威夷岛和英国之间所发生重大事件的一览表，并且比较了英国的这些船员们在日记中所记录的事件与夏威夷关于每年为期两周的庆祝日宴会、典礼及仪式的记载。船员们日记中记载的关于带上船的食物的变化，宗教及军事官员造访船队的先后顺序，甚至包括披裹在库克船长身上的节日衣布和祭司用的小猪，都高度符合历史所记载的夏威夷节日仪式的过程与细节。库克的助手写道："在我们停留于夏威夷的时间里，当地人频繁地（为库克）举行了很多次的庆祝仪式，在我们看来，许多方面都像是某种宗教崇拜。我们发觉他们所崇拜的对象都是穿着红色的衣裳，给他们披上红衣的方式也与为库克船长披上时完全一样，而且库克面前所摆放的小猪就是他们平常供奉给伊雅图尔斯（Eatooas，夏威夷土著人的海神）的。他们的演说或者祈祷不仅语速很快，而且相当流畅，说明这些仪式都是按照某种固定的程式进行的。"[21, pp.49-51]

随着夏威夷庆祝日的结束，库克的船队开始了新的航行。很显然，他们并不知道之前为何会受到那样很显然经过了精心布置的、热烈的欢迎。然而不幸突如其来，风暴损毁了库克船队的桅杆，这迫使他们不得不返回夏威夷海湾修理船只。"罗诺神"这么快就突然回归使夏威夷的岛民大感疑惑和错愕，他们对于库克船长一行人的态度与之前的欢迎仪式形成鲜明的对比。英国人的日记里指出，夏威夷人不再像以前那般友好，看起来很害怕库克这次回来有什么其他意图，而且令他们无法理解也无法接受的是，"神"的船只怎么会出现问题并被迫折返来修理呢？夏威夷人偷走了库克船队中的一艘小艇，库克因此捉走了一个部族首领作为人质，以求他们归还小艇。在记录中，首领开始时听任"罗诺神"将自己带走，顺从地跟随着他离开，但他的妻子后来恳求他不要去。首领的支持者们被激怒，他们向库克船长发动了攻击，并杀害了他。库克的尸首似乎被烘烤并祭献给神，然后被肢解，并按照当地部落首脑的地位被瓜分给他们。

207 更多近年来关于欧裔美国人与孤岛居民之间第一次接触时的记述，都揭示出当地土著人并未将欧裔美国人视作不同的人类，而是他们已有信仰系统的组成部分。例如，在新几内亚岛文化的宇宙观里，包含了天际苍穹的概念。在他们眼里，欧洲人是来自"天庭"的强大神秘力量，他们有着红色的皮肤是因为他们与太阳很接近。其他一些族群的人还认为欧洲人是来自死亡之域的祖先神灵。当欧洲人来美洲冲刷河沙淘金的时候，当地人以为他们是在找寻被丢入河里的他们自己的骨头。即使有一些当地的勇士们会在夜晚偷偷调查这些欧洲人，并且向人们报告一些与传说相反的结论，但是，关于欧洲人会在晚上变成一堆骨架的传说仍然在当地广泛流传。[21]

对文化冲突的暴力回应

当陌生人群之间的接触持续发生时，仅仅简单地曲解感知往往不足以缓解内在结构与外部现实之间的分离所带来的痛苦。为了适应自己既有的信仰体系，人们往往对陌生人做出曲解的、失真的理解或阐释，而有的时候，这些理解或阐释与后来出现的新信息完全不符，或者陌生人的行为方式与自己为他们设定的人物角色和性格特征完全不符（如库克船长不久以后又返回夏威夷）。一旦出现这种情况，每一个群体都会试图努力，诱使或强迫其他群体按照自己给他们设定的人物角色和性格特征去行动，这就像是第三章所描述的人际交往中投射认同所扮演的角色。在群体之间，这些企图则可以导致大规模的暴力冲突和灾难。

卢旺达（Rwanda）

比利时人给卢旺达人民带来的影响就是一个特别悲惨的例子。[20]

沦为殖民地前的卢旺达是一个口述文化社会，而且在那时关于这个 208
地区没有可寻的历史记载。不过我们知道，最早定居在此地的是称
为特瓦人（Twa）的洞穴矮人，但后来胡图族人（Hutu）和图西族
人（Tutsi）迁徙过来，人口数量大大超过了特瓦人。虽然这两个族
群人口在身体外观上有很大的差别，但后来"随着时间的推移，胡
图族人和图西族人开始说一样的语言，信仰相同的宗教，族群之间
通婚相当普遍，而且基本混居在一起，没有领地之分。他们生活在
同一个山头，在一个小部落中共享同一种社会与政治文化……其中
会有一些（部落的酋长）是胡图族人，也有一些酋长是图西族人；
胡图族人与图西族人还组成军队……一起战斗；通过婚姻和委托关
系，胡图族人可以成为图西族人的后代血亲，图西族人也可以成为
胡图族人的后代血亲。正因为两个族群之间所有的这些融合，民族
志学者与历史学家最近都认为胡图族人与图西族人实际上并不能被
称为不同种族的族群"。[20, p.45]

　　当然，这个社会也存在着一定的不公平以及社会角色的区别，
这在某种程度与胡图族人和图西族人之间一直存在的差别有关，而
且这种差别仍然是当地文化的一个鲜明特点。然而，当欧洲人在 18
世纪后半叶探寻非洲的时候，卢旺达已经拥有一个集权政府，有着
发达的军事、政治与公民结构；其领导人则是已经领导这个国家有
几百年历史的王朝的新继承人，享有无限权威，并被国人尊为绝对
正确的领袖。卢旺达以"极度排外"著称，一直以来都使用强大的
武力，阻止了探险者的入境。直到 1894 年，第一个白人才得以进入
卢旺达。[20, p.54] 传教士路易·德拉科吉尔（Louis de Lacger）神父曾
在他 1950 年描写卢旺达历史的书中写道："谈到卢旺达的人文地理，
最让人惊讶的现象之一，莫过于种族多元与国家统一情感的鲜明对
照。在这里，所有的国人都真诚地想要形成一个统一的民族……强
烈的爱国主义意识被提升到了沙文主义的程度。"[20, pp.54-55] 另一位传 209
教士写道："在欧洲人渗透进来之前，卢旺达人都相信他们的国家
是世界的中心，是地球上最广袤、最强大、最文明的国家。"[20, p.55]

拉斯格尔补充道："我们很少能在欧洲人中看到以下这三种国家凝聚力要素的并存——一种语言、一种信仰、一种法律，但卢旺达却具备了。"[20, p.55]

据菲利普·古里维奇（Philip Gourevitch）的分析[20]，1994 年发生在卢旺达的胡图族人对图西族人的大屠杀（80 万人丧生），至少部分是由于一个强加于卢旺达人民身上的欧洲神话故事，最终造成了卢旺达社会的混乱和分裂。比利时的殖民统治者以及他们的天主教传教士同胞对卢旺达人的理解，是建立在神话基础之上的，这就是探险家斯皮克（John Hanning Speke）1863 年所宣扬的哈姆族（Hamitic）神话，以及与之相连的图西族是优等民族的神话。斯皮克声称大部分的非洲人都是诺亚的儿子含的后裔，他们被诺亚诅咒了，因为含看到过诺亚裸体的样子。"看看这些诺亚的子孙后代吧，"斯皮克写道，"就是因为他们是含的后代，所以才会长成现在这个样子。"[20, p.51] 斯皮克进一步写道，有一些非洲人会比其他非洲人要更高一些，五官更分明一些。这些人更加接近于他所熟悉的欧洲人的样子。斯皮克因而总结说，这些人是《圣经》中大卫王的后代，因而是优等的民族。于是，70 年后，殖民与教会领袖"根据所谓的民族划分，开始彻底重建卢旺达社会"。[20, p.56] 胡图族领袖都被图西族人所取代，甚至在胡图族人享有一定自治与权力的当地政府也不例外。比利时殖民者和教会罢黜了一位他们认为太过独立的卢旺达领袖，将一位放弃神赋地位、皈依天主教的教徒扶上位。殖民者在当地发行了族裔身份卡片，将每一位卢旺达人标识为胡图族人、图西族人或特瓦族人。比利时和教会支持的图西族领袖于是统治了胡图族人 60 年。大量的卢旺达人转变成天主教徒；统治者利用学校课本给孩子们灌输图西族人为优等民族的概念；之前卢旺达人内心的那种共同的国家身份观念被欧洲的神话故事及图西族人为优等民族和统治者的社会现实所取代。1994 年，这个文化遭到摧毁与重组的国家终于因胡图族人的愤怒而爆发内战，图西族人的鲜血染红了卢旺达的河水。

欧洲人的信仰体系并没有明确要求胡图族人攻击图西族人，导致暴力发生的可能也有一些其他因素。比如，贾雷德·戴蒙德提出人口压力可能是重要原因之一。卢旺达的人口密度十倍于它的邻国坦桑尼亚，却又没有足够的农田来供给这么多人口。[22] 然而，在最初的时候，为了调和自身关于人类的观念与奇怪的非洲原住民之存在，欧洲人的确构建了奇异而荒唐的信仰体系，并强迫卢旺达人抛弃构成自己国家文化和社会基础的许多信仰，强迫他们去按照自己所认为恰当的方式行事。这些做法引发了胡图族人和图西族人之间深深的仇恨，进而引发了暴力冲突。古里维奇在反思他关于卢旺达的研究时，曾言简意赅地指出："就像所有其他历史一样，卢旺达的历史记载着一个为了权力而连续斗争的过程；在此，从很大程度上来说，权力指的是能够使他人按照自己的历史叙述而在现实中生活的能力。"[20, p.48] 将欧洲的历史强加于卢旺达人身上，给卢旺达人民带来了悲惨的结局。而归根结底，导致人们去为控制这个历史叙述而斗争的，是人类神经生物学上一种极为重要的需求，即保持内部结构与外部现实之间一致性的需求。这种斗争的结果，是经常使得先前互相分离的文化在一个充满压制、极端不平等和复杂冲突的接触区相遇。

211

的确，强制一个人类族群去承担另一人类族群既有信仰体系中的某一角色，仅能暂时缓解不同文化相遇所产生的痛苦，且效果相当有限。这种办法支持人们做出初始的努力，以一种与自己的基本信仰相一致的方式去感知不同的人类，而不是去改变自己那些已经形成的信仰。可是，在许多情况下，外来文化与本土文化的差异太大，上述努力根本无济于事，而且（或者）一种文化中的成员会继续以与另一种文化的基本信仰不一致的方式行动。于是，人们开始努力消除那些冒犯自己的感知。传教士和军队的力量于是被释放出来，接触区成为不同文化之间殊死搏斗的地带。欧洲人在入侵非洲和美洲大陆时，确实同时利用了传教士和军队的力量来达到征服的目的。乍一看来，这两种手段的结合的确令人困惑，不过，在消除冒犯性感知方面，两者的确能起到异曲同工之功效，这至少能部分地解释传教与军事力量经常被同时使用的原因了。

关于研究方法的一点说明

一般而言，不同人群和文化之间发生致命冲突的原因往往是多重的、复杂的。对自然资源和出口市场的争夺经常是这些原因中相当重要的部分。在19世纪，现代欧洲国家本身，以及欧洲各国与地区互相之间保持相对同质性的需要，导致它们尽其所能地彻底消灭在扩张中所遭遇的土著文化。[13] 而在此之前，不同文化在如何与环境进行互动等重要问题上存在的互不相容的观点，也不可避免地导致了暴力冲突。比如，在土地利用问题上，欧洲殖民者认为土地应该私有，且个人或家庭应在这些私有土地上进行农耕，建立永久居所和农业社会，而不是像印第安人那样认为土地应该公有，人们应该以狩猎为生，建立土地资源共享的游牧民族社会。这些思想观念上的差异是最终导致美国东北部土著民族及文化消亡的重要因素。[23] 换句话说，从神经生物学意义上讲，个体所固有的对差异的敌对情绪，以及由此产生的消灭与自己思想体系不同的陌生人和外来人之压力，也是另一种重要的导致暴力冲突的因素。有时候，思想体系的差异与其他要素的关联是如此的紧密，以至于都无法区分它们。例如，英美殖民者对人与环境之间恰当关系的观念，既造成了他们与土著印第安人在争夺土地资源管理权方面的矛盾，又对他们的神经心理健康造成威胁。在一些情况下，思想体系的差别并不是冲突的主要原因，但它们阻碍了通过和平方式解决冲突的努力。在另一些情况下，思想体系的差别也许是冲突的主要来源。

但是，要论证思想体系的冲突在导致社会暴力中起到了重要作用，我们能够提供的证据不可能像第二、三章为论证环境可塑造大发展时所给出的数据那么清晰有力，也不可能像第四章所提供的数据一样，可以清楚地证实成年人会想方设法，以使他们的环境匹配他们既有的内在神经心理结构。利用实证依据去论证复杂的社会现象，或事件发生的前因后果，都会面临这样的问题。一般来说，对于某些因素与事件之间因果关系的论证，是基于对过去社会事件进行分析而得出的理论。倘若这一理论能在帮助我们理解其他社会与历史事件中发挥明显的作用，其价值也就发展起来，并且一旦得到确立，这一理论就会被应用于分析当前所发生的事件。本书这里也将使用类似的步骤，对所提出的有关思想体系与社会暴力冲突之关系进行论证，只不过起点有所不同。本书中所涉及的理论并不是从对历史事件的分析中得来，而是基于实验室里的科学实验；其价值已经被更多实验室实验所证实，也在分析个体或小规模群体的心理和社会问题的应用中得到证实。现在我们考虑利用它来帮助我们理解过往与当前文化之间的主要冲突。为达到这一目的，我们将在详细讨论人们做了什么的同时，也认真考察他们自己如何解释做这些事情的原因。因此，一些长篇的告示和声明有时会被大段引用。不过，即使材料都是翻译过来的，内容和信息还是比较明晰的。

213

阿尔比派（Albigensians）和宗教法庭

我们来看看宗教法庭和十字军东征。运动是由罗马天主教会发起的。两大运动之所以在历史上有着显要的地位，不仅因为它们有着强大、持久且鲜明的思想体系基础，而且因为它们反映了一个与今天的罗马天主教会无论在教会特征还是对教义的阐释上都有很大区别的教会。的确，今天的天主教在推进不同信仰群体之间的相互理解中所扮演的角色，有力地证实了文化团体或机构是可以随着时间的推移而改变的。

首先，宗教法庭是为裁决和惩罚那些被指控的宗教异端分子而建立起来的特别法庭系统。它是教皇英诺森四世（Pope Innocent IV）1208 年 3 月宣布对雷蒙德四世（Raymond IV）发动十字军东征的结果。雷蒙德四世是图卢兹（Toulouse）的基督教伯爵，统治着法国南部。雷蒙德也是法国国王的表亲，英格兰和阿拉贡地区国王的姐夫。他与他所统治的土地的独特之处，并不是族裔或总

214 体文化的差异，而是居住在他领地上的阿尔比派，即卡特里派教会（Cathar Church）成员。虽然同属基督教，卡特里教派教义与罗马天主教派的教义在信仰的某些方面存在根本差别；这些差别以及它们的宗教意义导致了两个教派公共行为和生活方式的差异。尽管与更广阔的欧洲社会有许多接触与联系，但阿尔比派和这些社会之间的差别仍然非常大。波兰历史学家与散文家齐别根纽·赫伯特（Zbigniew Herbert）就此总结说："法国南部存在着一个独立文明，对阿尔比派的十字军东征实际上是两种文化之间的冲突。"[24, p.107] 在传教士使阿尔比派皈依罗马天主教的努力失败后，天主教会援引他们对天主教堂的破坏以及各种"异端"信仰，特许"那些有意出征者用两年的时间去与'卡特里派'教会交战"。[24] 1209 年的 6 月，一支由主教、大主教、公爵、伯爵、男爵以及骑士领衔，由法国人、德国人及荷兰人组成的 20 万军队前往图卢兹公国。[24, p.109]

战争以图卢兹公国的失败告终。在签订的投降条约中，有一条明确规定必须给任何逮捕到异教徒的人支付 2 马克的报酬，原因是虽然军事斗争已分出胜负，但使命却远未结束。1229 年，图卢兹教会会议公布了 45 条关于辨认、审判以及惩罚异教徒的布告，"宗教法庭"于是诞生。布告中写道：

215 　　每一位教区主教都将指定 1 名神父和 3 名（有必要的话甚至可以更多）具有良好声誉的普通教徒，让他们宣誓，在各自的教区以自己坚持不懈的精神和对天主教的信仰，搜寻异教徒。他们要仔仔细细地搜查所有可疑的房间——卧室、地下室，甚至是最为隐秘的角落。当发现异教徒时，或发现有人给予他们支持，帮助他们躲藏或施予他们援助的时候，这些搜查的人要采取相应的举措去阻止异教徒们的逃跑，同时也会告知主教、当地府督或他们的代表。就连当地府督的副手，如果在搜查可疑的异端教徒聚集地时没有表现出足够的热情，也会丢失他的职位，且永远没有复职的机会。每个人都有权到邻居的领地上搜查异教徒……国王也能为了追捕他们而闯入图卢兹伯爵的领地，反之亦然。所有成年的天主教徒都要在他们的主教面前做一个宣誓，申明自己对教义的信仰，并发誓不惜代价以一切可能的方式追踪异教徒。这一宣誓每两年就要进行一次。[24, pp.116-117]

针对那些异教徒，条约还规定，如果他们放弃异端邪说，并且加入天主教团体，那么他们可以获得赦免，反之则不然。一位流浪诗人的作品就生动地描述了这一生死抉择：

> 如果你不相信，扭头看看那燃烧的火焰吧，
> 你的同伴正在那火中挣扎。
> 你只要回答是，或者不是……

的确，只要愿意放弃"异端邪说"，并接受天主教教义，这些异教徒们就可以成为天主教团体的一分子。自始至终最为重要的，莫过于信仰体系的本身。

十字军东征

历史上，要论因信仰或思想体系的不同而导致的冲突，十字军东征是再好不过的例子了。这是一场陆陆续续前后持续 200 年，由超过 100 万的欧洲人（包括男人、女人、孩子）参与的大规模行动。他们的征途几乎跨越了那个时代已知世界的一半，为的就是夺回对落入外敌和异端手中的圣地的控制权。可这些外敌和异端到底有谁接触过呢？恐怕那些探险者也很少吧，除非他们经过几个月的长途陆地跋涉，以及（或者）历经漫长而危险的海上航行。历史学家们已经分析了当时各国政要与机构支持十字军东征，以及各阶层人民大量参与其中的可能动机。这其中包括为了巩固教皇的权威，增强教会内部等级之间的秩序与纪律，应对不断增加的人口压力，对拜

216

占庭的东方基督教社会表示援助和支持等。然而，历史学家们还是有以下一致意见：十字军东征的很大及很重要的一部分是圣战，目的是获得并且占据对耶路撒冷，以及那些对于十字军东征士兵们的基督教信仰来说极为重要的宗教遗迹的控制权。[25-33]"宗教渗透于当时社会的任何角落，对于人们的影响无所不在，它控制着人们的生活，塑造了人们个体与共同体的存在"[25, p.17]，"哪怕是那些最为凶悍的勇士，也受到宗教狂热的鼓舞"，他们的狂热正是十字军的重要特征。[27, p.1]在十字军东征时所记载下来的那些文字描述支持了这一观点。

　　1095年11月27日，教皇乌尔班二世（Urban Ⅱ）在克莱芒会议（Council of Clermont）结束时宣布发动第一次十字军东征。教皇早前在教会上指示，他将在这次会议结束时宣布一个重大的决定。数千教众因此聚集拢来，聆听他最后的讲话。由于聚众人数太多，会场不得不转移到一个大的、环绕小山顶的露天区域。会上，他要求所有基督徒拿起武器，去夺回对于耶路撒冷圣地的控制，并且保护它们。号召一发出，宗教领袖们一个接一个地响应起来，各地数千普通教众和市民也都自愿承诺要加入到这项神圣的事业中来；用当时的话来说，就是他们都"拿起了十字架"。

　　法国诺让的古尔伯特（Guilbert of Nogent）报道了教皇在现场的恳切发言：

　　　　我最亲爱的兄弟们，你们一定要用最大的苦痛，去保证这座城市（耶路撒冷）的神圣，让圣墓的荣耀得到净化，因为那些异教徒的存在在不断玷污着这座城市……迄今为止你们进行的都是不正义的战争……如今我们提议你们去打一场荣誉之战，哪怕是为此殉道也值得……（古尔伯特，*Historia quae diciturgesta Dei porFrancos*，RHC Oc. 第4卷，pp.137-140）

　　教皇尤金三世（Pope Eugenius Ⅲ）于1145年12月1日发布教

皇诏书"十字军教令"（Quantum praedecessores），发起了第二次十字军东征。在诏书中，他回顾了乌尔班二世发动第一次十字军东征演讲时的情景；来自法国和意大利的士兵们"充满了仁爱的热情；他们因为能将我们救世主荣耀的墓地从污秽的异教徒手中解救出来而热血沸腾"。[29, p.121]

德国国王康拉德三世（Conrad Ⅲ）同父异母的兄弟——弗莱辛大主教（Bishop of Freisingen）描绘了德国教众对第二次十字军东征号召的热烈反响。当时，康拉德国王已经领导着一支十字军队伍，但他仍然专程与爱巴赫（Ebach）修道院院长一起到巴伐利亚（Bavaria）招募更多的士兵。

218

> 当读完来自尤金三世教皇与克莱尔沃（Clairvaux）修道院院长的信件后，他（爱巴赫修道院院长）做了一个简单的宣教，说服了在场的几乎所有人，他们公开表示了对远征行动的坚定支持。在场的人在之前已经听到过关于东征的传闻，并且深受鼓动。听了爱巴赫修道院院长的讲话后，所有人都自发地冲上去，拿起十字架……三位主教也拿起了十字架……巴伐利亚公爵、国王的兄弟亨利（Henry），以及无数伯爵、贵族与骑士也拿起了十字架。甚至，说起来也奇怪，一大群强盗和小偷也出现在现场，争抢着十字架。所有稍有理智的人都相信，这一突然的、完全出乎意料的变化，一定是出自上帝之手……还有韦尔夫（Welf）……当地最尊贵的王子，也在平安夜那天公开表示要和他的随从一起出征……波西米亚（Bohemians）公爵瓦尔迪斯拉夫（Vladislav）、奥地利的斯泰尔（Styria）侯爵奥托卡（Ottokar），以及奥地利的克里腾（Carintha）显赫的伯爵伯纳德（Bernard）都在不久后带领他们的随从拿起了十字架。[29, p.125]

法国国王路易七世的神父也描述了法国同胞们对于东征的那种

狂热。在路易七世决定要拿起十字架出征后，克莱尔沃的伯纳德给国王带来了教皇的赐福。"他在国王的陪伴下，拿着教皇赐予的十字架登上高台。在他宣布教皇的赐福时，他周围的每个人都开始呐喊着要十字架。" [29, p.124]

在第二次十字军东征中，德国和法国国王亲自带领着他们的军队出征，而在第三次十字军东征中，英格兰国王也加入进来，和德国、法国国王一起上阵，亲率部队出征。根据许多当时的文字和信件可知，这些国王都是在教皇的劝诫后才有了出征的意愿。路易七世的神父解释道，当路易声称他将举起十字架时，"他那种对于信仰的热情在燃烧，照耀了四周，显露出他对尘世的快乐和一时的荣耀的蔑视；他本人简直就是一个榜样，比任何演讲都更有说服力"。 [29, p.122]

英格兰国王亨利二世为在东方被围困的基督教徒写道："我们是罪有应得的，上帝啊，在他神圣的审判中，让这片用他自己的鲜血救赎的土地被异教徒的手所玷污。我和我的儿子理查，以及其他皇宫贵族，拒绝了这个世界上所有外在的诱惑，不屑于尘世间的那些愉悦，撇下了世间的一切。我们已经下定了决心，要在神的引领下，哪怕用尽我们所有的力量，也要立刻将您从炼狱中救出。" [29, p.165]

一位牧师描述了第三次十字军东征期间，德国国王腓特烈一世（Frederick I）在举起十字架宣布发动远征前一场集会上的讲话："在集会上许多人泪流满面，神圣的罗马皇帝腓特烈一世举起了象征基督的十字架，宣布他正在准备着一场神圣的纪念耶稣之旅……要知道，在当时整个德国，只有举起了耶稣十字架的人才会被看作是一个能矗立于世的真正男子汉……每个英勇的战士身上都燃烧着一种激情，决心要与那些入侵圣城和圣墓的人一战到底。" [29, p.169]

1191年，"狮心王理查"（Richard the Lionheart），即当时的英格兰国王，在与法国军队一起夺回了阿克城（the city of Acu）后，从东征战场上致信英格兰法官道："我们……更关心由上帝带来的爱与荣耀……这甚至比获得更多的领土更为重要。不过，我们只要将叙利亚的领土恢复为最初的状态（并非在英格兰国王的管辖之下！），

我们就可以回家了。"[29, p.189]

虽然十字军东征队伍集结的目的是保护耶路撒冷城内及周围的圣地，但是，欧洲内部一些不信仰罗马天主教的群体也同样引起了十字军队伍的注意。当康拉德三世带领着德国军队准备东征时，多位德国王公贵族收到了要么屠杀文德人（Wends），要么迫使他们皈依天主教的指令和督促。伯纳德写道："魔鬼已唤起了它的后代们的邪恶欲望，看看那邪恶的异教徒的样子吧！善良而坚韧的基督徒们啊，我们没有及时把他们邪恶的头颅踩在脚下，我们随时都有可能被他们背叛，掉入这些异教徒的陷阱啊！我们已经容忍他们太久了……现在我们宣布，我们已经组织了另一支基督教的力量以彻底摧毁这些异教徒；或者，我们至少要设法改变他们的信仰，让他们遵循上帝的指引，使自己的灵魂得到拯救。我们已经许诺他们，还有那些将要出征耶路撒冷的人，上帝是可以宽恕他们的罪行的。在法兰克福那次会议上，所有人都同意这封信应当被传抄，并发送到每一个地方；主教和牧师们应该向上帝的子民们大声朗读出这封信的内容，让他们持着十字架，加入到我们的队伍中来，武装起来，与越过了易北河（Elbe）的基督教敌人斗争。"[29, p.127]

文德人是一个生活在易北河、萨勒河（Saale）与奥德河（Oder）之间的斯拉夫人分支。300年来，他们成功地抵御了传教士的劝诫以及士兵的刀枪，始终没有放弃自己的信仰而转为信奉基督教。的确，"就像泊桑的海尔莫特（Helmut of Bosan）在12世纪60年代末所描述的，在欧洲北部，在所有传播基督教的努力面前，斯拉夫人是所有种族中最为顽固不化的"。[29, p.128] 如果说在这个事例中德国对文德人的战争很可能是受到了占有土地的欲望的驱使，而且这个动机甚至有可能比消灭他们的信仰体系更为重要，但是，在十字军对欧洲犹太人所发动的战争中，这种动机却并不存在，因为当时的犹太人并没有占领任何一个地区或拥有自己的领土。

在第一次和第二次十字军东征的早期阶段，基督徒们对莱茵兰地区（the Rhineland）的犹太人发动了多次攻击。弗雷斯金

（Freisingen）的奥托（Otto）把第二次十字军东征期间针对犹太人的袭击都归为拉道夫（Radulf）布道的结果。奥托写道："所有生活在这些城市和乡镇的犹太人都应该被杀掉，就好像他们都是基督教的敌人一样……这样的信条深深地扎根在了基督教徒们的心里，无数的犹太人因此在暴力反抗中丧生。"[29, p.125] 一位当时的编年史学家就曾记录道："1147 年 2 月发生在维尔茨堡（Wurzburg）的屠杀，就是众多针对犹太人的大屠杀事件之一。""这好像给了他们一个反对犹太人的正当理由，他们突然闯入了犹太人的家园，粗暴地抓捕了市民和朝圣者，不分男女老少，没有丝毫迟疑和怜悯。"[29, p.126] 总而言之，十字军的暴力直接针对的是文德人和犹太人等，所有这些人的唯一共同点就是他们有着不同的宗教信仰体系和文化习俗。十字军所宣称的消灭其他信仰体系的确是他们远征行动的重要动机。

　　十字军东征在资源上的巨大消耗，为信仰体系冲突之于十字军的重要性提供了另一个参考指标。的确，对十字军来说，重要的是战争失败将会给他们的基督教信仰带来的后果，以及战争成功将会给他们的信仰带来的荣耀；世俗的损失与花销再大，也不足以阻挠他们发动战争。在第一次十字军东征期间，各路军队出征的总人数接近 20 万人，当然各路人马之间在组织管理、出征前的准备和训练方面都有较大的差异。出征的 20 万人中，有 8 万人是由法国与英国贵族共同领导的，他们相对来说更加训练有素。在长达两年的征伐和战斗后，有很多人活了下来，并投入征服耶路撒冷的战役中。战斗胜利的消息传出后，又有 16 万人从欧洲被派遣过来，其中一大半死在了途中，仅有极少数来到了圣城耶路撒冷。

　　在教皇尤金三世成功劝诫德国皇帝和法国国王加入第二次十字军东征的队伍后，14 万人踏上了东征之路。在两年的战争未果后，剩余的队伍返回了欧洲。当异教徒们在 1187 年重新夺回耶路撒冷时，这已经距离第一次十字军东征将近 100 年了，3 个主要欧洲国家——德国、法国、英国——的君主都决定亲自带领军队出征夺回圣城。德国皇帝和他的儿子都在出征过程中死去，法国军队也很快就撤军回国，英国军队则与异教徒战斗了两年，并最终达成允许基督教朝圣者来到位于耶路撒冷的圣墓朝拜的协议。

大概 10 年以后，又一次十字军东征接踵而来。但这一次，一切显得过于奇异，以至于世人对它的历史真实性产生了怀疑。据说，一个法国农村的男孩受到了牧师的鼓动，宣称神赋予他一项使命，要他带领一支儿童十字军东征圣城。与此同时，在德国也有一个男孩发起了一支相类似的儿童军队。于是他们两人一起带领着成千上万名儿童跋山涉水，开始了东征。最后一次十字军东征则是由当时的法国国王路易九世带领，他们的目标很明确，就是要将突尼斯（Tunis）的摩尔国王转变成基督徒。然而，路易九世和大量的骑士们在抵达北非海岸后不久就牺牲了。很快，十字军东征这一事业终于寿终正寝了。

塞浦路斯和巴尔干地区

不同信仰之间的冲突不仅存在于十字军东征之前；十字军东征之后其矛盾仍然继续，最经常、最暴力的冲突发生在东西方文化反复交锋的接触区域，即欧洲的巴尔干半岛各国以及塞浦路斯岛上。在这里，由于信仰东正教和罗马天主教的人群彼此相邻，情况更为复杂。

巴尔干半岛上居住着的两大群体都信仰基督教，但却有着截然不同的世界观。其中，一个社群信奉西方的天主教，强调思想和行动，而且天主教僧侣都会积极地介入世俗世界的活动中，比如教授非宗教课程、写作以及参与社区服务。另一个社群则信奉东正教，强调美和魔幻，它的宗教仪式之炫目甚至会让最复杂的天主教仪式都显得过于简朴和理智。另外，东正教僧侣并不会参与世俗活动，他们的生活以冥想为主。[35] 深层次的差别也渗透到了生活中的方方面面，罗伯特·卡普兰（Robert Kaplan）引用了一个来自萨格勒布（Zagreb）的天主教徒的话："当我加入南斯拉夫（Yugoslav）军队时，我生命中第一次遇到了塞尔维亚人（Serbs，信奉东正教的基督徒）。他们告诉我，一个传统的塞尔维亚婚礼是要持续四天的。四天里不断祈祷和宴饮。谁想要参加这样的婚礼呢？实际上一天就足够了，你可还要回去工作的啊。塞尔维亚人真是奇怪，缺少理性，就像吉卜赛人（Gypsies）一样。" [35, p.25]

巴尔干地区人口的分隔主要是基于信仰体系的差别。[35, 36] 罗马天主教徒、希腊东正教徒等都属斯拉夫（Slavic）民族。他们说着相同的语言，并且常常会共享一样的名字。然而，在这些群体之间却经常发生暴力冲突。在纳粹占领之下，信奉天主教的克罗地亚人（Croatians）大概杀害了 6 万—20 万的信奉东正教的塞尔维亚人（以及成千上万的犹太人和吉卜赛人[35]）。在 20 世纪 90 年代，另有成千上万人在冲突中丧生，直到外界干预介入时，暴力才停止。最深的仇恨来自不同山区的村民之间，他们各自与外界隔离并信仰同质宗教；很显然，通过几百年来的一些接触，大城市居民互相之间有所熟识，从而缓和了暴力冲突，将冲突降低到有限的范围内。[35] 社群之间的暴力行凶者通过明确的宗教象征与仪式来定义自己的身份。杰克·古迪（Jack Goody）总结道，在塞浦路斯和巴尔干地区，在爱尔兰的北方和南方，在欧洲的胡格诺派教徒（Huguenots）*、加尔文宗教徒（Calvinists）**及路德宗教徒（Lutherans）***之间，在印度的耆那教徒（the Jains）、佛教徒和印度教徒之间，他们彼此都说着同样的语言，同属一个种族，有着相同的外表形象，但却因为不同的意识形态、世界观、宗教信仰及习俗而相互分隔，进而产生冲突。

小结

在大约 8 万—10 万年的时间里，人类生活在彼此孤立的社群

---

* 译者注：16—17 世纪法国新教徒形成的一个派别。
** 译者注：基督教新教三个原始宗派之一。
*** 译者注：基督教新教三个原始宗派之一。

中，这些社群散布于全球各地。在一种语言或文化得以发展之前，人们已经分群而居了，且互不往来。各个不同的社群也不一定存在着一种如我们今天所想象的通用的语言或文化。可以确定的是，在人类物种发展的大部分历史中，文化自身的发展都是独立的，每个社群甚至都没有意识到其他大部分社群的存在。在当前的纪元里，人类发展的显著特征是发现先前互相分隔，因而大相径庭的种族与文化之间的一些接触，并且倡导这种接触以及进一步的交流。

在人类的幼年发育期，每个人都会在感官刺激与人际环境的影响下，形成一种内在的神经心理结构。在本书的前几章中，我们列出了一些证据，来证明人们成年后所生活的环境与这一内在神经心理结构相匹配的重要意义。无论是发育期还是成年期，人都是这个环境中最为重要的一个因素。而且，人类会设法改变他们后代的成长环境，其程度是其他动物所无可比拟的，今天的儿童正是生活在这样一个几乎完全由人类改造而成的文化环境中。在第四章中，我们描述了由于亲人丧亡所带来的人际环境的重要改变给人们带来的痛苦，以及因为移民与迁徙所造成的文化与人际环境的重大改变给人们带来的困扰。

而这一章则主要聚焦于早前相互隔离的不同文化之间相遇时的后果。在16—19世纪，地球上存在着各种族群的事实在全球范围内广为传播，人类的意识受到重大冲击。这是一个震惊世界的发现。当时，公众对于阅读游记和聆听探险者的讲座的兴趣、外国人种在博览会上的展出以及知名的学术和科学团体所组织的类似活动等，都充分说明了这一点。在许多方面，人们在接触到异域人种和文化时的反应，都类似于他们在面对个人信仰体系与自身整体文化背景下新的环境输入不一致时所产生的反应。所有关于异域人种和文化的信息被忽视，异域人种和文化本身被贬低，所有相关的感知也被扭曲，从而将新的信息纳入到既有的信仰体系中。

随着异域文化之间的进一步接触，要应对各种无可否认的、行为与信仰上的差异所带来的沮丧，以上这些机制被证实是远远不够的。作为另一文化的感知者，每种文化都按照自己的信仰体系给另一文化的成员规定了特定的角色与品质，并想尽办法要让他们按照自己的这些规定去行动。屡见不鲜的是，在以上尝试之后，他们还会同时部署看上去互相矛盾的军队等力量，努力去消除那些由于差异所导致的持续性的、令人不快的感知。为捍卫自己的信仰体系，使之不受另一矛盾的信仰体系的挑战，不同文化之间爆发了历史上一些最为奇幻、极端的行为和暴力冲突。

但是，由于对自 17 世纪以来主导欧美思想界的理性的强调，人们在解释主要国际争端与历史事件的主要驱动力时，往往将信仰忠诚，即对某一宗教或意识形态的信奉，排除在外。国家和经济组织的合理经济利益或不可避免的发展逻辑已经被普遍视为更加合理的解释。也有人认为那些暴力事件是由于种族原因引发的；这一解释也被认为是更为合适的，也许是因为人们给种族披上了生物学的科学外衣，从而预示了最终理性解释的到来吧。的确，这种解释一直具有相当的吸引力，尽管连"种族"这个单词的定义都没有人给出，也没有人能够详细解释种族是通过怎样的机制导致不同群体之间发生暴力冲突的。

本书提出信仰体系的差异本身可以导致文化之间暴力事件的发生，因为从人类神经生物学意义上讲，内在结构与外部现实之间的一致是一种基本的、紧急的需求。这一论点为阐释以下显而易见的事实提供了一个理性基础：人们因为宗教和其他信仰方面的差异而斗争；斗争是为了掌控机会，以创建出与自己的内在结构相匹配的外部结构，并且防止他人将那些与自己的内在结构相矛盾的结构与刺激强行带入自己的环境中。

这并不是说人类神经生物学意义上对差异的敌对是大多数矛盾与冲突产生的唯一或主要原因。社会、政治、历史与经济的因素也明显起着相当重要的作用。在此，我们也并非想要将问题简化，用神经生物学或心理学的术语解释这些其他的重要因素。事实上，社会、政治、历史与经济的因素各有其自身的复杂性，要阐释它们与不同群体之间冲突发生的关系，最好的办法是运用它们各自学科的理论与定律进行分析。我们此处的努力只是希望增加一个从神经生物学角度进行考量的因素。人类神经生物学意义上对差异的敌对是向上因果链中之一环；在这类因果链中，一个较基础的过程往往会对更高层次的事件产生影响。当然，这样的例子举不胜举。比如，某种基因变异可以导致人体无法产生一种蛋白质，而由于这种蛋白质是复杂的神经系统正常运作所必需的，最终将导致神经系统无法正常工作。又例如，一场瘟疫可以影响一个国家的方方面面，从而将整个国家的社会与经济秩序打乱。在所有这些例子中，很显然，要全面理解事件的前因后果，我们需要将多层次的分析进行融合。

　　本书结语部分概述了当代各种文化之间的冲突，并且讨论了一种文化对另一种文化中的孩子产生影响所引发的特殊问题。孩子不可避免地会变得与他们一直在父母心中的那个形象不同。在全球文化相互融合的现代背景下，如今的孩子与他们在父辈心中形象的差异变得越来越大，这使得父辈们深感不安。文化本身已经成为一种商品，它的传播受到了经济和意识形态双重合力的推动，要从跨文化的接触区中撤出已非易事。为了掌控自己周围的文化环境，不同群体之间战争频发，也就不足为奇了。

结　语

　　据联合国估计，世界上现有 5,000—6,000 种不同的语言。每一种语言都经历了几百年或几千年的演化过程，每一种语言都与一种独特的文化有着不可割舍的关联，每一种语言都是一个特有人群所属身份的基础，每一种语言也都是一个人类群体与其他群体长时间处于隔离状态的证据。因为只有这样，一种仅属于某一群体的语言才能有足够的时间得以发展（这里的语言并不包括方言[1]）。在人类历史长河中其实存在过很多种语言，只是如今有些已经绝迹了。联合国的报告还指出，在过去的 200 年里，全球语言消亡和绝迹的速度飞速增长，而主要原因是各种文化频繁接触与交流，还有随之而来的文化之间的激烈竞争。根据专家学者的田野调查报告可知，如今有超过 3,000 种语言正濒临灭绝，而这些语言中的每一种都相应关联着一种文化的命运、一个人类群体的身份，以及正在试图力挽狂澜、拯救曾经塑造自己世界的数千个个体的生命。

受到威胁的土著文化

　　马来西亚的蓬南语（Pennan）和文化就正濒临灭绝。[2] 蓬南人以

前是一个游牧狩猎和采集社会，但他们的土地后来被伐木出口公司所占领。如今绝大多数蓬南人都生活在政府安置点内，住在有锌皮屋顶的房子里，还有舒适的床，但他们不再做任何有产出的工作，能吃的食物也很少，并不再与塑造他们这个群体和个人的周边环境

和活动有任何联系。孩子们看的电视节目是马来西亚语的，很少有人能听懂，但他们成年后估计大多数人都会讲。一位美国人类学家描述了他最近第三次到访蓬南的感受，与他同行的还有一位加拿大的语言学家。这是他第十次来访了，他计划要编纂第一部蓬南语法书和字典。他们在当地政府安置点内受到了热情的欢迎，但到了吃饭时，他们认识的蓬南人深感尴尬，因为拿不出足够的食物招待客人。

在人类学家的请求下，一小群蓬南人带领着他们，经过为期三天的徒步穿越，探访了这里最后一支蓬南游牧部落。这个部落生活在一个国家公园偏远的区域，伐木工人很难到达。有四个家庭生活在一个几代蓬南人生活过的山脊上。每天早上，蓬南人家庭都会做一段祷告："感谢主让太阳升起，感谢主给我们茂密的树木和森林，树木不是来自人，而是来自主。"他们看到蹒跚学步的幼童正和他们的宠物猴一起在露天营地上蹦蹦跳跳，大一些的孩子就要在森林里采集果子和蔬菜，成年人用棕榈树果实表皮下的海绵层做着面粉，还有一个外出狩猎的队伍拉着两头野猪回家。对于蓬南人来说，在森林里听到的每一个声音都是一种精神元素。他们相信植物和动物之间都能彼此交流，森林世界里的声音还可为他们提供方向上的指引。阿西克（Asik）是这些部落家庭的首领，曾因阻碍森林伐木而被短期监禁。在解释他为什么抵制周围世界的改变时，他说："从我们远古的祖先开始，我们就世代保护着这里的树木和动物，保护着这片森林里的一草一木。我们知道的就是这些。这是镌刻在我们的传说和传统中的信念。每当想起这些地方，想起这片土地时，我们的内心就无法平静。无论走到哪里，我都会想要哭泣。"[2]

这个世界上到处星星点点地洒落着像蓬南人这样的土著居民，他们要么绝望地想要抓住自己曾经非常熟悉，但现在正在消失的栖息地的踪迹，要么就像离开了水的鱼儿一样流离失所，居住在完全陌生的环境中，连养活自己都成问题。这些土著群体的规模都不大，平均在 6 万人左右，但总计起来人数还是相当可观的。联合国

235

报告指出，全世界大致有 5,000 种土著文化，总人数在 3 亿人左右。[2]
联合国在 1994 年的 8 月宣布每年的 8 月 9 日为"世界土著居民国际
日"，并推出了"1995—2004 保护全世界土著居民十年计划"；在
2004 年，又推出了"2005—2015 保护全世界土著居民十年计划"，
今天我们正处在第二个十年计划之中。这些决定是我们阻止一些少
数民族灭绝、保护土著文化与语言以及保证土著居民得以生存下去
的努力的一部分。来自危地马拉（Guatamalan）的规划机构代表宣
称："只要土著居民的生活原则与精神的灵性仍然如古代一样真实，
如人与自然之关系一样真实，我们就可以说'保护与促进全世界土
著居民十年计划'将会取得成效。"[3] 墨西哥代表则说："一些群体
要求其身份获得承认、保持与发展的呼声高涨。他们这样做的目的
是……以保护其文化的独特性为名，寻求转变整个社会结构，挑战
全球化。"[3] 在希望保持中间立场的情况下，联合国教科文组织一方
面试图保证人们用自己的母语进行学习的权利，另一方面推进人们
能够更多地通过官方通用语言进行交流。

236

虽然有像联合国这些机构的努力，但仍然难以想象那些像蓬南
人一样的土著人群和文化会继续存在下去。今天，人类文化的多样
性正在以前所未有的速度下降。处于正在消失的文化中的孩子要面
临学习新的生活方式，应对生活中各种挑战，还要承受主流文化成
员对他们的反感和不信任。更糟糕的是，他们在这些方面无法得到
父母与其他长辈们的支持与教导。毋庸置疑，许多青少年会因滥用
药物而堕落，也有许多不可能得到足够的机会实现自我发展与个人
成就。

更可悲的是那些处于正在消失的文化中的成年人。由于他们原
有的文化正在消失，他们之前的世界正在从他们的脚下抽离，他们
大多数人都无法再学习和适应新的文化方式。即便他们为之付出艰
苦的努力，他们在神经生物结构上的发展也无法与新文化带来的那
些技能与发展机会同步。在新的环境中，他们原来所学习和发展
的知识与技能已经没有用武之地了。新的学校为孩子的将来提供

了一些希望，但却夺走了他们父母最珍贵的财富，他们所熟知的世界也已走到了尽头。阿瑞俄斯人（Ariaals）是生活在肯尼亚那德托（Ndoto）山脉里的游牧民族，就像他们那里一位上了年纪的助产士说的："我们把孩子们送到学校，他们很快就将我们民族和文化的一切忘得干干净净，没有什么比这更糟糕的了。"[2] 有时候很难相信那些在文化上与我们有很大差异的人，会像我们一样有着希望、失望、恐惧、失落、沮丧。或者他们会因为实现童年目标，受到所在社群的认可与赞同，以及承担他们所崇敬的父母与其他长者的角色，而感到开心、平和满足。然而，所有证据都表明这些感受是人类社会普遍共有的；如果本书所讨论和提出的神经文化假设是准确的话，那么这些感受也应该是具有普遍性的。如果确实如此的话，我们就正处于一个史无前例的全球文化转型过程中，数亿人正在失去他们以往平和、快乐、安全生活的根基，到处漂泊，不再有机会作为一个健全的成年人在社会上工作与生活。

受到威胁的国家文化

当今世界也有几百种文化，它们具备一定的规模，有着国家边界的保护，尚未面临即将灭绝的危险。然而，甚至是这些在文化领域里能够相互抗衡的强势力量之间，也存在着显而易见的冲突，反映的问题也与小规模文化与大规模文化之间存在的问题具有相似性。曾几何时，在为民众提供各种信息与理念、塑造他们的思想和心智的过程中，无线电和电视等大众媒介扮演着主导角色，于是北美和欧洲自由社会的政府开始行动起来，竭力阻止外来文化控制他们的电台和电视节目。美国 1934 年颁布的《通信法案》就禁止外国人和外国公司在美国持有广播许可证，禁止外国人在拥有广播许可证的美国公司中持有超过 20% 的股份，禁止在对上述拥有控制权的公司中持有超过 25% 的股份。而其他北美和欧洲国家也相继通过了相似的法案，或者直接将主要的电视台和电台国有化。事实证明，要达到目的，这些措施是远远不够的，因为很多电影与电视节目都出口到别的国家，而且在其他国家上映。

美国成为这类广播、电影与电视节目的主要供应国，其他国家的政府于是行动起来，由国家文化部门出面，竭力阻止美国广播、电影与电视节目进入本国，以保护本国文化。奇怪的是，这些国家在防范美国文化入侵的同时，却与美国建立了相互防御条约，并加入了美国发起的军事行动，有的甚至允许美国军队驻扎在其领土上。例如，1991 年 2 月 1 日，加拿大的广播电视法案生效，明确声明加拿大的广播电视体系"通过国家的广播电视节目为公众提供服务，切实维护和加强国家身份与文化主权"。法案规定："每一个广播电视节目都要最大限度地使用加拿大本国的人力和其他资源，使之无论如何占据主导地位。"根据法案可知，其目的是"给公众提供内容多样化的广播电视节目，展现加拿大人的态度、见解、思想、价值观以及艺术创造力，并从加拿大人的角度对事物进行分析，以鼓励加拿大人在世界舞台上的表达与发挥"。一位评论员点评道："加拿大人和美国人相处如此融洽，在那条著名的不设防边界的南北两端，极少出现任何大的纷争……目前引发最热烈讨论的，莫过于加拿大正想尽一切办法，防范和抵御美国的影响力与控制力对加拿大文化的入侵。"[4, p.203] 这些防范手段包括补贴、配额、处罚以及禁令等国家行政干预，所防范的入侵对象则包括广播、卫星电视、电影、音乐、书籍以及期刊等。

欧洲社会也搁置了成员国之间的争议，共同努力抵制美国文化的入侵。他们发布了一项指令，要求电视上至少要有一半的时间播放欧洲本土制作的节目。当然，电视台是否会完全服从这一指令就是另外一回事了。据估计，可能只有 60%—70% 的电视台做到了这一点。[5] 而且，国家如何影响观众实际上观看哪些电视和电影节目也是另外一回事。1966 年韩国制定了法律，规定韩国剧场影院每年都要在一定的天数里播放韩国本土制作的电影。到现在，韩国仍然规定一年中的 146 天里要播放这样的电影。可在 1993—1998 年的 6

年时间里，放映的韩国本土电影实际上仅仅有 15%—25% 的票房上座率[6]。近年以来，欧洲开始特别关注这一问题，大力抵制象征美国文化的美国商业在欧洲的扩张。在法国和比利时的麦当劳连锁店就受到了打压和破坏，尽管法国该公司负责人声称其市场上所销售的产品有 80% 是在法国当地制作的，而且是由当地劳工所烹饪出来的。其中一位领导了一场破坏活动且因此而成名的法国农民声称，这是一场"反对全球化的斗争，是为能有权吃自己喜欢的食物而进行的斗争"[7]。一位法国政治分析家解释道："在所有这些行为的背后，实际上是这些国家的居民拒绝接受本土的文化与烹饪方法受到剥夺。"[7]

一些欧洲国家，即便与美国建立了密切的军事同盟关系以及经济贸易伙伴关系，却仍然担心本国语言的安全。1994 年，法国立法机构通过了一项法案，规定境内所有商品和服务的推销都必须使用法语。其他语言的文字可以出现在商品或广告中，但是"任何其他语言的印刷或通告，无论是通过字体大小、字体、颜色或任何其他手段，都不能比法语版本更容易理解"[8, p.179]。尽管"法国的年轻一代，那些美国产品的热情拥护者和消费者，极力嘲讽这项法案"[8, p.181]，德国和瑞士还是颁布并执行了相似的法案。在瑞士，由于一学校开始给 7 岁的孩子教授英语，并将英语作为算术与讨论课的教学语言，引发了国人激烈的抗议浪潮。[9]

近年来，英语在全欧洲境内的使用显著增加，这也使得学习英语的实用价值变得无可否认。来自欧盟的一项调查显示，70%的受访者支持每个人都应使用英语交流这一主张，但接近 70% 的受访者也认为本国的语言需要得到保护。[9]欧洲小语种保护机构（European Bureau for Lesser-Used Languages）的一位代表意识到，如果英语在经济与教育活动过程中被广泛使用的话，欧洲其他语言显然要面临巨大的危险。"一旦开始淘汰使用小语种的知识界与经济界团体，这些小语种也将会逐渐消亡掉。"[9]一篇反对英语成为瑞士小学生第一外语的报纸社论则更胜一筹，指责制定该政策的学校督察

240

"是瑞士国家身份的掘墓者，是历史的罪人"[9]。

241

西欧、加拿大和美国共享了数百年的文化上的交流，加拿大和美国的文化都受到了来自西欧移民的极大影响。西欧文化中的那些伟大的哲学家、小说家、剧作家、作曲家和艺术家都为美国人所熟知，并且帮助塑造了美国的思想与文化。所有这些国家的文化都是来自基督教文化的背景，它们有着相似的律法，共享一样的书面文字字母。即便如此，美国文化的扩张还是引起了之前所描述的加拿大与欧洲国家的担忧以及文化保护者的激烈反应。

当美国文化的扩张开始渗透到亚洲和中东地区时，情况变得不同并且更加不稳定。美国文化与这些地区的文化之间存在着的交集与融合要少得多，而且有着诸多难以弥合的差异。与欧洲人相比较，亚洲人和中东人对美国文化要陌生得多，而且世界观与行为上也表现出更多的基本差异。这导致亚洲与中东文化对美国的文化渗透感到了更大的威胁。比如在越南，法律上就认定了很多活动是对越南文化的冒犯，这些活动常常源自西方社会，近年来这些所谓的无礼活动还从 200 项增加到了 750 项。[11] 随着阿联酋那些富有的年轻男女开始穿上美国制造的时装，跟着美国的音乐跳舞，甚至骑上美国制造的摩托车，政府已经行动起来，采取了保护本土文化的措施。用《基督教科学箴言报》（*Christian Science Monitor*）所引用的一位海滨城市警长的话来说："西方社会的影响已经腐蚀了我们的家庭观念，弱化了父母的权威。我们这些警察会更加努力地去保护我们世界传统的社会价值与观念。"[12, p.1]

242

父母对于孩子受到国外文化影响的反应

年轻人要比年纪大一些或小一些的人都更可能接受外来文化的某些特征。与他们的弟弟妹妹不同，他们已经到了敢于走出家庭、进入公共空间接触其他外来元素的年龄。与老年人不同，他们的大脑与价值观依然还在形成过程中，并且容易因为环境的影响而被重新塑造。神经生物学研究指出，人类额叶直到 20—25 岁仍然在不断地生长，而大脑的这些区域（额叶）被认为与人们的价值观、道德观、情感以及其他个性特征有着紧密的联系。这也许就像人类学家克利福德·格尔茨所提出的，社会过程在人类特质的进化选择上扮演着重要角色，而人类额叶成熟期之所以一代一代地推迟，是因为人类需要发展出足够的能力——吸收不断增长的集体智慧与新兴创新能力。[13] 在文化相互渗透、相互融合的过程中，额叶的晚熟提高了年轻人吸收不断改变的文化中新型特质的能力，从而使他们与父辈之间的差距也日益增加。再者，也有可能是现代养育实践以及大大延长的教育课程安排，阻止了年轻人像 20 世纪的年轻人一样，很早就担当起成年人的社会角色，完善大脑发育所需的基因激活与表达也随之延迟。换句话说，这些社会过程延长了大脑发育的可塑期，进一步允许年轻人吸纳那些外来文化在本地环境中显现出来的特质。

在第三章中我强调了父母作为孩子的一种刺激源的重要性。实际上，反之亦然。有关非人类哺乳动物的实验室研究已经证明，与婴儿的接触交流能引发母性行为，并且会使得母亲的大脑发生改变。没有生育过的雌鼠会因为闻到幼鼠的气味而离开 [14]，而刚刚生育的鼠妈妈则会被同样的幼鼠气味所吸引，甚而去照顾这些并非自己亲生的幼鼠宝宝。[15] 在与这些幼鼠接触了 4—7 天后，没有生育过的雌鼠发展出了母性行为，并且出现了和新幼鼠母亲同样的大脑结构变化。[16, 17] 哺乳动物的婴儿必须完全依赖于母亲的照顾来获得安全感和食物，母亲对婴儿的特殊兴趣与感情似乎是迫不得已的。日常观察发现，在面对婴儿啼哭时，刚生孩子的母亲会比那些没有孩子的同辈有着更多快速、自发的响应方式。心理分析学的观察显示，妊娠期的女性在生理和心理上都会有深刻的改变，以至于女性的自我发生了重构，成为母亲 - 孩子这个二元共同体的永久的一部分。[18] 由此看来，在成年人有了孩子后，增强了的大脑神经可塑性帮助他们将后代纳入自己的外部世界以及内在神经心理结构中。当

243

然，即使母亲的大脑可塑性不够强，母婴之间更为深入且广泛的接触也足够在母亲内心建立一个重要的孩子的内部表征，这就像第四章所讨论的，配偶之间也将彼此纳入了各自的内部表征，当人们失去伴侣的时候内心就会遭受悲痛之苦。

无论发展机制如何，孩子在他们父母的内在世界中都有着特别的重要性。因此，对父母来说，孩子在他们内心的体现和孩子的外部现实之间是否匹配，也是极其重要的。这种表述依然有转弯抹角之嫌。事情其实从一开始就相当明显。简单来说，人们都会因为任何一个小孩的不幸丧生而感到悲伤，但哪怕是得知自己最亲近的朋友失去孩子所带来的悲伤，都远不能和失去自己的孩子所带来的悲伤相比。自己的孩子如果在学校的考试中表现出色，父母都会开心不已，而如果是其他人的孩子，这种欣喜的程度则会小得多。父母会因为自己的孩子穿得稀奇古怪，把头发染得五颜六色，在身体上纹上各种图案、打孔而感到心烦意乱，而如果是别人的孩子，他们才不会管那么多（当然，这里描绘的都是典型的美国家长）。

长期以来，父母心理的内在结构与他们孩子的性格和成就之外部现实建立了一种强有力的联系，而一旦孩子不能再达到父母的期望时，父母的反应就会相当剧烈。最常见的例子是父母在孩子体育活动项目上的表现：他们会因为自己孩子的表现低于预期而发怒；或者对其他孩子、教练、裁判，甚至其他家长感到愤怒，因为他们认为是这些人阻碍自己的孩子表现得更好。没有经历过类似情绪的人，听到这些似乎会感到奇怪，但这种愤怒的确有可能会导致父母对教练、官员，甚至是其他家长进行人身攻击。[19]这样的事件经常发生，以至于美国有 12 个州都制定了相关的法律，规定在孩子们的运动比赛中，家长只要对比赛官方人员动粗，就可处以监禁和（或）罚款；在本书成稿之时，其他一些州的立法机构也正在讨论通过类似的法律条文。[20]一些儿童运动体育联盟会要求家长必须观看有关比赛期间应如何行为的指导录像，并且在相关行为准则上签字。[19, 20]现在，美国体育官方联盟还对会员提供了伤害保险与法律援助。

　　孩子对父母的特殊重要性，以及孩子更易于接受入侵文化的某些方面的倾向，使得一种文化对另一文化中的孩子的影响成为文化之间敌对关系形成的重要原因。之前所提及的国家限制国外电影和电视节目的规定，抵制或破坏麦当劳餐厅和迪士尼乐园，以及推迟或不重视英语的教学，都是部分为了保护孩子们不受国外文化的影响。不过，最大的威胁也许是孩子们可能会在未来嫁娶来自另一种文化的人，然后抛弃或者违背家长的许多期望。下面讨论的三个例子可以说明这种担忧的程度和广度。

　　其一，1816 年，在美国康涅狄格州（Connecticut）的康沃尔小镇（Cornwall），居民们出资建立了一所学校，专门招收那些与当地青年有着不同文化与种族背景的学生，而不是在某些方面有一些特别素质的学生，因此其学生群体包括夏威夷人、希腊人和美洲印第安人。用小镇的习俗和价值观教育这些年轻人是这所学校的办学目的，且受到了康沃尔镇广大居民热情的支持。历史记录显示，有数百位居民捐了款，支持这所学校的建立。然而，在两名印第安男生迎娶了镇上的两名女子后，这所学校就被立即关闭了。[21] 其二，阿联酋建立了一个总额 1.5 亿美元的婚姻基金会，以鼓励年轻男子迎娶本地女孩。这个婚姻基金会的负责人解释道："婚姻如果只发生在我们自己文化的内部，对我们的社会以及下一代都是有好处的。原因很简单：由非阿拉伯母亲养育的孩子，必定会对他们归属于哪种文化感到困惑。我们想要避免这样的事情发生。"[12, p.1] 其三，最近，一位 80 岁高龄的哈佛大学当地校友会俱乐部董事明确表示，他并不想要他的孙女来哈佛就读，原因是哈佛学生的种族背景太多元，他的孙女如果在这里上学，很可能会和来自不同文化的男生相遇并结婚，这是他所不能接受的。在有些文化中，家长完全不能接受孩子的跨文化婚姻，他们有的与孩子从此断绝关系，有的甚至像悼念亡人一样悼念起孩子来，就好像他们已经死了一样。

245

246

美国所扮演的角色

如今，全世界范围内的大多数暴力冲突都是在不同文化与信仰体系的人群之间发生的。美国文化与其他文化之间竞争冲突的形象已经根深蒂固，但在很多重要方面，这种冲突的性质不同于那些地理上相邻但在宗教上有着明显差异的群体冲突。美国是一个信奉基督教的大国，但它的科学、商业以及流行文化的输出是不带有明确宗教色彩的。这种文化对于国外正在寻求教育、商业与工作机会，并且消费流行文化的年轻人来说特别具有吸引力。虽然美国并没有明确将其他宗教作为其施加影响的主要目标和对象，但在那些社会、法律与政府方方面面的生活都无不受到宗教重要且明确影响的非基督教社会，美国指引和影响着人们极具宗教意义的行为，从而悄无声息地影响着那些社会的宗教。美国在法律上规定的政教分离，以及流行文化中明显的宗教成分的缺失，使得我们很难去鉴别非基督教的宗教国家对于美国文化敌视的本质与强烈程度。

247　　凡是涉及美国的跨文化冲突也有其独特性，因为这些冲突不限于地理上相邻的、有着直接人际间接触的文化之间。美国通过医疗和科学文献、大众媒体以及流行文化的消费产品将自己的文化推向全世界，凡有美国卷入的文化冲突也类似地在全球扩散。美国是全球最大的经济体，美国经济的扩张使得英语以及美国文化在全世界得以传播。此外，美国经济大量依赖于国外资源（包括原材料和劳动力）和国外市场，这就决定了美国文化对于国外的渗透不太可能受到限制。美国文化这种不可抗拒的力量首先疾驶着闯入与他们文化上最密切的西欧等地，然后对完全陌生的亚洲文化与中东文化也带来了冲击。

美国历史上内部文化斗争与适应融合的广泛性也与其他社会有着显著的不同。在美国土壤上所发生的以下这些文化冲突是我们再熟悉不过的了：印第安人内部几个世纪以来的战斗、欧洲入侵者对这些土著文化的破坏、非裔美国人遭受的二等公民待遇、一场血腥的内战、对那些通过"小小的可怕的爱丽丝岛"进入美国的一波波移民的剥削，以及第二次世界大战期间对那些忠诚的日裔美国公民的关押。但是，同样在这片土壤上，几个世纪以来，不同文化、种族的人们相互融合，共享管理资源与丰饶财富，这在人类历史上鲜有先例。信奉天主教和新教的总统都曾服务于这个国家。在 2000 年，以微弱差距败选（或胜出）的民主党总统和副总统候选人一位是新教徒，一位是犹太人，各级政府席位包括了来自不同族裔、种族和文化背景的代表。2000—2004 年，美国国务卿是一位非裔美国人。英国首相在当时就曾直言，这在他们国家是不可能实现的。

　　美国之所以在克服文化冲突上取得这些成功，是因为美国人都共同坚守着一个重要的国家身份概念；这一概念有明确的思想核心，那就是承认所有人——不论其来源——都是平等的。美国还制定了法律专门捍卫公民的个人权利，不论其族裔来源与文化习俗。法理学家广泛讨论了如何在保护言论自由和限制仇恨言论之间保持适当的平衡。然而，为处理仇恨犯罪问题，很多执法机构内部都设立了一个特别的部门，这些部门的存在本身充分证明了美国国内各亚文化之间持续紧张的关系。如今，甚至在这一自我构想的文化大熔炉内，保护土著文化的全球运动正在以一个不断升温的多元文化主义运动彰显出来，努力维护着美国社会内部亚文化族裔的身份。美国现在既是全球视野下的主要文化侵略国，同时也为解决国家内部文化冲突，并保证这些文化的和平共处提供了丰富的经验与成功范例。

未来会如何？

　　很难想象全球范围内的文化暴力冲突会很快以一种和平的方式结束。在过去 15 万—20 万年的历史长河中，地理上的屏障使我们人类物种得以发展出成千上万种不同类别的文化；而如今，这些地理上的屏障不存在了，在未来至少好几代人的时间里，为消解信仰体系差异而发生的暴力血腥事件似乎注定要沿着三种类型的战线继续下去。第一条战线将在邻近的敌对文化之间继续。

第二条战线正在形成和发展中。由于人口与经济方面的原因，大量来自北非的移民正在涌入相对同质的欧洲社会。法国的小城德勒（Dreux）就是一个例子。[22] 1801—1900 年，德勒城平均每年仅新增 50 位移民；1900—1950 年，平均每年也仅新增 88 位移民；而1954—1968 年，移民人数骤涨，平均每年新增 1,000 名。到了 1970年，这座城市 11% 的人口都是近些年的移民，且大多数都来自阿尔及利亚。仅仅 1 年后，城市 16% 的人口都是在国外出生的。在之后的 10 年里，极端右翼政治候选人在当地选举中获得了前所未有的成功，他们散发政治宣传册，称法国受到了大群移民的入侵，并发誓说："德勒人要捍卫自己的历史与文化身份……移民潮一定要被制止。"[22, p.124] 在今天的荷兰，10% 的人口由第一代移民组成，他们中的许多人来自土耳其和摩洛哥。[23] 他们大多数生活在大城市，按照目前这种走势，到 2015 年，荷兰主要城市中人口的大多数将是移民和他们的后代。一个长期以开放与包容为傲的社会，却很快发现自己已深深地陷入一场有关民族身份的斗争中。以下这一事件的发生，就引起了荷兰整个国家与国际社会的关注：一位年轻的摩洛哥人在光天化日下杀害了一位知名的荷兰电影制片人，仅仅因为这位制片人创作了一部 11 分钟的短片，而这个摩洛哥青年认为该短片不尊重其信仰。[23]

第三条战线则将会在扩张到一定程度的美国文化与其他所有主要文化之间拉开。实际上，欧洲殖民者早已为美国文化的全球扩张铺平了道路：他们摧毁了全球大部分地区的土著文化；在其他地区，他们篡夺了当地政府的政治和军事力量，通过传教士创办的教堂和英语学校，开始了将欧裔美国文化引入当地的进程。然而在世界的其他角落，仍然还有几千年来未曾受到殖民化侵扰的大型土著文化的存在。所有证据都表明，在面对美国文化时，其他文化的反应也将如此。亚洲古文化与美国文化虽然尚未充分接触，但它们之间的斗争冲突史同样表明了对美国文化入侵的抵制。也许，伟大的政治家会涌现出来，将文化对抗进程中的流血冲突最小化；也许，美国国内跨文化融合的成功经验也会在国际舞台上发挥一些作用。

在这些暴力冲突面前，我们能做什么呢？各种努力，包括联合国保护那些无数与环境有着独特传统关系的弱势文化的那些努力，都不太可能取得显著的成效。原因是环境，无论是文化环境还是其他环境，都在发生翻天覆地的变化，日常生活中人们与其他种族人群的频繁交往正是这些改变的一部分。许多来自这些独特传统文化的年轻人会有更广泛的接触面，会接触到新的文化，并且会因此而发生改变。如果他们仍然选择生活在自己的传统文化中，他们势必反过来改变自己的传统文化。当然，如果弱势文化周边的主流和扩张文化的成员能将这些弱势文化成员视作与自己平等的人类，并且允许他们像美国移民那样，通过几代人的时间去改变和融入主流文化中，因暴力而给人类带来的巨大成本就会大大降低。

在一个覆盖范围相当广泛的国家文化的内部，让每一亚文化主体都保持其稳定的传统形式的多元文化主义也同样是不太可能实现的。在与其他文化或具有一定凝聚力的国家文化的接触中，每种文化子集中的年轻人都发生着深远的改变，以至于他们根本没有办法以传统的形式维护他们的文化源头。许多不同文化的元素也许会成为一种新文化的重要组成部分，从而得以生存下来，但在每个个体的生活中，它们会与其他文化的元素相结合，就像犹太裔的美国人也会练习来源于印度的瑜伽，会尝试做中国菜，写日本俳句。很少有美国人会愿意去过一种由单一文化元素组合而成的生活。将这一道理推及全球，情况亦是如此。出于经济、科学、医学和娱乐等方面利益的考虑，欧美、中东以及亚洲这些文化巨头不可能没有任何接触。无论这些文化群体中的长者感到何等愤怒和惊愕，有一种趋势是他们所无法阻挡的：他们的下一代将学习其他文化的某些特质，并在取得领导地位时努力改造外部世界，使其与自己已经形成的混合型内部结构相一致，进而从内部改变他们自己的文化。

252   在人类作为一个物种存在的大部分历史长河中，地理上的阻隔与文化上的屏障将人类分隔成了数千个孤立的群体。一旦信息穿越这些阻隔与屏障，又会发生些什么呢？科幻小说作家将未来的文化描绘得凄惨而荒凉，一切都是同质的，就连人也都如行尸走肉一般，有着同样的思想、同样的感受。然而，如果这就是全球文化相融合的不可避免的结局，那么我们也不得不将这种结局与生存的命运同样推及所有那些在自己的文化、世界中度过一生，对外面的世界不知晓或与之没有任何往来的每个人。在我看来，对于未来的那种悲催的预测，正是来源于人们对于文化多样性丧失后世界之前景的担忧；毕竟，在过去 300 年里，我们对这种文化的多样性已经相当熟悉。我们的世界本应如现在一样，充满着各异的文化，也有一些小的冲突；任何其他模式都会是缺乏生机和活力的。

    我们完全可以把视觉转向西方世界的顶尖大学，来管窥一种可供选择的全球文化模式。在这些大学里，许许多多的年轻人自由地获取来自世界各个角落、人类兴趣与知识各个方面的信息。在教室和图书馆之外，这些年经的学生可以自由选择和参与无数不同的社会、艺术与体育活动，以及各种类型的工作与服务，而且所有这些活动中的每一种也都给他们提供了更为具体的多种选择。无穷无尽的人际圈于是得以产生，并不断吸引着不同个体的参与。虽然每个人的兴趣与选择参与的活动都会被他们的个人背景所影响，但这些过去的经历却无法预测或决定学生的未来选择，每个人际圈于是更加多样化。总体而言，大学师生们深感彼此之间兴趣、思维方式、工作重点存在如此大的区别，以至于有必要做出特别的努力，以弥

253 合他们之间存在的鸿沟，促进思想之交流。在大学校园里，各种活动造就了无数个多元的、动态的生命群体，大学内部文化的多样性也正在于此。

    同样，即使一种全球文化最终超越并消灭了过去几千年以来人们在相互隔绝中形成的所有不同的文化，它仍然可以产生新型的多

样化，并且保持这些多样化。今天我们所了解的文化多样性，是历史上长期分隔的不同社会相互混合后而形成的。而在将来，大量不同的教育与其他活动会将人们分成无数的流动的群体，这些群体与个体之间相互接触，形成多样的文化，并取代我们今天看到的多样化。虽然这些由思想、知识、活动和习惯相同或相似的人组成的不同群体可能与民族和宗教群体存在着一些有趣的差别，但我绝对不会是第一个将之称作文化的人[24]；它们的出现，必将创造出一道丰富的人类异质性风景。在我看来，这样的未来要远比雷·布莱伯利的《华氏451度》或乔治·奥威尔的《1984》所描绘的未来更为现实，也更加诱人。当然，你们还能期望一个大学教授对未来做出什么样的预测呢？

参考文献

引言

1. Hundert EM. *Philosophy, Psychiatry and Neuroscience.* Clarendon Press, Oxford, 1989.
2. Geertz C. The growth of culture and the evolution of mind. In *Theories of the Mind.* ed. J. Scher. Free Press of Glencoe, Macmillan, New York, 1962.
3. Geertz C. *The Interpretation of Cultures.* Basic Books, New York, 1973.
4. Lewontin RC, Rose S, Kamin LJ. *Not in Our Genes.* Pantheon Books, New York, 1984.
5. Cole M. *Cultural Psychology.* Belknap Press of Harvard University, Cambridge, Mass., 1975.
6. Horowitz DL. *Ethnic Groups in Conflict.* University of California Press, Berkeley, 1985.
7. Todorov T. *The Conquest of America: The Question of the Other.* Trans. R Howard, Harper Collins, New York, 1984.
8. Volf M. *Exclusion and Embrace.* Abingdon Press, Nashville, Tenn., 1996.
9. Goody JR. *Islam in Europe.* Polity Press, Cambridge, UK, 2004.
10. Pratt ML. *Imperial Eyes: Travel Writing and Transculturation.* Routledge, London, 1992.
11. Huntington SP. The clash of civilizations? *Foreign Affairs* 72: 22–49, 1993.
12. Diamond J. *Collapse: How Societies Choose to Fail or Succeed.* Viking, New York, 2005.

第一章

1. John ER. Switchboard versus statistical theories of learning and memory. Coherent patterns of neural activity reflect the release of memories and may mediate subjective experience. *Science* 177: 850–864, 1972.
2. Chapin JK, Nicolelis MK. Principal components analysis of neuronal ensemble activity reveals multidimensional somatosensory representations. *J. Neuroscience Methods* 94: 121–140, 1999.
3. Gerstein GL. Analysis of firing patterns in single neurons. *Science* 131: 1811–1812, 1960.

4. John ER, Tang Y, Brill AB, Young R, Ono K. Double-labeled metabolic maps of memory. *Science* 233: 1167–1175, 1986.

5. Xu F, Kida I, Hyder F, Shulman RG. Assessment and discrimination of odor stimuli in rat olfactory bulb by dynamic functional MRI. *Proceedings of the National Academy of Sciences of the United States of America* 97: 10601–10606, 2000.

6. Kristan WB Jr, Shaw BK. Population coding and behavioral choice. *Current Opinion in Neurobiology* 7: 826–831, 1997.

7. Luria AR. *Human Brain and Psychological Processes.* Trans. B. Haigh. Harper and Row, New York, 1966.

8. van Melchner L, Pallas SL, Sur M. Visual behavior mediated by retinal projections directed to the auditory pathway. *Nature* 404: 871–876, 2000.

9. Hebb DO. *The Organization of Behavior.* Wiley, New York, 1949.

10. Kandel ER. Cellular mechanisms of learning and the biological basis of individuality. In *Principles of Neuroscience.* eds. ER Kandel, JH Schwartz, TM Jessel. McGraw-Hill, New York, 2000.

11. Kuhlenbeck H. *Vorlesungen uber das Zentralnervensystem der Wirbeltiere. Fischer: Jena, 1927.* [Kuhlenbeck H. *The Human Brain and Its Universe.*] Karger, Basel, Switzerland, 1982.

12. MacLean PD. *The Triune Brain in Evolution: Role in Paleocerebral Functions.* Plenum, New York, 1990.

13. Stephan H. Quantitative investigations on visual structures in primate brains. In *Proceedings of Second International Congress of Primatology, Vol. 3, Neurology, Physiology, and Infectious Diseases.* ed. HO Hofer. Karger, Basel, Switzerland, 1968, pp. 34–42.

14. Ploog D, Melnechuk T. *Neurosciences Research Symposium.* vol. 6, 1970.

15. Bownds MD. *The Biology of Mind.* Fitzgerald Science Press, Bethesda, Md., 1999, p. 77.

16. Corballis MC. Phylogeny from apes to humans. In *The Descent of Mind.* eds. MC Corballis, SEG Lea. Oxford University Press, New York, 1999.

17. Ekman P, Oster H. Facial expressions of emotion. *Annual Review of Psychology* 30: 527–554, 1979.

18. Darwin C. *The Expression of the Emotions in Man and Animals.* John Murray, London, 1872.

19. Charlesworth WR, Kreutzer MA. Facial expressions of infants and children. In *Darwin and Facial Expression.* ed. P. Ekman. Academic Press, New York, 1973.

20. DeRivera J. A structural theory of the emotions. In *Psychological Issues.* vol. 10. International Universities Press, Madison, Conn., 1977.

21. Fridja NH. *The Emotions.* Cambridge University Press, Cambridge, 1986.

22. Phan KL, Wager T, Taylor SF, Liberzon I. Functional neuroanatomy of emotion: A meta-analysis of emotion activation studies in PET and fMRI. *NeuroImage* 16: 331–348, 2002.

23. Dimberg V. Facial reactions to facial expressions. *Psychophysiology* 19: 643–647, 1982.

24. Ekman P, Levenson RW, Friesen WV. Autonomic nervous system activity

distinguishes among emotions. *Science* 221: 1208–1210, 1983.

25. Lanzetta JT, Cartwright-Smith J, Kleck R. Effects of nonverbal dissimulation on emotional experience and autonomic arousal. *J. Personality and Social Psychology* 53: 354–370, 1976.

26. Laird JD. Self-attribution of emotion: The effects of expressive behavior on the quality of emotional experience. *J. Personality and Social Psychology* 29: 475–486, 1974.

27. Adolphs R. Neural systems for recognizing emotion. *Current Opinion in Neurobiology* 12: 169–177, 2002.

28. Carr L, Iacoboni M, Dubeau MC, Mazziotta JC, Lenzi GL. Neural mechanisms of empathy in humans: A relay from neural systems for imitation to limbic areas. *Proceedings of the National Academy of Sciences of the United States of America* 100: 5497–5502, 2003.

29. Kawasaki H, Adolphs R, Kaufman O, Damasio AR, Damasio M, Granner M, Bakken H, Hori T, Howard MA. Single neuron responses to emotional visual stimuli recorded in human ventral prefrontal cortex. *Nature Neuroscience* 4: 15–16, 2001.

30. Whalen PJ, Rauch SL, Etcoff NL, McInerney SC, Lee MB, Jenike MA. Masked presentations of emotional facial expressions modulate amygdala activity without explicit knowledge. *J. Neuroscience* 18: 411–418, 1998.

31. Malatesta CZ, Izard CE. The ontogenesis of human social signals: From biological imperative to symbol utilization. In *The Psychobiology of Affective Development*. eds. NA Fox, RJ Davidson. Erlbaum Associates, Hillsdale, N.J., 1984.

第二章

1. Rasch E, Swift H, Riesen AH, Chow KL. Altered structure and composition of retinal cells in dark-reared animals. *Experimental Cell Research* 25: 348–363, 1961.

2. Liang H, Crewther DP, Crewther SG, Barila AM. A role for photoreceptor outer segments in the induction of deprivation myopia. *Vision Research* 35(9): 1217–1225, 1995.

3. Kupfer C, Palmer P. Lateral geniculate nucleus: Histological and cytochemical changes following afferent denervation and visual deprivation. *Experimental Neurology* 9: 400–409, 1964.

4. Wiesel TN, Hubel DH. Effects of visual deprivation on morphology and physiology of cells in the cat's lateral geniculate body. *J Neurophysiology* 26: 978–993, 1963.

5. Hubel DH, Wiesel TN. The period of susceptibility to the physiological effects of unilateral eye closure in kittens. *J. Physiology* 206: 419–436, 1970.

6. Sherman SM, Hoffman KP, Stone J. Loss of a specific cell type from dorsal lateral geniculate nucleus in visually deprived cats. *J. Neurophysiology* 35: 532–541, 1972.

7. Sherman SM, Sanderson KJ. Binocular interaction on cells of the dorsal lateral geniculate nucleus of visually deprived cats. *Brain Research* 37: 126–131, 1972.

8. Hubel DH. *Eye, Brain and Vision*. Scientific American Library, W. H. Freeman, New York, 1988, chap. 9.

9. Tigges M, Tigges J. Parvalbumin immunoreactivity in the lateral geniculate nucleus of

rhesus monkeys raised under monocular and binocular deprivation conditions. *Visual Neuroscience* 10(6): 1043–1053, 1993.

10. Aghajanian GK, Bloom FE. The formation of synaptic junctions in developing rat brain: A quantitative electron microscopic study. *Brain Research* 6: 716–727, 1967.

11. Cragg BG. What is the signal for chromatolysis? *Brain Research* 23: 1–21, 1970.

12. Fifkova E. Changes of axosomatic synapses in the visual cortex of monocularly deprived rats. *J. Neurobiology* 2: 61–71, 1970.

13. Kumar A, Schliebs R. Postnatal laminar development of cholinergic receptors, protein kinase C and dihydropyridine-sensitive calcium antagonist binding in rat visual cortex. Effect of visual deprivation. *International Journal of Developmental Neuroscience* 10(6): 491–504, 1992.

14. Kumar A, Schliebs R. Postnatal ontogeny of GABAA and benzodiazepine receptors in individual layers of rat visual cortex and the effect of visual deprivation. *Neurochemistry International* 23(2): 99–106, 1993.

15. Robner S, Kumar A, Kues W, Witzemann V, Schliebs R. Differential laminar expression of AMPA receptor genes in the developing rat visual cortex using *in situ* hybridization histochemistry. Effect of visual deprivation. *International Journal of Developmental Neuroscience* 11(4): 411–424, 1993.

16. Rakic P, Suner I, Williams RW. A novel cytoarchitectonic area induced experimentally within the primate visual cortex. *Proceedings of the National Academy of Sciences of the United States of America* 88(6): 2083–2087, 1991.

17. Benson TE, Ryugo DK, Hinds JW. Effects of sensory deprivation on the developing mouse olfactory system: A light and electron microscopic, morphometric analysis. *J. Neuroscience* 4(3): 638–653, 1984.

18. Skeen LC, Due BR, Douglas FE. Neonatal sensory deprivation reduces tufted cell number in mouse olfactory bulbs. *Neuroscience Letters* 63: 5–10, 1986.

19. Najbauer J, Leon M. Olfactory experience modulated apoptosis in the developing olfactory bulb. *Brain Research* 674 (2): 245–251, 1995.

20. Berardi N, Cattaneo A, Cellerino A, Domenici L, Fagiolini M, Maffei L, Pizzorusso T. Monoclonal antibodies to nerve growth factor (NGF) affect the postnatal development of the rat geniculocortical system. *J. Physiology* (*London*) 452: 293P, 1992.

21. Berardi N, Domenici L, Parisi V, Pizzorusso T, Cellerino A, Maffei L. Monocular deprivation effects in the rat visual cortex and lateral geniculate nucleus are prevented by nerve growth factor (NGF). I. Visual cortex. *Proceedings of the Royal Society of London, Ser. B.* B251: 17–23. 1993.

22. Domenici L, Cellerino A, Maffei L. Monocular deprivation effects in the rat visual cortex and lateral geniculate nucleus are prevented by nerve growth factor (NGF). II. Lateral geniculate nucleus. *Proceedings of the Royal Society of London, Ser. B.* B251: 25–31, 1993.

23. Carmignoto G, Canella R, Candeo P, Comelli MC, Maffei L. Effects of nerve growth factor on neuronal plasticity of the kitten visual cortex. *J. Physiology* (*London*) 464: 343–360, 1993.

24. Pizzorusso T, Fagiolini M, Fabris M, Ferrari G, Maffei L. Schwann cells transplanted

in the lateral ventricles prevent the functional and anatomical effects of monocular deprivation in the rat. *Proceedings of the National Academy of Sciences of the United States of America* 91(7): 2572–2576, 1994.

25. Kossut M. Effects of sensory denervation and deprivation on a single cortical vibrissal column studied with 2-deoxyglucose. *Physiologia Bohemoslovaca* 34: 70–83, 1985.

26. Melzer P, Crane AM, Smith CB. Mouse barrel corks functionally compensate for deprivation produced by neonatal lesion of whisker follicules. *European Journal of Neuroscience* 5: 1635–1652, 1993.

27. Kossut M. Effects of sensory deprivation upon a single cortical vibrissal column: A 2DG study. *Experimental Brain Research* 90: 639–642, 1992.

28. Kaas JH, Merzenich MM, Killackey HP. The reorganization of somatosensory cortex following peripheral nerve damage in adult and developing mammals. *Annual Review of Neuroscience* 6: 325–356, 1984.

29. Toldi J, Rojik I, Feher O. Neonatal monocular enucleation-induced cross-modal effects observed in the cortex of adult rat. *Neuroscience* 62(1): 105–114, 1994.

30. Cynader M, Berman N, Hein A. Cats reared in stroboscopic illumination: Effects on receptive fields in visual cortex. *Proceedings of the National Academy of Sciences of the United States of America* 70(5): 1353–1354, 1973.

31. Cynader M, Chernenko G. Abolition of direction selectivity in the visual cortex of the cat. *Science* 193(4252): 504–505, 1976.

32. Tretter F, Cynader M, Singer W. Modification of direction selectivity of neurons in the visual cortex of kittens. *Brain Research* 84(1): 143–149, 1975.

33. Blakemore C, Cooper GF. Development of the brain depends on visual experience. *Nature* 228: 477–478, 1970.

34. Hirsch HB, Spinelli D. Visual experience modifies distribution of horizontally and vertically oriented receptive fields in cats. *Science* 168: 869–871, 1970.

35. Callaway EM, Katz LC. Effects of binocular deprivation on the development of clustered horizontal connections in cat striate cortex. *Proceedings of the National Academy of Sciences of the United States of America* 88: 745–749, 1991.

36. Guthrie KM, Wilson DA, Leon M. Early unilateral deprivation modifies olfactory bulb function. *J. Neuroscience* 10(10): 3402–3412, 1990.

37. Wolf A. The dynamics of the selective inhibition of specific functions in neurosis: A preliminary report. *Psychosomatic Medicine* 5: 27–38, 1943.

38. Tuso RJ, Repko MX, Smith CB, Herdman SJ. Early visual deprivation results in persistent strabismus and nystagmus in monkeys. *Investigative Ophthalmology and Visual Science* 32: 134–141, 1991.

39. Murphy KM, Mitchell DE. Vernier acuity of normal and visually deprived cats. *Vision Research* 31(2): 253–266, 1991.

40. Tees RC. Effects of early auditory restriction on adult pattern discrimination. *J. Comparative and Physiological Psychology* 63: 389–393, 1967.

41. Tees RC, Symons LA. Intersensory coordination and the effects of early sensory deprivation. *Developmental Psychobiology* 20(5): 497–507, 1987.

42. Tees RC, Midgley G. Extent of recovery of function after early sensory deprivation in

the rat. *J. Comparative and Physiological Psychology* 92(4): 768–777, 1978.

43. Wilson PD, Riesen AH. Visual development in rhesus monkeys neonatally deprived of patterned light. *J. Comparative and Physiological Psychology* 61: 87–95, 1966.

44. Tees RC. Effects of early restriction on later form discrimination in the rat. *Canadian Journal of Psychology* 22: 294–301, 1968.

45. Siegel J, Coleman P, Riesen AH. Deficient pattern-evoked responses in pattern-deprived cats. *Electroencephalography and Clinical Neurophysiology* 35: 569–573, 1973.

46. Batkin S, Groth H, Watson JR, Ansberry M. Effects of auditory deprivation on the development of auditory sensitivity in albino rats. *Electroencephalography and Clinical Neurophysiology* 28: 351–359, 1970.

47. Wilson DA, Wood JG. Functional consequences of unilateral olfactory deprivation: Time-course and age sensitivity. *Neuroscience* 49(1): 183–192, 1992.

48. Kandel ER. Cellular mechanisms of learning and the biological basis of individuality. In *Principles of Neuroscience.* ed. ER Kandel, JH Schwartz, TM Jessell. McGraw-Hill, New York, 2000.

49. Martin SJ, Grimwood PD, Morris RGM. Synaptic plasticity and memory. *Annual Reviews of Neuroscience* 23: 649–711, 2000.

50. Dudai Y. Molecular basis of long-term memories. *Current Opinion in Neurobiology* 12: 211–216, 2002.

51. Rosenzweig MR. Environmental complexity, cerebral change, and behavior. *American Psychologist* 21: 321–332, 1966.

52. Mirmiran M, Uylings HB. The environmental enrichment effect upon cortical growth is neutralized by concomitant pharmacological suppression of active sleep in female rats. *Brain Research* 261(2): 331–334, 1983.

53. Hyden H, Ronnback L. Incorporation of amino acids into protein in different brain areas of rat, subjected to enriched and restricted environment. *J. Neurological Sciences* 34(3): 415–421, 1977.

54. Altschuler RA. Morphometry of the effect of increased experience and training on synaptic density in area CA3 of the rat hippocampus. *J. Histochemistry Cytochemistry* 27(11): 1548–1550, 1979.

55. Bryan GK, Riesen AH. Deprived somatosensory-motor experience in stumptailed monkey neocortex: Dendritic spine density and dendritic branching of layer IIIB pyramidal cells *J. Comparative Neurology* 286(2): 208–217, 1989. Published erratum appears in *J. Comparative Neurology* 1989 Nov 22: 289(4): 709.

56. Held JM, Gordon J, Gentile AM. Environmental influences on locomotor recovery following cortical lesions in rats. *Behavioral Neuroscience* 99(4): 678–690, 1985.

57. Whishaw IQ, Sutherland RJ, Kolb B, Becker JB. Effects of neonatal forebrain noradrenaline depletion on recovery from brain damage: Performance on a spatial navigation task as a function of age of surgery and postsurgical housing. *Behavioral and Neural Biology* 46(3): 285–307, 1986.

58. Gentile AM, Beheshti Z, Held JM. Enrichment versus exercise effects on motor impairments following cortical removals in rats. *Behavioral and Neural Biology*

47(3): 321–332, 1987.

59. Nilsson L, Mohammed AK, Henriksson BG, Folkesson R, Winblad B, Bergstrom L. Environmental influence on somatostatin levels and gene expression in the rat brain. *Brain Research* 628(1–2): 93–98, 1993.

60. Hymovitch B. The effects of experimental variations on problem solving in the rat. *J. Comparative and Physiological Psychology* 45: 313–321, 1952.

61. Paylor R, Morrison SK, Rudy JW, Waltrip LT, Wehner JM. Brief exposure to an enriched environment improves performance on the Morris water task and increases hippocampal cytosolic protein kinase C activity in young rats. *Behavioural Brain Research* 52(1): 49–59, 1992.

62. Park GA, Pappas BA, Murtha SM, Ally A. Enriched environment primes forebrain choline acetyltransferase activity to respond to learning experience. *Neuroscience Letters* 143(1–2): 259–262, 1992.

63. Falkenberg T, Mohammed AK, Henriksson B, Persson H, Winblad B, Lindefors N. Increased expression of brain-derived neurotrophic factor mRNA in rat hippocampus is associated with improved spatial memory and enriched environment. *Neuroscience Letters* 138(1): 153–155, 1992.

64. Cornwell P, Overman W. Behavioral effects of early rearing conditions and neonatal lesions of the visual cortex in kittens. *J. Comparative and Physiological Psychology* 95(6): 848–862, 1981.

65. Krech D, Rosenzweig MR, Bennett EL. Relations between brain chemistry and problem-solving among rats raised in enriched and impoverished environments. *J. Comparative and Physiological Psychology* 55: 801–807, 1962.

66. Davenport RK Jr, Rogers CM, Menzel EW, Jr. Intellectual performance of differentially reared chimpanzees: II. Discrimination learning set. *American Journal of Mental Deficiency* 73: 963–969, 1967.

67. Escorihuela RM, Tobena A, Fernandez-Teruel A. Environmental enrichment reverses the detrimental action of early inconsistent stimulation and increases the beneficial effects of postnatal handling on shuttlebox learning in adult rats. *Behavioural Brain Research* 61(2): 169–173, 1994.

68. Davenport RK, Jr, Menzel EW, Jr. Stereotyped behavior of the infant chimpanzee. *Archives of General Psychiatry* 8: 99–104, 1963.

69. Davenport RK, Jr, Rogers CM. Intellectual performance of differentially reared chimpanzees. I. Delayed response. *American Journal of Mental Deficiency* 72: 674–680, 1968.

70. Stasiak M, Zernicki B. Delayed response learning to auditory stimuli is impaired in cage-reared cats. *Behavioural Brain Research* 53(1–2): 151–154, 1993.

71. Baddeley A. Working memory. *Science* 255: 556–559, 1992.

72. Just MA, Carpenter PA. A capacity theory of comprehension: Individual differences in working memory. *Psychological Review* 99: 122–149, 1992.

73. Squire LR. *Memory and Brain.* Oxford University Press, New York/ Oxford, 1987.

74. Jensen AR. Spearman's g: Links between psychometrics and biology. *Annals of the New York Academy of Sciences* 702: 103–129, 1993.

75. Goldman-Rakic P. Circuitry of primate prefrontal cortex and regulation of behavior by representational memory. In *Handbook of Physiology: The Nervous System.* vol. V, ed. JR Pappenheimer. Krager, Bethesda, 1987, pp. 373–417.

76. Fuster JM, Alexander GE. Neuron activity related to short-term memory. *Science* 173: 652–654, 1971.

77. Kubota K, Niki H. Prefrontal cortical unit activity and delayed alternation performance in monkeys. *J. Neurophysiology* 34: 337–347, 1971.

78. Kojima S, Goldman-Rakic PS. Delay-related activity of prefrontal cortical neurons in rhesus monkeys performing delayed response. *Brain Research* 248: 43–49, 1982.

79. Menzel EW, Jr, Davenport RK, Jr, Rogers CM. The development of tool using in wild-born and restriction-reared chimpanzees. *Folia Primatologica* 12: 273–283, 1970.

80. Carpenter PA, Just MA, Reichle ED. Working memory and executive function: Evidence from neuroimaging. *Current Opinion in Neurobiology* 10: 195–199, 2000.

81. Rasmusson DD, Webster HH, Dykes RW. Neuronal response properties within subregions of raccoon somatosensory cortex 1 week after digit amputation. *Somatosensory and Motor Research* 9(4): 279–289, 1992.

82. Sharpless SK. Disuse supersensitivity. In *The Developmental Neuropsychology of Sensory Deprivation.* ed. AH Riesen. Academic Press, New York, 1975.

83. Eysel UT, Gonzalez-Aguilar F, Mayer U. Time-dependent decrease in the extent of visual deafferentiation in the lateral geniculate nucleus of adult cats with small retinal lesions. *Experimental Brain Research* 41(3–4): 256–263, 1981.

84. Gilbert CE, Wiesel TN. Receptive field dynamics in adult primary visual cortex. *Nature* 356(6365): 150–152, 1992.

85. Nicolelis MA, Lin RC, Woodward DJ, Chapin JK. Induction of immediate spatiotemporal changes in thalamic networks by peripheral block of ascending cutaneous information. *Nature* 361(6412): 533–536, 1993.

86. Kaas JH. Plasticity of sensory and motor maps in adult mammals. *Annual Review of Neuroscience* 14: 137–167, 1991.

87. Jenkins WM, Merzenich MM, Ochs MT, Allard T, Guic-Robles E. Functional reorganization of primary somatosensory cortex in adult owl monkeys after behaviorally controlled tactile stimulation. *J. Neurophysiology* 63(1): 82–104, 1990.

88. Clark SA, Allard T, Jenkins WM, Merzenich MM. Syndactyly results in the emergence of double-digit receptive fields in somatosensory cortex in adult owl monkeys. *Nature (London)* 332: 444–445, 1988.

89. Donoghue JP, Suner S, Sanes JN. Dynamic organization of primary motor cortex output to target muscles in adult rats. II. Rapid reorganization following motor nerve lesions. *Experimental Brain Research* 79(3): 492–503, 1990.

90. Sanes JN, Suner S, Lando JF, Donoghue JP. Rapid reorganization of adult rat motor cortex somatic representation patterns after motor nerve injury. *Proceedings of the National Academy of Sciences of the United States of America* 85: 2003–2007, 1988.

91. Sanes JN, Suner S, Donoghue JP. Dynamic organization of primary motor cortex output to target muscles in adult rats. I. Long-term patterns of reorganization following motor or mixed peripheral nerve lesions. *Experimental Brain Research* 79(3): 479–

491, 1990.

92. Merzenich M, personal communication, 2000.

93. Pons TP, Garraghty PE, Mishkin M. Lesion-induced plasticity in the second somatosensory cortex of adult macaques. *Proceedings of the National Academy of Sciences of the United States of America* 85: 5279–5281, 1988.

94. Kleinschmidt A, Beas MF, Singer W. Blockade of "NMDA" receptors disrupts experience-dependent plasticity of kitten striate cortex. *Science* 238: 355–358, 1987.

95. Rauschecker JP, Egert U, Kossel A. Effects of NMDA antagonists on developmental plasticity in kitten visual cortex. *International Journal of Developmental Neuroscience* 8: 425–435, 1990.

96. Daw NW. Mechanisms of plasticity in the visual cortex. The Friedenwald Lecture. *Investigative Ophthalmology and Visual Science* 35(15): 4168–4179, 1994.

97. Jiang CH, Tsien JZ, Schultz PG, Hu Y. The effects of aging on gene expression in the hypothalamus and cortex of mice. *Proceedings of the National Academy of Sciences of the United States of America* 98(4): 1930–1934, 2001.

98. Rampon C, Tsien JZ. Genetic analysis of learning behavior-induced structural plasticity [Review]. *Hippocampus* 10(5): 605–609, 2000.

99. Calossi A. Increase of ocular axial length in infantile traumatic cataract. *Optometry and Vision Science* 71(6): 386–391, 1994.

100. Bowering ER, Maurer D, Lewis TL, Brent HP. Sensitivity in the nasal and temporal hemifields in children treated for cataract. *Investigative Ophthalmalogy and Visual Science* 34(13): 3501–3509, 1993.

101. McCulloch DL, Skarf B. Pattern reversal visual-evoked potentials following early treatment of unilateral, congenital cataract. *Archives of Ophthalmology* 112: 510–518, 1994.

102. Birch EE, Swanson WH, Stager DR, Woody M, Everett M. Outcome after very early treatment of dense congenital unilateral cataract. *Investigative Ophthalmology and Visual Science* 34(13): 3687–3699, 1993.

103. Tytla ME, Lewis TL, Maurer D, Brent HP. Stereopsis after congenital cataract. *Investigative Ophthalmology and Visual Science* 34(5): 1767–1773, 1993.

104. von Senden M. *Space and Sight: The Perception of Space and Shape in the Congenitally Blind Before and After Operation* 1932. Reprint. Free Press, Glencoe, Ill., 1960.

105. Gregory RL, Wallace JG. Recovery from early blindness: A case study. *Quarterly Journal of Psychology.* 1963. Reprinted in *Concepts and Mechanisms of Perception.* ed. RL Gregory. Duckworth, London, 1974.

106. Sacks O. *Anthropologist on Mars. Seven Paradoxical Tales.* Knopf, New York, 1995, pp. 108–152.

107. Mishkin M, Appenzeller T. The anatomy of memory. *Scientific American* June 1987, pp. 80–89.

108. Rutstein RP, Fuhr PS. Efficacy and stability of amblyopin therapy. Optometry and vision. *Science* 69: 747–754, 1992.

109. Pascual-Leone A, Torres F. Plasticity of the sensorimotor cortex representation of the

reading finger in Braille readers. *Brain* 116(Pt 1): 39–52, 1993.

110. Elbert T, Pentev C, Wienbruch C, Rockstroh B, Taub E. Increased cortical representation of the fingers of the left hand in string players. *Science* 270: 305–307, 1995.

111. Storfer MD. *Intelligence and Giftedness: The Contributions of Heredity and Early Environment.* Jossey-Bass, San Francisco, 1990.

112. Belmont L, Marolla FA. Birth order, family size, and intelligence. *Science* 182: 1096–1101, 1973.

113. Breland HM. Birth order, family configuration, and verbal achievement. *Child Development* 45: 1011–1019, 1974.

114. Jacobs BS, Moss HA. Birth order and sex of sibling as determinants of mother and infant interaction. *Child Development* 47: 315–322, 1976.

115. Lewis M, Kreitzberg VS. Effects of birth order and spacing on mother-infant interactions. *Developmental Psychology* 15: 617–625, 1979.

116. Gottfried AW, Gottfried AE. Home environment and cognitive development in young children of middle-socioeconomic families. In *Home Environment and Early Cognitive Development.* ed. AW Gottfried. Academic Press, Orlando, Fla., 1984.

117. White BL, Kaban BT, Attanucci J. *The Origins of Human Competence.* Lexington Books, Lexington, Mass., 1979.

118. Douglas JWB, Ross JM, Simpson HR. *All Our Future: A Longitudinal Study of Secondary Education.* Davies, London, 1968.

119. Page EB, Grandon GM. Family configuration and mental ability: Two theories contrasted with US data. *American Educational Research Journal* 16: 257–272, 1979.

120. Record RG, McKeown T, Edwards JH. The relation of measured intelligence to birth order and maternal age. *Annals of Human Genetics* 33: 61–69, 1969.

121. Zybert P, Stein Z, Belmont L. Maternal age and children's ability. *Perceptual and Motor Skills* 47: 815–818, 1978.

122. Skodak M, Skeels HM. A final follow-up study of one hundred adopted children. *Journal of Genetic Psychology* 75: 85–125, 1949.

123. Horn JM, Loehlin JC, Willerman L. Intellectual resemblance among adoptive and biological relatives: The Texas adoption project. *Behavior Genetics* 9: 177–207, 1979.

124. Schiff M. Intellectual status of working class children adopted early into upper middle-class families. *Science* 200: 1503–1504, 1978.

125. Flynn JR. Massive IQ gains in 14 nations: What IQ tests really measure. *Psychological Bulletin* 101(2): 171–191, 1987.

126. Horgan J. Get smart, take a test. *Scientific American* November 1995, pp. 12–14.

127. Schaie KW, Labourvie GV, Buech BO. Generational and cohortspecific differences in adult cognitive functioning: A fourteen-year study of independent samples. *Developmental Psychology* 9: 151–166, 1973.

128. Schaie KW. The Seattle longitudinal study: A 21-year exploration of psychometric intelligence in adulthood. In *Longitudinal Studies of Adult Psychological*

Development. ed. KW Schaie. Guilford Press, New York, 1983.

129. Neisser U, Boodoo G, Bouchard TJ Jr, Boykin AW, Brody N, Ceci SJ, Halpern DF, Loehlin JC, Perloff R, Sternberg RJ, Urbina S. *Intelligence: Knowns and Unknowns. Report of a Task Force Established by the Board of Scientific Affairs of the American Psychological Association.* Science Directorate, Washington, D.C., 1995.

130. Terman LM, Merrill MA. *Measuring Intelligence: A Guide to Administration of the New Revised Stanford-Binet Tests of Intelligence.* Houghton Mifflin, Boston, 1937.

131. Seashore H, Wesman A, Doppelt J. Standardization of the Wechsler Intelligence Scale for Children. *Journal of Consulting Psychology* 14: 99–110, 1950.

132. Kaufman AS, Doppelt JE. Analysis of WISC-R standardization data in terms of the stratification variables. *Child Development* 47: 165–171, 1976.

133. Reynolds CR, Chastain RL, Kaufman AS, McLean JE. Demographic characteristics and IQ among adults: Analysis of the WAIS-R standardization sample as a function of the stratification variables. *Journal of School Psychology* 25: 323–342, 1987.

134. Ceci SJ. How much does schooling influence general intelligence and its cognitive components? A reassessment of the evidence. *Developmental Psychology* 27: 703–722, 1991.

135. Green RL, Hoffman LT, Morse R, Hayes ME, Morgan RF. *The Educational Status of Children in a District Without Public Schools (Cooperative Research Project No. 2321).* Office of Education, U.S. Department of Health, Education, and Welfare, Washington, D.C., 1964.

136. Teasdale TW, Owen DR. Thirty-year secular trends in the cognitive abilities of Danish male school-leavers at a high educational level. *Scandanavian Journal of Psychology* 35: 328–335, 1994.

137. Steinberg RJ. *Beyond IQ: A Triarchic Theory of Human Intelligence.* Cambridge University Press, New York, 1985.

138. Gould SJ. *The Mismeasure of Man.* W.W. Norton, New York, 1996.

139. Leiderman PH, Mendelson JH, Wexler D, Solomon P. Sensory deprivation: Clinical aspects. *Archives of Internal Medicine* 101: 389–396, 1958.

140. Lilly J. Mental effects of reduction of ordinary levels of physical stimuli on intact healthy persons. *Psychiatric Research Reports* 5: 1–9, 1956.

141. Shurley JT. Profound experimental sensory isolation. *American Journal of Psychiatry* 117: 539–545, 1960.

142. Zuckerman M, Albright RJ, Marks CS, Miller GL. Stress and hallucinatory effects of perceptual isolation and confinement. *Psychology Monographs* 76(30), 1962.

143. Zuckerman M, Persky H, Miller L, Levine B. Sensory deprivation versus sensory variation. *J. Abnormal Psychology* 76(1): 76–82, 1970.

144. Leff JP, Hirsch SR. The effects of sensory deprivation on verbal communication. *J. Psychiatric Research* 9: 329–336, 1972.

145. Jones A, Wilkinson H, Braden I. Information deprivation as a motivational variable. *J. Experimental Psychology* 62: 126–137, 1961.

146. Jones A. How to feed the stimulus hunger—problems in the definition of an incentive. Paper presented to the American Psychological Association, 1964.

147. Smith S, Myers TI. Stimulation seeking during sensory deprivation. *Perceptual and Motor Skills* 23: 1151–1163, 1966.

148. Berlyne DE. *Conflict, Arousal, and Curiosity*. McGraw-Hill, New York, 1960.

149. Bindra D. *Motivation: A Systematic Reinterpretation*. Ronald Press, New York, 1959.

150. Cofer CN, Appley MH. *Motivation: Theory and Research*. Wiley, New York, 1964.

151. Dember WN. *Psychology of Perception*. Holt, Rinehart, & Winston, New York, 1960.

152. Schultz DP. *Sensory Restrictions Effects on Behavior*. Academic Press, New York, 1965.

153. Harlow HF, Mears C. *The Human Model: Primate Perspectives*. V. H. Winston, Washington D.C., 1979.

154. Butler RA. The effect of deprivation of visual incentives on visual exploration in monkeys. *J. Comparative and Physiological Psychology* 50: 177–179, 1957.

155. Barnes GW, Kish GB, Wood WO. The effect of light intensity when onset or termination of illumination is used as reinforcing stimulus. *Psychological Record* 9: 53–60, 1959.

156. Barnes GW, Kish GB. Reinforcing properties of the onset of auditory stimulation. *J. Experimental Psychology* 62: 164–170, 1961.

157. Butler RA. Discrimination learning by rhesus monkeys to visualexploration motivation. *J. Comparative and Physiological Psychology* 46: 95–98, 1953.

158. Fox S. Self-maintained sensory input and sensory deprivation in monkeys: A behavioral and neuropharmacological study. *J. Comparative Physiology and Psychology* 55: 438–444, 1962.

159. Schulman CA, Richlin M, Weinstein S. Hallucinations and disturbances of affect, cognition, and physical state as a function of sensory deprivation. *Perceptual and Motor Skills* 25: 1001–1024, 1967.

160. Heron W, Doane BK, Scott TH. Visual disturbances after prolonged perceptual isolation. *Canadian Journal of Psychology* 10: 13, 1956.

161. Zuckerman M, Hopkins TR. Hallucinations or dreams? A study of arousal levels and reported visual sensations during sensory deprivation. *Perceptual and Motor Skills* 22: 447–559, 1966.

162. Hayashi M, Morikawa T, Hori T. EEG alpha activity and hallucinatory experience during sensory deprivation. *Perceptual and Motor Skills* 75(2): 403–412, 1992.

163. Bexton WH, Heron W, Scott TH. Effects of decreased variation in the sensory environment. *Canadian Journal of Psychology* 8: 70, 1954.

164. Vernon J, McGill T. Sensory deprivation and pain thresholds. *Science* 133: 330–331, 1961.

165. Zubek JP, Flye J, Aftanas M. Cutaneous sensitivity after prolonged visual deprivation. *Science* 144: 1591–1593, 1964.

166. Zubek JP, Flye J, Willows D. Changes in cutaneous sensitivity after prolonged exposure to unpatterned light. *Psychonomic Science* 1: 283–284, 1964.

167. Smith S, Myers TI, Murphy DB. Vigilance during sensory deprivation. *Perceptual and Motor Skills* 24: 971–976, 1967.

168. Duda PD, Zubek JP. Auditory sensitivity after prolonged visual deprivation.

Psychonomic Science 3: 359–360, 1965.

169. Zubek JP, Aftanas M, Hasek J, Sansom W, Schludermann E, Wilgosh L, Winocur G. Intellectual and perceptual changes during prolonged perceptual deprivation: Low illumination and noise level. *Perceptual and Motor Skills* 15: 171–198, 1962.

170. Scott T, Bexton WH, Heron W, Doane BK. Cognitive effects of perceptual isolation. *Canadian Journal of Psychology* 13: 200–209, 1959.

171. Bruner JS. The cognitive consequences of early sensory deprivation. In *Sensory Deprivation.* eds. P. Solomon et al. Harvard University Press, Cambridge, Mass., 1961, pp. 195–207.

172. Zubek JP, Wilgosh L. Prolonged immobilization of the body: Changes in performance and in the electroencephalogram. *Science* 140: 306–308, 1963.

173. Zubek JP. Counteracting effects of physical exercises performed during prolonged perceptual deprivation. *Science* 142: 504–506, 1963.

174. Hebb DO. *The Organization of Behavior*. Wiley, New York, 1949.

第三章

1. Harlow HF, Mears C. *The Human Model: Primate Perspectives*. V. H. Winston, Washington, D.C., 1979.

2. Rosenblatt JS, Siegel HI. In *Parental Care in Mammals.* eds. DJ Gubernick, PH Klopfer. Plenum, New York, 1981, pp. 1–76.

3. Insel TR, Young LJ. The neurobiology of attachment. *Nature Reviews Neuroscience* 2: 129–136, 2001.

4. Kleinman DG. Monogamy in mammals. *Quarterly Review of Biology* 52: 39–69, 1977.

5. Dewsbury DA. The comparative psychology of monogamy. In *American Zoology Nebraska Symposium on Motivation.* ed. DW Leger. University of Nebraska Press, Lincoln, 1988, pp. 1–50.

6. Ferguson JN, Young LJ, Insel TR. The neuroendocrine basis of social recognition. *Frontiers in Neuroendocrinology* 23: 200–224, 2002.

7. Breiter HC, Etcoff NL, Whalen PJ, Kenedy WA, Rauch SL, Buckner RL, Strauss MM, Hyman SE, Rosen BR. Response and habituation of the human amygdala during visual processing of facial expression. *Neuron* 17: 875–887, 1996.

8. Morris JS, Friston KJ, Buchel C, Frith CD, Young AW, Calder AJ, Dolan R. A neuromodulatory role for the human amygdala in processing emotional facial expressions. *Brain* 121: 47–57, 1998.

9. Schanberg SM, Field TM. Sensory deprivation stress and supplemental stimulation in the rat pup and preterm human neonate. *Child Development* 58: 1431–1447, 1987.

10. Spitz RA. Diacritical and coenesthetic organizations: The psychiatric significance of a functional division of the nervous system into a sensory and emotive part. *Psychoanalytic Review* 32: 146–161, 1945.

11. Blodgett FM. *Growth Retardation Related to Maternal Deprivation, Modern Perspectives in Child Development.* eds. A Solnit, S Provence. International Universities Press, Madison, Conn., 1963, pp. 83–97.

12. Powell GF, Brasel JA, Blizzard RM. Emotional deprivation and growth retardation. *New England Journal of Medicine* 276: 1271–1278; 1279–1283, 1967.

13. Field T, Schanberg SM, Scafidi F, Bauer CR, Vega-Lahr N, Garcia R, Nystrom J, Kuhn CM. Effects of tactile/kinesthetic stimulation on preterm neonates. *Pediatrics* 77: 654–658, 1986.

14. Scafidi F, Field T, Schanberg SM, Bauer C, Vega-Lahr N, Garcia R, Poirier J, Nystrom G, Kuhn CM. Effects of tactile/kinesthetic stimulation on the clinical course and sleep/wake behavior of preterm neonates. *Infant Behavior and Development* 9: 91–105, 1986.

15. Zhang LX, Levine S, Dent G, Zhan Y, Xing G, Okimoto D, Kathleen-Gordon M, Post RM, Smith MA. Maternal deprivation increases cell death in the infant rat. *Brain Research. Developmental Brain Research* 133: 1–11, 2002.

16. Lyons DM, Afariana H, Schatzberg AF, Sawyer-Glover A, Moseley ME. Experience-dependent asymmetric variation in primate prefrontal morphology. *Behavioral Brain Research* 136: 51–59, 2002.

17. Meaney MJ, Brake W, Gratton A. Environmental regulation of the development of mesolimbic dopamine systems: A neurobiological mechanism for vulnerability to drug abuse? *Psychoneuroendicrinology* 27: 127–138, 2002.

18. Siburg RM, Oitzl MS, Workel JO, de Kloet ER. Maternal deprivation increases 5-HT (1A) receptor expression in the CA1 and CA3 areas of senescent Brown Norway rats. *Brain Research* 912: 95–98, 2001.

19. Caldji C, Francis DD, Shasrma S, Plotsky PM, Meaney MJ. The effects of early rearing environment on the development of GABAA and central benzodiazepine receptor levels and novelty-induced fearfulness in the rat. *Neuropsychopharmacology* 22: 219–229, 2000.

20. Francis DD, Diorio J, Plotsky PM, Meaney MJ. Environmental enrichment reverses the effects of maternal separation on stress reactivity. *J. Neuroscience* 22: 7840–7843, 2002.

21. Kalinichev M, Easterling KW, Holtzman SG. Early neonatal experience of Long-Evans rats results in long-lasting changes in reactivity to a novel environment and morphine-induced sensitization and tolerance. *Neuropsychopharmacology* 27: 518–533, 2002.

22. Stephan M, Straub RH, Breivik T, Pabst R, von Horsten S. Postnatal maternal deprivation aggravates experimental autoimmune encephalomyelitis in adult Lewis rats: Reversal by chronic imipramine treatment. *International Journal of Developmental Neuroscience* 20: 125–132, 2002.

23. Weaver ICG, Cervoni N, Champagne FA, D'Alessio AC, Sharma S, Seckl JR, Szyf M, Meaney MJ. Epigenetic programming by maternal behavior. *Nature Neuroscience* 7: 847–854, 2004.

24. Weaver ICG, Diorio J, Seckl JR, Szyf M, Meaney MJ. Early environmental regulation of hippocampal glucocorticoid receptor gene expression: Characterization of intracellular mediators and potential genomic sites. *Annals of the New York Academy of Sciences* 1024: 182–212, 2004.

25. Fleming AS, Kraemer GW, Gonzalez A, Loveca V, Reesa S, Meloc A. Mothering begets mothering: The transmission of behavior and its neurobiology across generations. *Pharmacology, Biochemistry and Behavior* 73: 61–75, 2002.

26. Gonzalez A, Lovic V, Ward GR, Wainwright PE, Fleming AS. Intergenerational effects of complete maternal deprivation and replacement stimulation on maternal behavior and emotionality in female rats. *Developmental Psychobiology* 38: 11–32, 2001.

27. Jans JE, Woodside B. Effects of litter age, litter size and ambient temperature on the milk ejection reflex in lactating rats. *Developmental Psychobiology* 20: 333–344, 1987.

28. Kraemer GW. Psychobiology of early social attachment in rhesus monkeys. In *The Integrative Neurobiology of Affiliation*. eds. CS Carter, II Lederhendler, B Kirkpatrick, *Annals of the New York Academy of Sciences*, pp. 401–418, 1997.

29. Kraemer GW, Clarke AS. Social attachment, brain function and aggression. *Annals of the New York Academy of Sciences* 794: 121–135, 1996.

30. Ainsworth MDS. Attachment theory and its utility in cross-cultural research. In *Culture and Infancy. Variations in the Human Experience*. eds. PH Leiderman, SR Tulkin, A Rosenfeld. Academic Press, New York, 1977, pp. 49–68.

31. Carlson M, Earls F. Psychological and neuroendocrinological sequelae of early social deprivation in institutionalized children in Romania. In *The Integrative Neurobiology of Affiliation*. CS Carter, II Lederhendler, B Kirkpatrick, eds. *Annals of the New York Academy of Sciences*, pp 419–428, 1997.

32. Coplan JD, Trost RC, Owens MJ, Cooper TB, Gorman JM, Nemeroff CB, Rosenblum LA. Cerebrospinal fluid concentrations of somatostatin and biogenic amines in grown primates reared by mothers exposed to manipulated foraging conditions. *Archives of General Psychiatry* 55: 473–477, 1998.

33. Ferguson JN, Young LJ, Hearn EF, Matzuk MM, Insel TR, Winslow JT. Social amnesia in mice lacking the oxytocin gene. *Nature Genetics* 25: 284–288, 2000.

34. Isbell BJ, McKee L. Society's cradle: The socialization of cognition. In *Developmental Psychology and Society,* ed. J Saint. MacMillan, London, 1980, pp. 327–364.

35. Fifer WP, Moon CM. The role of mother's voice in the organization of brain function in the newborn. *Acta Paediatrica* 397(Suppl): 86–93, 1994.

36. Mehler J, Jusczyk P, Lambertz G, Halsted N, Bertoncini J, Amiel-Tison C. A precursor of language acquisition in young infants. *Cognition* 29: 143–178, 1988.

37. Mills M, Melhursh E. Recognition of mother's voice in early infancy. *Nature* 252: 123–124, 1974.

38. Goren CC, Sarty M, Wu PYK. Visual following and pattern discrimination of face-like stimuli by newborn infants. *Pediatrics* 56: 544–549, 1975.

39. Carpenter G. Mother's face and the newborn. *New Scientist* 21: 742–744, 1974.

40. Spitz R, Wolf K. The smiling response: A contribution to the ontogenesis of social relations. *Genetic Psychology Monographs* 34: 57–125, 1946.

41. Kaye K. *The Mental and Social Life of Babies. How Parents Create Persons*. University of Chicago Press, Chicago, 1982.

42. Tronick EZ (ed.) *Social Interchange in Infancy. Affect, Cognition, and Communication*.

University Park Press, Baltimore, Md., 1982.

43. Sander L, Stechler G, Burns P, Julia H. Continuous 24-hour interactional monitoring in infants reared in two caretaking environments. *Psychosomatic Medicine* 34: 270–282, 1972.

44. Stern D. A microanalysis of mother–infant interaction: Behaviorregulating social contact between a mother and her 3.-month-old twins. *J. American Academy of Child Psychiatry* 10: 501–517, 1971.

45. Stern D. Mother and infant at play: The dyadic interaction involving facial, vocal, and gaze behaviors. In *The Effect of the Infant on Its Caregiver*. eds. M. Lewis, L. Rosenblum, Wiley, New York, 1974, pp. 187–214.

46. Fraiberg S. Blind infants and their mothers: An examination of the sign system. In *The Effect of the Infant on Its Caregiver*. eds. M. Lewis, L. Rosenblum. Wiley, New York, 1974, pp. 215–232.

47. Meltzhoff A, Moore MK. Imitation of facial and manual gestures by human neonates. *Science* 198: 75–78, 1977.

48. Emde R, Campos J, Reich J, Gaensbauer T. Infant smiling at five and nine months: Analysis of heart rate and movement. *Infant Behavior and Development* 1: 26–35, 1978.

49. Condon W, Sander L. Neonate movement is synchronized with adult speech: Interactional participation and language acquisition. *Science* 183: 99–101, 1974.

50. Strain B, Vietze P. Early dialogues: The structure of reciprocal infantmother vocalization. Presented to the Society for Research in Child Development, March 1975.

51. Bruner JS. Learning the mother tongue. *Human Nature* 1: 42–49, 1978.

52. Yogman MW, Lester BM, Hoffman J. Behavioral and cardiac rhythmicity during mother–father–stranger–infant social interaction. *Pediatric Research* 17: 872–876, 1983.

53. Ter Vrugt D, Pederson DR. The effects of vertical rocking frequencies on the arousal level in two-month-old infants. *Child Development* 44: 205–209, 1973.

54. Korner AF, Grobstein R. Visual alertness as related to soothing in neonates: Implications for maternal stimulation and early deprivation. *Child Development* 37: 867–876, 1966.

55. Konner MJ. Aspects of the developmental ethology of a foraging people. In *Ethological Studies of Child Behavior*. ed. NB Jones. Cambridge University Press, London, 1972, pp. 285–304.

56. Brazeton TB. Joint regulation of neonate-parent behavior. In *Social Interchange in Infancy. Affect, Cognition, and Communication*. ed. EZ Tronick. University Park Press, Baltimore, Md., 1982, pp. 7–22.

57. Condon W, Sander L. Neonatal movement is synchronized with adult speech: Interactional participation and language acquisition. *Science* 183: 99–101, 1974.

58. Carter CS, Altemus M. Integrative functions of lactational hormones in social behavior and stress management. In *The Integrative Neurobiology of Affiliation*. eds. CS Carter, II Lederhendler, B Kirkpatrick. *Annals of the New York Academy of Sciences*, pp

164–174, 1997.

59. Keverne EB, Nevison CM, Martel FL. Early learning and the social bond. In *The Integrative Neurobiology of Affiliation*. eds. CS Carter, II Lederhendler, B Kirkpatrick. *Annals of the New York Academy of Sciences*, pp. 329–339, 1997.

60. Bibring CL, Dwyer TF, Huntington DS, Valenstein AF. A study of the psychological processes in pregnancy and of the earliest motherchild relationship. *Psychoanalytic Study of the Child* 16: 9–72, 1961.

61. White BL, Castle P, Held R. Observations on the development of visually guided directed reaching. *Child Development* 35: 349, 1964.

62. Kaye K. Organism, apprentice, and person. In *Social Interchange in Infancy. Affect, Cognition, and Communication*. ed. EZ Tronick. Baltimore, Md. University Park Press, 1982, pp. 183–194.

63. White B, Held R. Plasticity of sensorimotor development. In *Exceptional Infant*. vol 1. *The Normal Infant*. ed. J. Hellmut. Special Child Publications, Seattle, Wash., 1967.

64. Elbert T, Pentev C, Wienbruch C, Rockstroh B, Taub E. Increased cortical representation of the fingers of the left hand in string players. *Science* 270: 305–307, 1995.

65. Ceci SJ. How much does schooling influence general intelligence and its cognitive components? A reassessment of the evidence. *Developmental Psychology* 27: 703–722, 1991.

66. Seashore H, Wesman A, Doppelt J. Standardization of the Wechsler Intelligence Scale for children. *Journal of Consulting Psychology* 14: 99–110, 1950.

67. Eckerman C, Whatley J, McGehee LJ. Approaching and contacting the object another manipulates: A social skill of the 1-year-old. *Developmental Psychology* 15: 585–593, 1979.

68. Scaife M, Bruner JS. The capacity for joint visual attention in the infant. *Nature* 253: 265–266, 1975.

69. Morissette P, Ricard M, Gouin-Decarie T. Joint visual attention and pointing in infancy: A longitudinal study of comprehension. *British Journal of Developmental Psychology* 13: 163–176, 1995.

70. Corkum V, Moore C. The origins of joint visual attention in infants. *Developmental Psychology* 34: 28–38, 1998.

71. Murphy CM. Pointing in the context of a shared activity. *Child Development* 49: 371–380, 1978.

72. Bates E, Camaioni L, Volterra V. The acquisition of performatives prior to speech. *Merrill-Palmer Quarterly* 21: 205–226, 1975.

73. Butterworth G, Jarrett N. What minds have in common is space: Spatial mechanisms serving joint visual attention in infancy. *British Journal of Developmental Psychology* 9: 55–72, 1991.

74. Luria AR. *The Working Brain*. Trans. B Haugh. Basic Books, New York, 1973, pp. 265–268.

75. Hernandez-Peon R, Charver H, Jouvet H. Modification of electrical activity in the cochlear nuclei during attention in unanesthetized cats. *Science* 123: 331–332, 1956.

76. Woldroff MG, Liotti M, Seabolt M, Busse L, Lancaster JL, Fox PT. The temporal dynamics of the effects in occipital cortex of visual-spatial selective attention. *Cognitive Brain Research* 15: 1–15, 2002.

77. Vygotsky LS. *Mind in Society*, eds. M Cole, V John-Steiner, S Scribner, E Soubernam. Harvard University Press, Cambridge, Mass., 1978.

78. Friston KJ, Frith CD, Liddle PF, Fracowiak RS. Investigating a neural network model of word generation with positron emission tomography. *Proceedings of the Royal Society of London Ser. B* B244: 101–106, 1991.

79. Subrahmanyan K, Kraut RE, Greenfield PM, Gross EF. The impact of home computer use on children's activities and development. *Future of Children* 10: 123–144, 2000.

80. Merzenich MM, Jenkins WM, Johnston P, Schreiner C, Miller SL, Tallal P. Temporal processing deficits of language-learning impaired children ameliorated by training. *Science* 271(5245): 77–81, 1996.

81. Tallal P, Miller SL, Bedi G, Byma G, Wang X, Nagarajan SS, Schreiner C, Jenkins WM, Merzenich MM. Language comprehension in languagelearning impaired children improved with acoustically modified speech. *Science* 271(5245): 81–84, 1996.

82. Wexler BE, Anderson M, Fulbright RK, Gore JC. Improved verbal working memory performance and normalization of task-related frontal lobe activation in schizophrenia following cognitive exercises. *American Journal of Psychiatry*, 157: 1094–1097, 2000.

83. Shweder RA. On savages and other children. *American Anthropologist* 84: 354–365, 1982.

84. Cole M. *Cultural Psychology*. Belknap Press of Harvard University Press, Cambridge, Mass., 1996.

85. Terrace H, Petitto L, Sanders R, Bever T. Can an ape create a sentence? *Science* 206: 891–899, 1979.

86. Williams JHG, Whiten A, Suddendorf T, Perrett DI. Imitation, mirror neurons and autism. *Neuroscience and Biobehavioral Reviews* 25: 287–295, 2001.

87. Rizzolatti G, Fadiga L, Gallese V, Fogassi L. Premotor cortex and the recognition of motor actions. *Cognitive Brain Research* 3(2): 131–141, 1996.

88. Umilta MA, Kohler E, Gallese V, Fogassi L, Fadiga L, Keysers C, Rizzolatti G. I know what you are doing. A neurophysiological study. *Neuron* 31(1): 1550–1565, 2001.

89. Iacoboni M, Woods RP, Brass M, Bekkering H, Mazziota JC, Rizzolatti G. Cortical mechanisms of human imitation. *Science* 286: 2526–2528, 1999.

90. Merians AS, Clark M, Poizner H, Macauley B, Gonzalez-Rothi LJ, Heilman K. Visual-imitative dissociation apraxia. *Neuropsychologia* 35: 1483–1490, 1997.

91. Goldenberg G, Hagman S. The meaning of meaningless gestures: A study of visuo-imitative apraxia. *Neuropsychologia* 35: 333–341, 1997. 92. Koski L, Wohlschlager A, Bekkering H, Woods RP, Dubeau MC, Mazziotta JC, Iacoboni M. Modulation of motor and premotor activity during imitation of target-directed actions. *Cerebral Cortex* 12: 847–855, 2002.

93. Meltzoff AN, Moore MK. Imitation of facial and manual gestures by human neonates. *Science* 198: 74–78, 1977.

94. Anderson B, Vietze P, Dokecki P. Reciprocity in vocal interactions of mothers and infants. *Child Development* 48: 1676–1681, 1977.

95. Stern D, Beebe B, Jaffe J, Bennett S. The infant's stimulus world during social interaction. In *Studies in Mother–Infant Interaction*. ed. HR Schaffer. Academic Press, London, 1977.

96. Klinnet M, Emde RN, Butterfield P, Campos JJ. Social referencing: The infant's use of emotional signals from a friendly adult with mother present. *Developmental Psychology* 22: 427–432, 1986.

97. Kuhl PK, Andruski JE, Chistovich IA, Chistovich LA, Kozhevnikova EV, Ryskina VL, Stolyarova EI, Sundberg U, Lacerda F. Cross-language analysis of phonetic units in language addressed to infants. *Science* 277: 684–686, 1997.

98. Kinsbourne M. The minor cerebral hemisphere as a source of aphasic speech. *Archives of Neurology* 25: 302–306, 1971.

99. Bishop DVM. Linguistic impairment after left hemidecortication for infantile hemiplegia? A reappraisal. *Quarterly J. Experimental Psychology* 35A: 199–208, 1983.

100. Zaidel E. Right hemisphere language. In *The Dual Brain*. eds. DF Benson, E Zaidel. Guilford Press, New York, 1985.

101. Dennis M. Capacity and strategy for syntactic comprehension after left or right hemidecortication. *Brain and Language* 10: 287–317, 1980.

102. Fenichel O. Identification. 1926. In *Pivotal Papers on Identification*. ed. GH Pollock. International Universities Press, Madison, Conn., 1993, pp. 57–74.

103. Freud S. Excerpt from Lecture XXXI: The dissection of the psychical personality. 1933. In *Pivotal Papers on Identification*. ed. GH Pollock. International Universities Press, Madison, Conn., 1993, pp. 47–52.

104. Greenson RR. The struggle against identification. 1954. In *Pivotal Papers on Identification*. ed. GH Pollock. International Universities Press, Madison, Conn., 1993, pp. 159–176.

105. Reich A. Early identifications as archaic elements in the superego. 1954. In *Pivotal Papers on Identification*. ed. GH Pollock. International Universities Press, Madison, Conn., 1993, pp. 177–196.

106. Ogden TH. *The Matrix of the Mind*. Jason Aronson, Northvale, N.J., 1986.

107. Winnicott DW. *Playing and Reality*. Basic Books, New York, 1971, p. 53.

108. Freud S. *An Outline of Psychoanalysis*. Trans. J Strachey. W.W. Norton, New York, 1949.

109. Hartmann H. *Ego Psychology and the Problem of Adaptation*. Trans. D Rapaport. International Universities Press, Madison, Conn., 1958.

110. Loewald H. *Papers on Psychoanalysis*. Yale University Press, New Haven, Conn., 1980.

111. Schafer R. Identification: A comprehensive and flexible definition. 1968. In *Pivotal Papers on Identification*. ed. GH Pollock. International Universities Press, Madison,

Conn., 1993, pp. 305–346.

112. Freud S. The ego and the ID. In *The Standard Edition of the Complete Psychological Writings of Sigmund Freud*. Trans. J Strachey. vol. 19, pp. 38–39. Hogarth Press, London, 1966–74.

113. Erikson E. The problem of ego identity. 1959. In *Pivotal Papers on Identification*. ed. GH Pollock. International Universities Press, Madison, Conn., 1993, pp. 265–304.

114. Kernberg OF. Projection and projective identification: Developmental and clinical aspects. 1987. In *Pivotal Papers on Identification*. ed. GH Pollock. International Universities Press, Madison, Conn., 1993, pp. 405–426.

115. Muller-Schwarze D. Analysis of play behaviour: What do we measure and when? In *Play in Animals and Humans*. ed. PK Smith. Basil Blackwell, New York, 1984, pp. 147–158.

116. Parker ST. Playing for keeps: An evolutionary perspective on human games. In *Play in Animals and Humans*. ed. PK Smith. Basil Blackwell, New York, 1984, pp. 271–294.

117. Panskepp J, Beatty WW. Social deprivation and play in rats. *Behavioral and Neural Biology* 30: 197–206, 1980.

118. Bateson P, Martin P, Young M. Effects of interrupting cat mothers' lactation with bromocriptine on the subsequent play of their kittens. *Physiology and Behavior* 27: 845–845, 1981.

119. Martin P, Bateson P. The lactation-blocking drug bromocriptine and its application to studies of weaning and behavioral development. *Developmental Psychobiology* 15: 139–157, 1982.

120. Koepke JE, Pribram KH. Effect of milk on the maintenance of sucking behavior in kittens from birth to six months. *J. Comparative and Physiological Psychology* 75: 363–377, 1971.

121. Einon DF, Morgan MJ. A critical period for social isolation in the rat. *Developmental Psychobiology* 10: 123–132, 1977.

122. Rosenzweig MR. Effects of environment on the development of brain and behavior. In *Biopsychology of Development*. eds. E Tobach, LR Aronson, E Shaw. Academic Press, New York, 1971, pp. 303–342.

123. Morgan MJ. Effects of postweaning environment on learning in the rat. *Animal Behaviour* 21: 429–442, 1973.

124. Einon DF, Morgan MJ, Kibbler CC. Brief periods of socialization and later behavior in the rat. *Developmental Psychobiology* 11: 213–225, 1978.

125. Burghardt GM. *The Genesis of Animal Play: Testing the Limits*. MIT Press, Cambridge, 2005.

126. Fagen R. Play and behavioural flexibility. In *Play in Animals and Humans*. ed. PK Smith. Basil Blackwell, New York, 1984, pp. 159–174.

127. Millar S. Play. In *The Oxford Companion to Animal Behavior*. ed. DJ McFarland. Oxford University Press, New York, 1982, pp. 457–460.

第四章

1. Hirt ER, Zillmann D, Erickson GA, Kennedy C. Costs and benefits of allegiance: Changes in fans' self-ascribed competencies after team victory versus defeat. *J. Personality and Social Psychology* 63: 724–738, 1992.

2. Cialdini RB, Borden RJ, Thorne A, Walker MR, Freeman S, Sloan LR. Basking in reflected glory: Three (football) field studies. *J. Personality and Social Psychology* 34: 366–375, 1976.

3. Cialdini RB, Richardson KD. Two indirect tactics of image management: Basking and blasting. *J. Personality and Social Psychology* 39: 406–415, 1980.

4. Bernhardt PC, Dabbs JM Jr., Fielden JA, Lutter CD. Testosterone changes during vicarious experiences of winning and losing among fans at sporting events. *Physiology and Behavior* 65(1): 59–62, 1998.

5. Hillman CH, Cuthbert BN, Cauraugh J, Schupp HT, Bradley MM, Lang PJ. Psychophysiological responses of sport fans. *Motivation and Emotion* 24(1): 13–28, 2000.

6. Gardner RW. The development of cognitive structures. In *Cognition: Theory, Research, Promise*. ed. C Scheere. Harper & Row, New York, 1964, pp. 147–171.

7. Kempler B, Wiener M. *Perception, Motives and Personality*. Knopf, New York, 1970.

8. Wolitzky DL, Wachtel PL. Personality and perception. In *Handbook of General Psychology*. ed. B Wolman. Prentice-Hall, Englewood Cliffs, N.J., 1973, pp. 826–855.

9. Gardner RW. Genetics and personality theory. In *Methods and Goals in Human Behavior Genetics*. ed. SG Vandenberg. Academic Press, New York, 1965, pp. 223–230.

10. Gardner RW, Moriarty A. *Personality Development at Preadolescence: Explorations of Structure Formations*. University of Washington Press, Seattle, 1968.

11. Nisbett RE, Peng K, Choi I, Norenzayan A. Culture and systems of thought: Holistic versus analytic cognition. *Psychological Review* 108(2): 291–310, 2001.

12. Nisbett RE. *The Geography of Thought*. Free Press, New York, 2003.

13. Spence DP, Holland B. The restricting effects of awareness: A paradox and an explanation. *J. Abnormal and Social Psychology* 64: 163–174, 1962.

14. Spence DP, Ehrenberg G. The effects of oral deprivation on responses to subliminal and supraliminal verbal food stimuli. *J. Abnormal and Social Psychology* 69: 10–18, 1964.

15. Gordon CM, Spence DP. The facilitating effects of food set and food deprivation on responses to a subliminal food stimulus. *J. Personality* 68: 409–416, 1966.

16. Postman L, Bruner J, McGinnies E. Personal values as selective factors in perception. *Psychological Review* 60: 298–306, 1953.

17. Bruner J, Goodman C. Value and need as organizing factors in perception. *J. Abnormal and Social Psychology* 42: 33–44, 1947.

18. Tajfel H. Value and the perceptual judgment of magnitude. *Psychological Review* 64: 192–204, 1957.

19. Kempler B, Wiener M. Personality and perception in the recognition threshold paradigm. *Psychological Review* 70: 349–356, 1963.

20. Postman L, Bruner J, McGinnies E. Personal values as selective factors in perception. *J. Abnormal and Social Psychology* 42: 143–154, 1948.

21. Fazio RH, Jackson JR, Dunton BC, Williams CJ. Variability in automatic activation as an unobtrusive measure of racial attitudes: A bona fide pipeline? *J. Personality and Social Psychology* 69: 1013–1027, 1995.

22. Whitenbrink B, Judd CM, Park R. Evidence for racial prejudice at the implicit level and its relationship to questionnaire measures. *J. Personality and Social Psychology* 72: 262–274, 1997.

23. Cunningham WA, Preacher KJ, Banaji MR. Implicit attitude measures: Consistency, stability and convergent validity. *Psychological Science* 121: 163–170, 2001.

24. Greenwald AG, McGhee DE, Schwartz JLK. Measuring individual differences in implicit cognition: The implicit association test. *J. Personality and Social Psychology* 74: 1464–1480, 1998.

25. Phelps EA, O'Connor KJ, Cunningham WA, Gatenby JC, Funayama ES, Gore JC, Banaji MR. Amygdala activation predicts performance on indirect measures of racial bias. *J. Cognitive Neuroscience* 12: 729–738, 2000.

26. Zajonc RB. Attitudinal effects of mere exposure. *J. Personality and Social Psychology Monograph* (Suppl.) 9(2): 1–27, 1968.

27. Winograd E, Goldstein FC, Monarach ES, Peluso JP, Goldman WP. The mere exposure effect in patients with Alzheimer's disease. *Neuropsychology* 13(1): 41–46, 1999.

28. Johnson MK, Kim JK, Risse G. Do alcoholic Korsakoff's syndrome patients acquire affective responses? *J. Experimental Psychology: Learning, Memory and Cognition* 11: 3–11, 1985.

29. Halpern AR, O'Connor MG. Implicit memory for music in Alzheimer's disease. *Neuropsychology* 14(3): 391–397, 2000.

30. Moreland RL, Zajonc RB. Exposure effects in person perception: Familiarity, similarity, and attraction. *J. Experimental Social Psychology* 18(5): 395–415, 1982.

31. Langlois JH, Roggman LA. Attractive faces are only average. *Psychological Science* 1: 115–121, 1990.

32. Gordon PC, Holyoak KJ. Implicit learning and generalization of the "mere exposure" effect. *J. Personality and Social Psychology* 45: 492–500, 1983.

33. Kunst-Wilson WR, Zajonc RB. Affective discrimination of stimuli that cannot be recognized. *Science* 207(4430): 557–558, 1980.

34. Bornstein RF, D'Agostino PR. Stimulus recognition and the mere exposure effect. *J. Personality and Social Psychology* 63(4): 545–552, 1992.

35. Seamon JG, Ganor-Stern D, Crowley MJ, Wilson SM, Weber WJ, O'Rourke CM, Mahoney JK. A mere exposure effect for transformed three-dimensional objects: Effects of reflection, size, or color changes on affect and recognition. *Memory and Cognition* 25(3): 367–374, 1997.

36. Peretz I, Gaudreau D, Bonnel AM. Exposure effects on music preference and

recognition. *Memory and Cognition* 26(5): 884–902, 1998.

37. Willems S, Adam S, Van der Linden M. Normal mere exposure effect with impaired recognition in Alzheimer's disease. *Cortex* 38(1): 77–86, 2002.

38. Alluisi EA, Adams OS. Predicting letter preferences: Aesthetics and filtering in man. *Perceptual and Motor Skills* 14: 124–131, 1962.

39. Hoorens V, Nuttin JM. Overvaluation of own attributes: Mere ownership or subjective frequency? *Social Cognition* 11(2): 177–200, 1993.

40. Zajonc R. Brainwash: Familiarity breeds comfort. *Psychology Today* 3(9): 32–35, 60–64, 1970.

41. Saegert S, Swap W, Zajonc RB. Exposure, context, and interpersonal attraction. *J. Personality and Social Psychology* 25(2): 234–242, 1973.

42. Festinger L. *Conflict, Decision, and Dissonance.* Stanford University Press, Stanford, Calif., 1964.

43. Festinger L. *A Theory of Cognitive Dissonance.* Stanford University Press, Stanford, Calif., 1957.

44. Hastorf A, Cantril H. They saw a game: A case study. *J. Abnormal and Social Psychology* 49: 129–134, 1954.

45. Croyle RT, Cooper J. Dissonance arousal: Physiological evidence. *J. Personality and Social Psychology* 45(4): 782–791, 1983.

46. Elkin RA, Leippe MR. Physiological arousal, dissonance, and attitude change: Evidence for a dissonance-arousal link and a "don't remind me" effect. *J. Personality and Social Psychology* 51(1): 55–65, 1986.

47. Lewin K. Group decision and social change. In *Readings in Social Psychology.* eds. G Swanson, T Newcomb, E Hartley. Henry Holt, New York, 1952.

48. Lieberman S. The effects of changes in roles on the attitudes of role occupants. In *Human Behavior and International Politics.* ed. JD Singer. Rand McNally, Chicago, 1965.

49. Schachter S, Burdick H. A field experiment on rumor transmission and distortion. *J. Abnormal and Social Psychology* 50: 363–371, 1955.

50. Asch SE. Studies of independence and conformity: I. A minority of one against a unanimous majority. *American Psychological Association*, Washington, 1956.

51. Milgram S. *The Individual in a Social World: Essays and Experiments.* Addison-Wesley, Reading, Mass., 1977.

52. Tronick E, Als H, Adamson L, Wise S, Brazelton TB. The infant's response to entrapment between contradictory messages in faceto-face interaction. *J. American Academy of Child Psychiatry* 17: 1–13, 1978.

53. Cohn JF, Tronick EZ. Communicative rules and sequential structure of infant behavior during normal and depressed interaction. In *Social Interchange in Infancy.* ed. EZ Tronick. University Park Press, Baltimore, Md., 1982.

54. Tronick EZ, Als H, Adamson L. Structure of early face-to-face communicative interaction. In *Before Speech: The Beginnings of Human Comunication.* ed. M Bullowa. Cambridge University Press, Cambridge, 1979.

55. Harmon DK, Masuda M, Holmes TH. The social readjustment rating scale: A cross-

cultural study of Western Europeans and Americans. *J. Psychosomatic Research* 14: 391–400, 1970.

56. Jacobs S, Douglas L. Grief: A mediating process between a loss and illness. *Comprehensive Psychiatry* 20: 165–176, 1979.

57. Parkes CM. *Bereavement: Studies of Grief in Adult Life*. International Universities Press, Madison, Conn., 1972.

58. Bowlby J. *Attachment and Loss* vol. 3, *Separation, Anxiety, and Anger*. Hogarth Press, London, 1973.

59. Prigerson HG, Maciejewski PK, Newsom J, Reynolds CF, Frank E, Bierhals AJ, Miller MD, Fasiczka A, Doman J, Houck PR. The Inventory of Complicated Grief: A scale to measure maladaptive symptoms of loss. *Psychiatry Research* 59: 65–79, 1995.

60. Freud S. Mourning and melancholia. In *The Standard Edition of the Complete Psychological Writings of Sigmund Freud*. Trans. J Strachey. vol. 14, pp. 243–258, Hogarth Press, London, 1966–74.

61. Jacobs S, Ostfeld A. An epidemiological review of the mortality of bereavement. *Psychosomatic Medicine* 39(5): 344–357, 1977.

62. Rees WD, Lutkin SG. Mortality of bereavement. *British Medical Journal* 4: 13–16, 1940.

63. Prigerson HG, Bierhals AJ, Kasl SV, Reynolds CF, Shear MK, Day N, Beery LC, Newsom JT, Jacobs S. Traumatic grief as a risk factor for mental and physical morbidity. *American Journal of Psychiatry* 154(5): 617–612, 1997.

64. Hoffman E. *Lost in Translation*. Penguin Books, New York, 1989.

65. Kincaid J. "Poor Visitor" in *Lucy*. Farrar Strauss, New York, 2002.

66. Krystal H, Petty TA. Dynamics of adjustment to migration. *Proceedings of the Third World Congress of Psychiatry, Psychiatric Quarterly* (Suppl.) 37: 118–133, 1963.

67. Garza-Guerrero AC. Culture shock: Its mourning and the vicissitudes of identity. *J. American Psychoanalytic Association* 22: 408–429, 1974.

68. Amati-Mehler J, Artentieri S, Canestri J. *The Babel of the Unconscious: Mother Tongue and Foreign Languages in the Psychoanalytic Dimension*. Trans. J Whitelaw-Cucco. International Universities Press, Madison, Conn., 1993.

69. Volkan VD. Immigrants and refugees: A psychodynamic perspective. *Mind and Human Interaction* 4: 63–69, 1993.

70. Akhtar S. A third individuation: Immigration, identity, and the psychoanalytic process. *J. American Psychoanalytic Association* 43(4): 1051–1085, 1995.

第五章

1. Whiten A, Goodall J, McGrew WC, Nishida T, Reynolds V, Sugiyama Y, Tutin CEG, Wrangham RW, Boesch C. Cultures in chimpanzees. *Nature* 399: 682–685, 1999.

2. Hirata S, Morimura N. Naive chimpanzees (*Pan troglodytes*) observation of experienced conspecifics in a tool-using task. *J. Comparative Psychology* 114: 291–296, 2000.

3. Goodall J. *Reason for Hope: A Spiritual Journey*. Warner Books, New York, 1999.

4. Robertson I. *Sociology*. Worth Publishers, New York, 1987.

5. Myers DG. *Social Psychology*. 6th ed. McGraw-Hill, New York, 1999.

6. McGranahan DV, Wayne I. German and American traits reflected in popular drama in human behavior and international politics: contributions from the social-psychological sciences. In *Human Behavior and International Politics; Contributions from the Social-Psychological Sciences.* ed. JD Singer. Rand McNally, Chicago, 1965, pp. 123–135.

7. Stoodley BH. Normative attitudes of Filipino youth compared with German and American youth. *American Sociological Review* 22: 553–561, 1957.

8. Triandis HC. *Culture and Social Behavior*, McGraw-Hill, New York, 1994.

9. Vogt EZ, O'Dea TF. A comparative study of the role of values in social action in two southwestern communities. *American Sociological Review* 18: 645–654, 1953.

10. Christensen HT. Cultural relativism and premarital sex norms. *American Sociological Review* 25: 31–39, 1960.

11. Sontag D. Defiant muslims begin building Nazareth mosque. *New York Times*, International section, November 24, 1999, p. 3.

12. Hart AJ, Whalen PJ, Shin LM, McInerney SC, Fischer H, Rauch SL. Differential response in the human amygdala to racial outgroup vs. ingroup face stimuli. *NeuroReport* 11: 2351–2355, 2000.

13. Pratt ML. *Imperial Eyes: Travel Writing and Transculturation*. Routledge, London, 1992.

14. Jacobsen M. *Barbarian Virtues: The United States Encounters Foreign People at Home and Abroad*. Hill and Wang, New York, 2000.

15. Bradford PV, Blume H. *Ota Benga: The Pygmy in the Zoo*. Dell Publishing, New York, 1992.

16. Wexler L. *Tender Violence*. University of North Carolina Press, Chapel Hill, 2000.

17. *Encyclopedia Americana*, 1903 edition.

18. Cole, M. *Cultural Psychology*. Belknap Press of Harvard University Press, Cambridge, Mass., 1996.

19. James H. *The American Scene*. Indiana University Press, Bloomington, 1968.

20. Gourevitch P. *We wish to inform you that tomorrow we will be killed with our families: Stories from Rwanda*. Farrar Straus and Giroux, New York, 1998.

21. Sahlins M. *How "Natives" Think: About Captain Cook, for Example*. University of Chicago Press, Chicago, 1995.

22. Diamond J. *Collapse: How Societies Choose to Fail or Succeed*. Viking, New York, 2005.

23. Cronon W. *Changes in the Land: Indians, Colonists, and the Ecology of New England*. Hill and Wang, New York, 1983.

24. Herbert Z. *Barbarian in the Garden*. Trans. M March, J Anders. Carcanet, Manchester, UK, 1985.

25. Lesourd P, Ramiz JM. *On the Path of the Crusaders*. Massada Press, Jerusalem, 1969.

26. Runciman S. *The First Crusade*. Cambridge University Press, New York, 1980.

27. Finucane RC. *Soldiers of the Faith: Crusaders and Moslems at War*. J.M. Dent & Sons, London, 1983.

28. Riley-Smith JSC. *First Crusade and the Idea of Crusading.* Athline Press, London, 1986.
29. Hallam E. (ed.) *Chronicles of the Crusades: Eye-Witness Accounts of the Wars between Christianity and Islam.* Weidenfeld and Nicolson, London, 1989.
30. Riley-Smith L, Riley-Smith JSC. *The Crusades Idea and Reality, 1095–1274.* Edward Arnold, London, 1981.
31. Tyerman C. *Fighting for Christendom Holy War and the Crusades.* Oxford University Press, Oxford, 2004.
32. Phillips J. *The Fourth Crusade and the Sack of Constantinople.* Viking, New York, 2004.
33. Asbridge T. *The First Crusade A New History.* Oxford University Press, Oxford, 2004.
34. Goody JR. *Islam in Europe.* Polity Press, Cambridge, UK, 2004.
35. Kaplan RD. *Balkan Ghosts a Journey through History.* St. Martin's Press, New York, 1993.
36. Sells MA. *The Bridge Betrayed: Religion and Genocide in Bosnia.* University of California Press, Berkeley, 1996.

结语

1. Wurm SA (ed.) *Atlas of the World's Languages in Danger of Disappearing.* UNESCO, Paris, 1996.
2. Davis W. Vanishing cultures. *National Geographic* August: 62–89, 1999.
3. United Nations press release GA/SHC/3488, October 28, 1998.
4. Goodenough OR. Defending the imaginary to the death? Free trade, national identity and Canada's cultural preoccupation. *Arizona Journal of International and Comparative Law*, pp. 203–253, Winter 1998.
5. Kaplan LGC. The European Community's television without fantasies directive: Stimulating Europe to regulate curfew. *Emory International Law Review*, pp. 255–346, Spring 1994.
6. Kim CH. Building the Korean film industry's competitiveness: Abolish the screen quota and subsidize the film industry. *Pacific Rim Law and Policy Journal*, pp. 353–378, May 2000.
7. Cohen R. Fearful over the future, Europe seizes on food. *New York Times*, section 4A, page 1, August 29, 1999.
8. Vanstan, C. In search of the mot juste: Re Touban law and the European Union. *Boston College International and Comparative Law Review*, pp. 175–194, Winter 1999.
9. Daley S. Use of English as world language is booming, and so is concern. *New York Times*, front section, page 1, April 16, 2001.
10. Kiernen B. *Pol Pot Regime: Race, Power and Genocide in Cambodia under the Khmer Rouge 1975–1979.* Yale University Press, New Haven, Conn., 1996.
11. Watkin H. Hanoi intensifies censorship laws in the name of culture. *South China Morning Post,* August 1, 2000.
12. Ambach FS. Arabs riding Harleys rev up Emirates ire. *Christian Science Monitor*

87:99, April 18, 1995.

13. Geertz C. *The Interpretation of Cultures.* Basic Books, New York, 1973.

14. Numan M, Sheehan TP. Neuroanatomal circuitry for mammalian maternal behavior. *Annals of the New York Academy of Sciences* 807: 101–225, 1997.

15. Numan M. A neural circuitry analysis of maternal behavior in the rat. *Acta Paediatrica* (Suppl.) 397: 19–28, 1994.

16. Modney BK, Hatton GI. Maternal behaviors: Evidence that they feed back to alter brain morphology and function. *Acta Paediatrica* (Suppl.) 397: 29–32, 1994.

17. Insel TR, Young LJ. The neurobiology of attachment. *Nature Reviews Neuroscience* 2: 129–136, 2001.

18. Bibring CL, Dwyer TF, Huntington DS, Valenstein AF. A study of the psychological processes in pregnancy and of the earliest mother–child relationship. *Psychoanalytic Study of the Child* 16: 9–72, 1961.

19. Wingert P, Laverman JF. Parents behaving badly. *Newsweek* 136: 47, July 14, 2000.

20. National Association of Sports Officials website (www.naso.org).

21. Demos J. Presentation to Genocide Studies Program. Yale University, 2001.

22. Gaspard G. *A Small City in France.* Trans. A Goldhammer. Harvard University Press, Cambridge, Mass., 1995.

23. Buruma I. Final cut. *New Yorker*, pp. 26–32, January 3, 2005.

24. Snow CP. *The Two Cultures and the Scientific Revolution.* Cambridge University Press, Cambridge, 1959.

索 引

（条目后的数字为原书页码，即本书页边码）

图书在版编目（CIP）数据

大脑与文化 /（美）布鲁斯·E. 韦克斯勒著；罗俊，石琦，姚桂桂译 . —杭州：浙江大学出版社，2018.11
书名原文：Brain and Culture: Neurobiology, Ideology, and Social Change
ISBN 978-7-308-18361-1

Ⅰ.①大… Ⅱ.①布… ②罗… ③石… ④姚… Ⅲ.①文化人类学—研究 Ⅳ.① C912.4

中国版本图书馆 CIP 数据核字（2018）第 137271 号

大脑与文化

[美] 布鲁斯·E. 韦克斯勒 著 罗俊 石琦 姚桂桂 译

责任编辑	叶 敏
文字编辑	张 颐
责任校对	杨利军 牟杨茜
装帧设计	罗 洪
出版发行	浙江大学出版社
	（杭州天目山路 148 号 邮政编码 310007）
	（网址：http://www.zjupress.com）
制 作	北京大有艺彩图文设计有限公司
印 刷	北京中科印刷有限公司
开 本	635mm×965mm 1/16
印 张	14.5
字 数	196 千
版 印 次	2018 年 11 月第 1 版 2018 年 11 月第 1 次印刷
书 号	ISBN 978-7-308-18361-1
定 价	62.00 元